U0097545

古典文獻研究輯刊

八 編

潘美月·杜潔祥 主編

第**2**冊

《古今圖書集成·經籍典》體制研究

詹惠媛 著

國家圖書館出版品預行編目資料

《古今圖書集成‧經籍典》體制研究／詹惠媛 著—初版—台北縣永和市：花木蘭文化出版社，2009〔民98〕

序 2+ 目 6+266 面；19×26 公分
（古典文獻研究輯刊 八編：第 2 冊）

ISBN：978-986-6528-32-3（精裝）
1. 類書　2. 目錄學　3. 研究考訂
041.7　　　　　　　　　　　　　　　97025836

ISBN - 978-986-6528-32-3

9 789866 528323

古典文獻研究輯刊

八　編　第二冊　　　　ISBN：978-986-6528-32-3

《古今圖書集成‧經籍典》體制研究

作　　者　詹惠媛
主　　編　潘美月　杜潔祥
總 編 輯　杜潔祥
企劃出版　北京大學文化資源研究中心
出　　版　花木蘭文化出版社
發 行 所　花木蘭文化出版社
發 行 人　高小娟
聯絡地址　台北縣永和市中正路五九五號七樓之三
　　　　　電話：02-2923-1455／傳真：02-2923-1452
網　　址　http://www.huamulan.tw 信箱 sut81518@ms59.hinet.net
印　　刷　普羅文化出版廣告事業
初　　版　2009 年 3 月
定　　價　八編 20 冊（精裝）新台幣 31,000 元

版權所有‧請勿翻印

《古今圖書集成・經籍典》體制研究

詹惠媛　著

作者簡介

詹惠媛，1980 年出生於臺灣省臺北縣，1999～2003 輔仁大學中國文學系學士，2003～2008 輔仁大學圖書資訊學研究所碩士。碩士論文階段以研究《古今圖書集成》之故，期間對清朝宮廷藏書、典制沿革、學術文化多所關注，對歷代史志、官簿、私錄及類書相關研究論著亦能廣泛研讀，係以圖書文獻學、目錄學、類書研究為學術志趣方向。主要著作：1.「『人生似幻化，終當歸空無』——老子生死智慧管窺」（學士論文），2.「《古今圖書集成‧經籍典》體制研究」（碩士論文），3.「《古今圖書集成》研究回顧（1911～2006）」（《漢學研究通訊》27 卷 3 期）。

提　　要

　　《古今圖書集成》纂輯於康熙中晚期、成書於雍正朝，係清朝圖書史上之代表性文化工程，主要反映清初康熙盛世知識世界之宏觀全景，與其後乾隆朝叢書《四庫全書》之纂修同具里程碑意義。在結構特性上，《集成》為「類分型」類書之代表，設立經目、緯目，縱橫交錯，其體例編制之完善賅備，造就古代類書之典範、總結地位；其中《集成‧經籍典》為該類書之一部居，又本身涵具書目性質，故該典實可視為一部以類書分類思維纂輯之書目，編制方法獨樹一格，與傳統圖書目錄迥異。本文之撰述，即以探討《集成》——尤以《集成‧經籍典》為主體，著重目錄學議題之析論，實際深入文獻內部進行探究，以闡發《集成》暨《集成‧經籍典》奧博而精、縝密而宜之體式結構特徵。

　　本文於開端主要利用近人研究成果並參酌有關史料文獻，著力於梳理《集成》版本、編纂、形制方面之總體概況，再則分別就《集成》與《集成‧經籍典》探究其前承於諸書之體式淵源，進而將《集成‧經籍典》所涵攝之書目體制特質彰顯開來，或探其著錄形式、引文義例、按注作用，或考類書之經籍部類沿革，或勘其與傳統簿錄之異，要以「類書暨書目」纂輯體式之結合探討，內化為貫穿全篇之研究主軸。最末，本文企盼由文獻研究、史學研究、文化研究三大方向獲致開展線索，藉他山之石，展望未來對於《集成》後續研究之可行作法，是為本文潛心探究之向度。

目

次

自 序

　　本論文之選題，最初承蒙授業恩師　鄭恒雄教授之指導啟發，師希冀筆者能由《古今圖書集成》體制類例角度切入，以此做爲整體探究之主軸。爾後在圖書文獻學與目錄學相關著作之研讀中，陸續發掘〈經籍典〉於目錄編制史上之獨特結構與價值，進而產生將類書研究與目錄學研究意識結合之發想，緣此縮限以〈經籍典〉做爲《集成》體制析論之中心，擬於此一可行之研究範圍內進行微觀審視，遂有本論題之訂定。

　　筆者長期投入文獻蒐羅與文思梳理工作，始自 2005 年秋，而蘊釀以〈經籍典〉體制爲主體考察範疇，亦於是時。研究之初，僅有大陸學者裴芹之數篇《集成》體制相關專文可資參酌，尚有前人零星篇章，然實際可循者寥寥。後至 2007 年夏，於研究計劃提出之同時，始獲悉中研院文哲所「《古今圖書集成・經籍典》的文獻價值」專輯出刊，其係以經學文獻內涵爲著眼點，要能截彼之長而補己之短，而今或可與本文體制框架研究，視爲互輔之兩翼。論文撰寫過程中，縱使深知一己學識之鄙薄，仍需終日探求精進之底限，猶《集成》主編者陳夢雷初嘗以「蚊力負山」示其擘劃之艱辛，或可比擬本文撰作三年之心緒寫照，故於研究暫告段落之際，更加感佩夢雷以二十餘年主事經營全書之苦心孤詣。三年潛心探究中，偶感茫然無措，即思以朱熹：「讀書別無法，只管看，便是法。正如獸人相似，捱來捱去，自己卻未先要立意見。且虛心，只管看，看來看去，自然曉得。」秉此一份熱愛冷板凳之堅持憨勁，置之寸心之間，知曉唯有虛心、歸零，方得容納、汲取。

　　於輔仁文學院修業期間，隨著時序荏苒推移，它是從零至六十、踏實日積的歷程，而自中文系邁入圖資所，步伐或許緩慢，但期沉穩。謹將此作獻

予父母摯親與諸位師友，感謝往昔胡師幼峰、趙師中偉之勉勵，高師錦雪於報考研究所前之指引，鄭師恒雄於修業與論文撰作期間，為學生開啟類書、目錄學之研究門徑與視域，審查委員蘇師精、藍師文欽對本文之剴教與諟正，今於此并申謝忱。誠願往後在學海探求沙中世界、花裏天堂的無數時刻，皆能以「舊學商量加邃密，新知培養轉深沉」自省自勉。

詹惠媛　謹誌於輔仁文華、文開

第一章　緒　論

第一節　研究動機

　　在中國圖書文獻體制發展之碩流中，類書以其「縷析條分」、「靡所不載」之鮮明個性匯聚爲一澎湃支流，此一支流自有其紛繁之淵源與生成之契機，就一般學者之共識乃以曹魏時期《皇覽》之纂（三世紀初，220～222）爲類書體例正式形成之權輿。〔註1〕此一文獻體制經長時蘊釀、問世後，歷魏晉六朝之起、唐宋之興、明清之盛，其體例因時代條件、需求不一而「應時適變」，不斷保持新變能力以服務於當代社會是爲類書文獻體制之文化職能。〔註2〕約歷一千五百年之發展過程，逮至清初康熙時期《古今圖書集成》（十八世紀初，1701～1728），其體例編制之完善賅備，造就古代類書之典範、總結地位，此絕非驟然生成，蓋經長期文化資源之累積、編輯能力之充實而逐步推陳出新。大凡一文獻整理活動之形成，需繫於時代社會背景、經濟物

〔註1〕　可參考：張滌華，《類書流別》，修訂本（北京：商務印書館，民國74年），頁7～15；胡道靜，《中國古代的類書》，新1版（北京：中華書局，民國94年），頁1～18。關於類書起源之說，歷來說法頗夥，然並非本研究之重點，此處即不贅述。而一般學界較爲公認之意見，多從南宋‧王應麟《玉海‧藝文‧類書》卷五十四：「類事之書，始於《皇覽》」之論，後世學者沿用之，並由類書體例、編輯方式、引錄材料等面向進一步爲之辨明。如近代類書研究之著名學者張滌華、胡道靜均從此說；張氏與胡氏兩書論述材料頗豐，可取之詳參。

〔註2〕　有關類書因時代需求而保持新變能力之相關論述，可參考：孫永忠，「類書淵源與體例形成之研究」（博士論文，輔仁大學中國文學研究所，民國94年6月），頁197～203。

資條件、學術思潮風尚等眾因素和合，並適應於內在文化發展動機、文治需求，編纂者於是據當代條件與需求，或糾合前代諸書體例編制之長，抑或創改諸書之失以符合其編纂目的；而在此編輯體例框架之涵負功能下，遂實現文獻之整序與定位，即藉由文獻內涵價值之分判而進行文化地位重構，以達成與外在文化現實模式之調諧。〔註3〕此調諧、融通之結果表現於類書體制中，即外顯爲其類目知識結構，故類書之類目知識結構，實則是與當代學術文化思維相互透顯、適應之成果展現。

以萬卷巨帙形構、探官方銅活字刷印之《古今圖書集成》（後文簡稱《集成》）即是於類書發展史上之總結性、清朝圖書史上之代表性文化工程，其纂輯於康熙中晚期、成書於雍正朝，主要反映清初康熙盛世知識世界之宏觀全景，與其後乾隆朝叢書《四庫全書》之纂修同具里程碑意義。在清初學術界博大恢宏之氣象輝映下，《集成》承載著上古至明末清初豐沛的圖書文獻資源，交織著清初官方與學界之學術文化網絡，融貫著主編者陳夢雷個人之學養思維意識，其體系博贍、經緯井然，乃就分類彙編之統籌形式進行文獻之深化加工。全書係以文獻內容爲分析單位，以三級部類層次爲組織基礎，統括爲六彙編（一級經目）、三十二典（二級經目）、六一一七部（三級經目），其〈曆象〉、〈方輿〉、〈明倫〉、〈博物〉、〈理學〉、〈經濟〉六大彙編象徵「六合」、「三才」萬有之全然涵負，構成《大學》「格、致、誠、正、修、齊、治、平」明德、用世思想之秩序格局，〔註4〕誠是《中庸》所謂「致廣大而盡精微」精神內涵之具體發揮。〔註5〕而以

〔註3〕 周德美，〈文獻系統化加工與文化演進〉，《孔孟學報》，80 期（民國 91 年 9 月），頁 303～304。該文對於文獻加工與文化內涵關係之論述極深刻，以爲「不同的文明階段、不同的社會政治結構、不同的文化心態具有不同的文化動機，文獻整理作爲一種文化行爲必然會反映文化動機的這些變化，它將因此而運用注釋、評論、歸類、彙編等切實有效的方式改變文獻的文化地位狀況，達成文獻固有文化信息與現實文化模式的調諧。」《集成》於編制體例之革新與思想體系之賅備，較之清初康熙朝其他敕修類書之纂，實更能突顯、代表此一時期學術文化趨向、內在動機需求與知識結構模式。

〔註4〕 〔清〕陳夢雷原編；蔣廷錫等重校，《古今圖書集成》，第 1 冊（臺北市：鼎文，民國 66 年），凡例、雍正御製序文。關於《集成》六彙編之內在繫聯，〈凡例〉開宗即云：「法象莫大乎天地，故彙編首〈曆象〉而繼〈方輿〉；乾坤定而成位，其間者人也，故〈明倫〉次之；三才既立，庶類繁生，故次〈博物〉；裁成參贊，則聖功王道以出，次〈理學〉、〈經濟〉，而是書備焉。」〈雍正御製序文〉指出六大彙編之統爲一書，「則格物致知、誠意正心、治國平天下之道，咸具於是矣」，顯受《大學》核心思想之寖貫。

〔註5〕 〔清〕陳夢雷，《松鶴山房文集》，在《續修四庫全書・集部・別集類》，第 1416

《集成》之體大思精、隸事秩然，古代知識資源在其多維面向之揉合下，關乎學術、文事之知識面向則於〈理學彙編〉統勒爲一編，〔註6〕而隸屬於〈理學彙編〉——居其首典地位之〈經籍典〉（後文簡稱《集成・經籍典》），則是具體而微的古今典籍學術發展史之折射，該典收錄內容大致包含歷代經史典籍、圖書文化、目錄文獻等主題材料，共纂爲五百卷。其總分爲六十六部，約以四分法爲序，係爲清初康熙時期經籍典制文化之微觀同構，其各部「彙考」編年部份則是上古至明末清初學術文化脈絡之動態發展體現，在編者累積、總結歷代典籍學術之整體概況流變，並廣泛汲取前代史志、典制體史書之編纂經驗上，視野開闊、搜羅宏富，使其具有較高之史料學術價值。〔註7〕質言之，《集成・經籍典》於《集成》全書中之性質地位，猶史書中之經籍藝文志、考，〔註8〕然以《集成・經籍典》區別種類事蹟、詳其源流本末，透過類書纂輯形式之主題類分與剪裁排比，其對於文獻材料考述、梳理之細緻全面性，則爲史志或傳統簿錄所未能及也，故在目錄編制史上係有其獨特意義。

綜觀近人於書目總錄及一般圖書文獻學論著中，咸以《集成・經籍典》爲清前期官修書目之肇始。首先在通代或斷代書目考部份，如梁子涵編《中國歷代書目總錄》〔註9〕將該典列於「史乘目錄」通紀古今之藝文志一類，尤可注意在此一類中與清初《集成・經籍典》同列者，尚有宋元之際典制體史書《通志・藝文略》、《文獻通考・經籍考》以及類書《玉海・藝文部》，其間應具有相

冊（上海：上海古籍，民國 91 年），頁 38～39。陳夢雷〈進彙編啓〉一文中述明《集成》（初名《彙編》）編纂之起因，乃鑑於「《三通》、《衍義》等書，詳於政典，未及蟲魚草木之微；《類函》、《御覽》諸家，但資詞藻，未及天德王道之大。」此乃點出編者意圖透過《集成》之纂以達成「廣大精微」之整體編制改善目標。

〔註6〕　同註4，凡例。關於《集成・理學彙編》之立類編排，其〈凡例〉所述如下：「理莫備於六經，故首尊〈經籍〉；學成行立，倫類判矣，故〈學行〉次之；文以載道，其緒餘也，故〈文學〉又次之；書契之作，典籍之權輿也，故〈字學〉亦及之。」

〔註7〕　江蘇廣陵古籍刻印社，〈《中國歷代經籍典》出版說明〉，在《中國歷代經籍典》，第 1 冊（江蘇：江蘇廣陵古籍刻印社，民國 82 年）。該文以爲《集成》暨《集成・經籍典》之纂乃汲取典制體史書「三通」——唐・杜佑《通典》、南宋・鄭樵《通志》、元・馬端臨《文獻通考》之編纂經驗。

〔註8〕　中華書局編輯部，〈中國歷代經籍典提要〉，在《中國歷代經籍典》，第 1 冊（臺北市：中華書局，民國 59 年）。

〔註9〕　梁子涵編，《中國歷代書目總錄》（臺北市：中華文化出版事業，民國 44 年），頁 27。

當之取法淵源關係；梁啓超編《圖書大辭典簿錄之部》〔註10〕則將該典列於「官錄及史志」之清朝部份，然梁氏以爲該典可取者僅在史料存佚價值，而對其體例則有所鄙夷，梁之評述實非公允；來新夏主編《清代目錄提要》〔註11〕對該典之史志目錄匯總價值與分類方法之獨創性，做了較爲客觀精簡之說明。而在一般圖書文獻學論著中，如來新夏等著《中國古代圖書事業史》〔註12〕、焦樹安《中國古代藏書史話》〔註13〕、傅玉璋、傅正合著《明清史學史》〔註14〕、李致忠、周少川、與張木早合著《中國典籍史》〔註15〕、齊秀梅、楊玉良等著《清宮藏書》，〔註16〕各論著均能重視《集成‧經籍典》於清前期國家編目工作之引領價值，並提出其後乾隆朝繼之而編者——即官修目錄學巨著《四庫全書總目》，雖前者之影響與代表性未能及於後者，然《集成‧經籍典》在清前期之目錄學史上係具有一定地位。即此而論，《集成‧經籍典》爲類書中之一部居，又其本身涵具書目性質，故該典實可視爲一部以類書分類思維纂輯之書目，編制方法獨樹一格，與傳統圖書目錄迥異。故於目錄學之考察視角下，由於類書之體式框架是支撐其知識結構之要素，欲使文獻與文獻之間形成整體有機之繫聯，主要則賴其所運用之目錄學方法、編例原則，而《集成‧經籍典》既是《集成》中關乎書目、典籍之總合代表，其於目錄學方法之應用，當更能妥善、靈活而融通；是以，本文欲探討《集成》而尤以《集成‧經籍典》爲主體，著重目錄學議題之析論，探究其體例、分類之外在形式與內在緣由，故欲以類書暨書目之「體制」〔註17〕——突顯作爲本研究主要考察視角，對於《集成》全書

〔註10〕梁啓超，《圖書大辭典簿錄之部》，臺一版（臺北市：臺灣中華，民國47年），頁37～38。

〔註11〕來新夏主編，《清代目錄提要》（濟南：齊魯書社，民國86年），頁39～40。

〔註12〕來新夏等著，《中國古代圖書事業史》（上海：人民，民國79年），頁334～335。

〔註13〕焦樹安，《中國古代藏書史話》（臺北市：臺灣商務，民國83年），頁142～143。

〔註14〕傅玉璋、傅正合著，《明清史學史》（合肥：安徽大學，民國92年），頁259。

〔註15〕李致忠、周少川、與張木早合著，《中國典籍史》（上海：上海人民，民國93年），頁421～422。

〔註16〕齊秀梅、楊玉良等著，《清宮藏書》（北京：紫禁城，民國94年），頁531～532。

〔註17〕本研究欲以《集成》暨《集成‧經籍典》之目錄學體制形式與內涵爲探討主軸，因此係以《集成》整體之「類書體制」與《集成‧經籍典》具類書性質之「書目體制」義爲主，詳加探究其體例編制、分類架構等目錄學議題，於題名則係以「體制」一詞統攝之，而文中時或以形制、體例、體式、類例等名詞相稱，係隨前後文義稍事變通，實均指其書中結構特性言，故各詞皆可互通。

類目知識結構之整體外顯意涵則未及論就，本文僅以《集成・經籍典》之目錄學體例編制及其分類架構做微觀探析。

　　再如前所述，文獻整理活動需由眾多複雜因素之牽動方能促成，而《集成》以其體系之周闊、體例之嚴密著稱於世，爲歷史上較爲傑出之文獻整理工程，若再深入瞭解其纂修背景，則可進一步觸及《集成》之成就何以高出諸類書之因；事實上，有關《集成》纂修之歷史背景，如編者際遇、成書原委向爲學界關注較力之議題。康熙朝《集成》與乾隆朝《四庫全書》同是清官方組織之大型圖書編纂工程，然或因政爭因素，有關《集成》成書歷程之傳世史料卻極爲有限，而經由史家之考辨推論，其編纂原委至今於學界約已形成基本共識。《集成》原編者與康熙首次立館之主持人係爲清初學者——陳夢雷（字則震，福建侯官人，1650～約1741），一生仕途困蹇；〔註18〕而書首唯一列名之蔣廷錫則爲雍正重行開館之重校者。《集成》初名《彙編》，爲陳夢雷於皇三子允祉處侍讀時期所纂，是書之纂，約以康熙四十年（1701）爲始，至康熙四十五年（1706）初稿告成、規模略定，其後再經長時補充修訂，於康熙五十五年（1716）進呈，欽定改名爲《古今圖書集成》，同年立館加工，由陳夢雷統領八十人於館中工作，至康熙五十九年（1720）定稿並始刷印，然刷印工作因康熙帝逝後（1722）、夢雷再度遭貶而中斷；於雍正元年（1723）重行立館，帝命蔣廷錫等賡續其事，末於雍正六年（1728）全數竣工，共印爲六十四部。《集成》成書後，係以欽定、官修類書之稱行於後世，誠然，因清官方提供足夠之纂修、刷印資源，方有《集成》煌煌巨構之佳績，但就實際面而言，該書於纂輯之始（1701），其整體凡例架構係由夢雷一手擘劃，誠可謂爲此一文化工程之藍圖設計者；該書於開編十五年後（1716）正式立館，至此方獲得較爲充分之人力、物資，斯可想見此前夢雷發憤編述之志、苦心經營之功，實爲此一藍圖之主要施工者，遂成如此思緻細密之絕合。

　　而觀《集成》編者陳夢雷窮究二十餘年之力（1701～1722）迸發學術熱情，不畏繁難、傾注於此，後雖因故未能竟其事，然夢雷欲以修書之舉，成

〔註18〕陳夢雷生平行事可詳參：張玉興，〈陳夢雷〉，在《清代人物傳稿》，清史編委會編，上編第七卷（北京：中華書局，民國84年），頁353～362。陳夢雷生平際遇甚爲坎坷，其一生捲入兩次政治事件而二度含冤流放至東北，首次流放係於康熙二十二年（1683），後於康熙三十八年（1699）赦免回京並於皇三子允祉處侍讀，《集成》即纂於此一時期，其後則於雍正帝繼位後（1722末）再度遭謫。可詳見本文第三章第一節。

其個人名山大業之願，若非識見廣博深厚者則不能爲也，故近代學者謝國楨先生於〈陳則震事輯〉論曰：

> 昔鄭樵〈上宰相書〉云：「其書（按：鄭樵《通志》）上自羲皇，下逮五代，集天下之書爲一書，惟虛言之書，不在所用。雖曰繼馬遷之作（按：司馬遷《史記》），凡例殊途，經緯異制，自有成法，不蹈前修。」則震生於夾漈之鄉，其學蓋亦類是。所編《圖書集成》，蓋欲成一家之言，繼鄭氏而作，其「自有成法，不蹈前修」，亦與鄭氏之旨趣相同。〔註19〕

蓋司馬遷窮而後工，戮力著書，乃創正史紀傳之體，而鄭樵（夾漈）《通志》本於《史記》，又陳夢雷（則震）覃思精研，汲取前賢史籍體例之優長，以《集成》之纂爲其晚年全心之所嚮；再觀鄭樵所謂「修書自是一家，作文自是一家。修書之人必能文，能文之人未必能修書。……修書不同體，然後爲自得之工。」〔註20〕則更能明白古代文人志士修書之深詣。由是觀之，《集成》之體例形制固爲類書，其「自有成法，不蹈前修」，實則超脫於類書，其編纂極爲重視史法，乃受史書體裁影響至深，但以博綜群書之類書形式展現編者之腹笥架構耳。故清‧張廷玉《澄懷園語》中，尚以「古今未有之奇書」稱之：

> 自有書契以來，以一書貫串古今，包羅萬有，未有如我朝《古今圖書集成》者。是書也，康熙年間，聖祖仁皇帝廣命儒臣，宏開書局，搜羅經史諸子百家，別類分門，……實古今未有之奇書。……自明時有《永樂大典》一書，……此書體例，按《洪武正韻》排比成帙，以多爲尚，非有翦裁釐正之功。當時即有譏其冗濫者，以《古今圖書集成》較之，有霄壤之別矣。〔註21〕

張廷玉於雍正朝曾受賜《集成》兩部，而在此段文字中，張氏尚將《集成》與明初「用韻以統字，用字以繫事」之「韻分型」類書《永樂大典》做一簡要比較，其以類書體例角度著眼，肯定「類分型」類書《集成》具執簡馭繁之效、翦裁釐正之功。又清‧法式善《陶廬雜錄》亦嘗進一步於明清三巨書進行較論：

〔註19〕謝國楨，〈陳則震事輯〉，在《明清筆記談叢》（上海：上海書店，民國93年），頁207。按陳夢雷字則震，鄭樵號夾漈先生，陳、鄭均生於福建，故云同鄉。

〔註20〕〔宋〕鄭樵，《夾漈遺稿》，卷三。轉引自：曹之，《中國古籍編撰史》（武漢：武漢大學，民國88年），頁205。

〔註21〕〔清〕張廷玉，《澄懷園語》。轉引自：〔清〕劉聲木，《萇楚齋五筆》，卷三（北京：中華書局，民國87年），頁945～946。

> 若明之《永樂大典》二萬餘卷，則尤繁富，依韻排類，終傷雅道；然
> 宋元以後之書，賴此而存。至於我朝之《古今圖書集成》、《四庫全書》
> 則薈萃古今載籍，或分或合，盡美盡善，發凡起例，綱舉目張。狷歟
> 盛哉！〔註22〕

文中以爲明初類書《永樂大典》具有保存宋元佚書之價值，然其以韻分，未
盡合宜；至於清朝類書《集成》與叢書《四庫全書》則各有其體制上之優勢，
前者分類提取文獻內容，後者集中涵納圖書典籍，故所謂「薈萃古今載籍」
爲二者之共性，「或分或合」乃其各自之特性，「盡善盡美」則是其互爲補長
之結果。〔註23〕於此則可呼應說明關於各時期文獻整理活動之形成，係糾合
各代不一之基礎條件與文化需求，所謂「應時適變」，若明初「韻分型」類書
《永樂大典》、清初「類分型」類書《集成》、清乾隆叢書《四庫全書》，三者
對於古籍之部勒，各採以不同之纂輯方法，於明清時期分別造就了中國古代
圖書事業之頂峰高度，其前後乃遞有影響，逐視其編纂目標而於體例方面有
所改善、新變，以適應各朝之需求、服務於當代社會，誠各有其美善之處，
實亦毋庸強分其軒輊。

　　類書體制發展至明清極於鼎盛，而至清初康雍時期之《集成》攀至高峰，
一般學者多就清中葉後政治、文化之不變進行觀察，認爲類書之編纂事業在
此後逐漸走向衰落之勢，其在現今社會已無復甦之機；〔註24〕然平情而論，
類書乃爲因應文化總結需求、文獻利用需求、服務當代需求而形成之圖書編
輯體制，將大量原始資料按類編排，以備徵引，爲其永恆不變之根本性質，
亦是其永續發展之生命線與主要功能所在，此一體制係近代其他新式工具書
所未可取代。〔註25〕逮至現今，人們對於圖書編纂或知識組織，自是跳脫出

〔註22〕〔清〕法式善，《陶廬雜錄》，卷四（北京：中華書局，民國48年），頁111。

〔註23〕林仲湘，〈關於《古今圖書集成》答問錄──介紹電子版《古今圖書集成》及
　　　　其索引〉，《廣西文史》，1期（民國93年），頁17。

〔註24〕可參考：武躍進、王壯，〈明清類書的興盛與衰亡〉，《圖書館學研究》，2期（民
　　　　國85年），頁76～82；高長青、楊麗梅，〈古代類書衰落探源〉，《圖書與情報》，
　　　　3期（民國90年9月），頁36～39。諸多論者就政治、文化、學術、科舉廢除
　　　　等因素推斷，紛紛以爲類書形式思維於今觀之已不合時宜，其編纂當已走入絕
　　　　境，或以爲類書受近代百科全書及資料彙編、索引等新式工具之衝擊，此一體
　　　　制已被取代而無生存空間。

〔註25〕可參考：賀巷超，〈淺談類書產生和存在的條件〉，《圖書館理論與實踐》，4
　　　　期（民國82年），頁52～54；劉青，〈當代類書發展試論〉，《圖書館論壇》，4
　　　　期（民國86年），頁78～80轉頁19。

古代天人架構之制約思維模式，但在類書所獨具徵引功能之本質基礎上，則可根據當代編纂目的，而就其體例或類目進行變革、突破，於往代類書體式特性上截長補短，以適應於當前之文化發展與久遠之利用需求。就中國歷史上類書之流變週期考察，其在清初康雍時期編纂質量到達高峰後，於清中葉以降便進入盤整、蘊釀時期，〔註 26〕而約在沉寂兩百多年後，現今大陸方面於上世紀八、九十年代已有大型綜合性類書——《中華大典》之論證與編纂，該書於體例上即是借鑑於《集成》之經緯交織結構，而在類目設置上有所調整與改進，其以現代學科分類體系爲經目層級，緯目基本保留《集成》項目而略加增刪，〔註 27〕以切合於現今使用之分類思維，建立與現代文化相適應之知識體系，而《中華大典》之啓動，係爲類書不斷保持新變能力，於現代社會持續發揮其生命力之成果體現。事實上，最先在 1985 年，廣西大學林仲湘等在發掘《集成》經緯交織之體例特點上，已將其運用於《古今圖書集成索引》之編製，〔註 28〕而受其經緯體例啓發——前述之《中華大典》架構方案係於 1987 年提出，〔註 29〕再至近年則是因應現代科技發展與讀者便檢需求，於 1999 年由廣西金海灣電子音像出版社推出《集成》電子版資料庫，在林仲湘等編《索引》之基礎上，依經線索引與緯線索引分別建置多項子資料庫；〔註 30〕由上述各例亦足見《集成》體例之精密賅備，在當代圖書、文化事業之發展上仍留有深遠之影響。

再由以下數項頗具意趣之圖書文化發展規律觀之：在明清至今之大型圖書編修方面，清乾隆時因校輯《永樂大典》而轉爲叢書《四庫全書》之修，〔註 31〕

〔註 26〕關於類書編纂之流變週期與內因、未來發展趨勢，可參考：註 2，頁 245～250。

〔註 27〕趙含坤編著，《中國類書》（石家莊：河北人民，民國 94 年），頁 516～527。《中華大典》經線主要參照大陸之《中圖法》，設典、分典、總部、部四個層級，其一級經目共爲二十二典：緯線則包含題解、論說、綜述、傳記、紀事、著錄、藝文、雜錄、圖表等九項。至 2006 年已啓動其中九典之編纂工作，預計 2010 年全面完成該書出版之各項任務。

〔註 28〕林仲湘等，〈《古今圖書集成》及其索引的編寫〉，《廣西大學學報（哲社）》，1 期（民國 74 年），頁 28～32。

〔註 29〕陳大廣，〈關於「中華大典」框架與索引的探討〉，《中國圖書館學報》，4 期（民國 81 年 10 月），頁 56。

〔註 30〕滕黎君，「論《古今圖書集成》及其索引的應用價值」（碩士論文，廣西大學漢語言文字學專業，民國 92 年 5 月），頁 21。

〔註 31〕可詳參：顧力仁，《永樂大典及其輯佚書研究》（臺北市：文史哲，民國 74 年），頁 289～295。

現今則因開發《古今圖書集成索引》而形成《中華大典》之纂。此外，在明清兩大類書之研究發展方面，明初時成書之《永樂大典》，由於三百餘年後《四庫全書》之纂修，方在清乾隆及後世形成輯佚、研究之熱潮；清初成書之《集成》，至今亦約已三百年，或能因現代數位化之推動發展與輔助利用，而於今形成《集成》深化研究之契機。再就目前此領域之相關進展做一考察，《集成》成書後之首部研究專書——裴芹《古今圖書集成研究》於 2001 年問世，近 2006 年則有《集成》原版再造工程之推動，〔註32〕又當代新式類書《中華大典》之編纂工作仍持續進行，故對於類書發展或《集成》研究而言，學界對其關注益廣，在今後即愈有其研究發展之趨勢性存在。透過如上解析，本研究鑑於《集成》在圖書文獻學史、類書發展史、清代學術文化史上係具有重要地位，又《集成·經籍典》於目錄編制史上亦有其獨特價值，而以《集成》體例結構之精緻特出，近年更輔以數位發展，其「普及化」應用價值於學林沾溉甚巨，然而在學術本質內涵之「深度化」研究方面則明顯不足，本文即不揣鄙陋，嘗試於前人研究基礎上再加深入探討，承其力而耕耘此大塊上之一方田地。

第二節　研究目的與問題

本研究鑑於《集成》暨《集成·經籍典》之體例編制內涵對於洞悉清初知識建構與學術文化而言均極其可貴，卻素來乏人董理與深究，故本文欲初步結合歷史、文獻、學術各面向，秉以目錄學觀察視角實際深入文獻內部進行探索，以期做為融貫《集成》研究之基軸，又以《集成·經籍典》之特殊體制為析論重心，該典乃一部以類書分類思維編製之書目，故藉由體式義例、沿革考索、分類輯錄等目錄學相關論題之研究，目的在於爬梳並鑑別《集成·經籍典》自身所涵負之書目體制特質，並強調其與一般圖書目錄可互為補足處，藉以彰顯類書中置放經籍部類之價值。職是，本研究欲嘗試闡明之研究問題約如下述：

　　一、在研究文獻資源方面，《集成》版本概況及研究工具大致分佈為何？
　　　　又就《集成》研究成果進行回顧分析，其所反映現象主要為何？

〔註32〕中國國家圖書館善本特藏部，「傳承學術巨著，再造皇家善本——《欽定古今圖書集成》影印出版研討會在我館舉行」，在中國國家圖書館，民國 95 年 1 月 7 日，<http://nlc1.nlc.gov.cn:7777/Detail.wct?RecID=13>（民國 95 年 5 月 17 日）。

二、在編纂過程人物方面，《集成》編纂動機、始末、分工之實際情狀
　　爲何？又《集成》暨《集成‧經籍典》之編者學養意識爲何？

三、在總體形制流略方面，《集成》通部凡例、層級、整序之方式原則
　　爲何？又《集成》暨《集成‧經籍典》之體式沿革淵源爲何？

四、在書目類例內涵方面，透過對《集成‧經籍典》體例編制之微觀考
　　察，探其結構框架、著錄形式、引文義例、按注作用等論題，以明
　　該典「類書兼書目」之體式特質爲何？

五、承上，針對《集成‧經籍典》分類架構進行研析，以考該典於類書經
　　籍藝文部類中之沿革發展地位爲何？又該典與傳統圖書分類目錄之
　　互異性爲何？

第三節　研究範圍與限制

　　在研究範圍方面，首先必須秉以客觀角度考察清初暨其前後之學術發展
規律，並具體緊扣《集成》成書時序、條件、人事等因素，以約略訂立本研
究所欲處理之時間斷限範圍，並從其承傳轉化之規律探討中，抽繹當時官
方、編者及學術界對《集成》編纂思維架構影響至深之學術文化內核。一般
而論，於清代學術文化發展史上，所謂「清初」係指清順治、康熙兩朝（1644
～1722），即十七世紀中葉至十八世紀初葉約近八十年間；而所謂「清前期」
乃指清乾隆末（1795）之前，以康雍乾盛世爲主並跨及其立國初之清朝前半
期發展。〔註33〕然此亦並非絕然之劃分，故本研究論及《集成》成書背景，
所謂「清初」主要殆指康熙、雍正朝，若涉及其後與《集成》並舉之清乾隆
《四庫全書》，探討二者於學術文化脈絡相對不一之轉化特性時，方以「清
前期」時代背景作整體考量。

　　就清整體之歷史宏觀面著眼，近代著名學者王國維在評價清代學術時嘗
云：「國初之學大，乾嘉之學精，而道咸以來之學新。」〔註34〕此乃就清學三

〔註33〕 此處分期範圍之界定，分別參考自：陳祖武，《清初學術思辨錄》（北京：中國
　　　　社會科學，民國 81 年）；葉高樹，《清朝前期的文化政策》（臺北縣板橋市：稻
　　　　鄉，民國 91 年）。

〔註34〕 王國維，〈沈乙庵先生七十壽序〉，在《觀堂集林》，卷二十三（上海：上海書
　　　　店，民國 81 年）。轉引自：陳其泰、李廷勇著；張立文主編，《中國學術通史：
　　　　清代卷》（北京：人民，民國 93 年），頁 90。

階段之本質特徵作一歸納概括，本研究以《集成》暨《集成‧經籍典》之體制為析論重心，自以第一階段學術背景為探討焦點，尚需藉由與第二階段特性之映襯相較，以釐析其前後大異其趣之思潮主流，以將《集成》學術傾向具體突出於此發展脈絡上。王國維先生將清初與乾嘉學術總歸為「大」與「精」兩特點，反映在清朝官方圖書編纂上，實可與兩大代表性文化工程──康熙朝類書《集成》與乾隆朝叢書《四庫全書》進行互映解析，若裴芹先生提出：

> ……《古今圖書集成》與《四庫全書》則是清代官方編書熱潮中樹
> 起的兩座豐碑，分別具有編書熱潮發軔與終結之特色。前者重點在
> 於對古代典籍的接受和兼容；而後者側重於對傳統文化思想的淨化
> 和統一。〔註35〕

由於政治情勢、纂輯方針不一，所謂「大」與「精」之學術特點即於康、乾兩大圖書編纂工程中昭然若揭。而再深入梳理其學術肇因，則必須就儒學本身發展趨勢，結合中國學術史上長期以來之「宋學」與「漢學」兩大脈絡而論；所謂「宋學」與「漢學」，實際上即反映義理與考據兩種基本治學方式。〔註36〕「宋學」亦稱「理學」、「道學」，其沖破漢儒師法之束縛，藉助經學以闡發一己哲學見解，不拘訓詁舊說；宋、元、明學術係以「理學」為中堅，自南宋至明前期，程朱之學獨尊，明朝中、後期王學崛起，發展至明末漸流於空疏，遂於明末清初興起批判理學思潮，〔註37〕學術界出現由王學向朱學回歸之傾向，而清廷方面亦因治國之需而奉程朱理學為官方正學，顯示政界與學界之學術發展趨向不無吻合。〔註38〕「漢學」在清代與「宋學」對

〔註35〕裴芹，〈《古今圖書集成》與《四庫全書》〉，《內蒙古民族師院學報（哲學社會科學‧漢文版）》，1期（民國79年），頁11。

〔註36〕陳其泰、李廷勇著；張立文主編，《中國學術通史：清代卷》（北京：人民，民國93年），頁53～54。在中國學術發展史上共生並存著義理與考據兩種基本治學方式，如學術史上有名的經今古文之爭、尊德性與道問學之爭、宋學漢學之爭，都同義理與考據之爭關係密切；二者實際上於同一學術時期互有消長，一方升高為學術主流，另一方則成學術伏流。

〔註37〕陳祖武，〈從清初的批判理學思潮看乾嘉學派的形成〉，在《清初學術思辨錄》，附錄一（北京：中國社會科學，民國81年），頁303～319。清初的批判理學思潮具有兩重性，一方面以經世致用為宗旨，是決定此一思潮的性質及其歷史價值的基本方面，也是使它既有別於之前的宋明理學，又不同於其後乾嘉考據學的根本原因所在；另一方面則走向考經證史之途，試圖以經學取代理學，為爾後乾嘉學派的形成，在理論思維上提供了內在邏輯依據。

〔註38〕吳雁南主編，《清代經學史通論》（昆明：雲南大學，民國90年），頁11～13；

稱，乃是指回溯或尊崇漢代經學及其研究方法，主要特點爲不空談義理，學主實證；考據非清學所獨有，但至清乾嘉時期大興，人或稱「漢學派」、「乾嘉學派」、「清代古文經學派」。〔註39〕總歸而言，明清之際大致衍展著由「宋學」向「漢學」轉化之內在邏輯，清初學術即是由宋明理學向乾嘉漢學轉換的一個不可或缺之中間環節，此一時期所具承先啓後之學術個性，其基本特徵約可歸納爲「博大恢宏」、「經世致用」、「批判理學」、「倡導經學」數端，〔註40〕整體取向係爲對宋明學術之繼承與批判，清初學術與宋明學術間殆有其淵源關係。〔註41〕

由是觀之，清初學術繼其前之宋明理學，有承傳、亦有蛻變，而由前述「宋學」與「漢學」兩大脈絡考察清朝儒學發展過程中之漢、宋關係，約歷經順、康、雍三朝之「漢宋不分」，所謂「國初，漢學方萌芽，皆以宋學爲根柢，不分門戶，各取所長，是爲漢、宋兼採之學」，〔註42〕漢、宋二學交互影響當時之學術風貌；而後乃歷乾、嘉時期「漢宋對立」之階段性轉變，漢學成爲主流。清在朝官員與民間學者即是於此潮流中從事學問鑽研，而官方之學術政策則面臨著統合研究取向之課題。體現於清官方儒家典籍之敕纂刊印方面，其版本擇定與注疏取捨應有相當考量，以利於學術思想之控制。康熙以理學爲宗，崇奉程朱理學爲官方正學，〔註43〕當朝所刊行自以理學著作爲主，以提倡朱熹理學思想爲中心，其闡經之作在以「宋學」爲宗之前提下，亦兼採「漢學」諸家注疏以總其成；乾隆朝則以刊印經學著作爲要，其帶動官方研究經學之風氣，另闢

38。

〔註39〕 同前註，頁76。

〔註40〕 同註33，陳祖武之文，頁288～293；294；299；316。

〔註41〕 汪學群，《清初易學》（北京市：商務，民國93年），頁665～667。關於清初學術傾向，晚近以來主要有兩種觀點，其一以梁啓超、胡適爲代表，認爲清初學術是對理學的全面反動；其二係以馮友蘭、錢穆爲代表，認爲清初學術應屬宋明理學範圍的延續。此中以後者觀點較爲接近歷史。清初學術總體而言以宋明學術爲主，其學術無論是爭王爭朱，或是王學與朱學兼採者，都未脫離宋明學術窠臼；其批判主要針對明末王學之空疏，並試圖回歸朱學，側重在宋明理學內部做調整，即使有些學者注重考據和辨僞，也受宋代疑經和明代中期以來考證學風的影響。

〔註42〕 皮錫瑞，《經學歷史》（北京市：中華書局，民國48年），頁341。轉引自：王記錄、李豔，〈漢學、宋學和清代史學〉，《山西師大學報（社會科學版）》，32卷1期（民國94年1月），頁82。

〔註43〕 可參考：何孝榮，〈論康熙提倡程、朱理學〉，《史學集刊》，2期（民國85年），頁67～73。

以「漢學」爲主、「宋學」爲輔之研究方向。〔註44〕所需留意者，程朱理學雖自康熙朝奉爲官方正學，確立其後終清一代理學之正統地位，在相當程度上加強了知識界和全社會之文化凝聚力，科舉功令亦據此維繫，然時間推移愈後，其積極作用因素則愈益低落，如康熙後期清廷在崇獎理學之同時，亦提倡經學，已漸有向「以經代道」轉化之趨勢，〔註45〕至乾隆中期之後，理學獨尊地位實已發生部份動搖。〔註46〕茲據此處所述約略作一歸納，並呼應至前引《集成》與《四庫全書》於清前期學術脈絡中所先後呈顯之里程碑特點。簡言之，康熙朝以程朱理學爲官方哲學，「漢宋兼採」〔註47〕係此時學術傾向，實即反映《集成》「接受兼容」之博大特性；至乾隆時期，程朱理學之官方正學權威地位已稍有鬆動，此時已轉趨「尊漢抑宋」〔註48〕學術傾向，大抵則反映《四庫全書》「淨化統一」之精粹特性。

其次，就清初歷史微觀面探討，《集成》成書歷經康熙、雍正兩朝，揆其實質，該書由陳夢雷開編於康熙四十年（1701），後至康熙五十五年（1716）立館增訂、康熙五十九年（1720）定稿並始刷印，由於雍正後（1723後）蔣廷錫等所爲之校改工作不足以改變陳夢雷原書之基本面貌，〔註49〕故觀其時

〔註44〕此處僅點明康熙朝與乾隆朝官方刊印儒學典籍之大致學術傾向，以利瞭解《集成》與《四庫全書》之整體纂輯取捨考量。而詳細刊印情況及其內容分析可參考：註33，葉高樹之文，頁195～207。

〔註45〕可參考：註41，頁19。

〔註46〕黃愛平，〈清代康雍乾三帝的統治思想與文化選擇〉，《中國社會科學院研究生院學報》，4期（民國90年），頁58～66。康熙帝在文化選擇上尊理學，主要看重其綱常倫理教化，斯乃適應於治國統御之需，而鑑於明末學風的空疏誤國，康熙在提倡理學作爲用人行政指導思想的同時，尤爲強調躬行實踐，其初學風趨於務實；而官方理學發展至乾隆時期，由於學風的轉變，以爲宋學僅是鞏固政權、士子科考之工具，漸起批判之聲，顯示當時程朱理學權威已經鬆動。

〔註47〕同註4，蔣廷錫進表文。有關「漢宋兼採」之學術傾向，殆可由《集成·經籍典》注疏取捨中加以揭示，蔣廷錫進表文云：「……〈理學彙編〉分爲四典，一曰〈經籍典〉：孔藏伏授，並列行間；程定朱增，俱標簡末。漢疏多毛（亨）、鄭（玄），豈韓嬰之屬，可勿研求；宋註尤重蔡（沈）、胡（安國），豈張恰之流，不資探討。」其以程朱理學爲宗，漢疏、宋註兼採之學術取向即此可見。

〔註48〕可參考：張麗珠，〈紀昀的反宋學的思想意義——以《四庫提要》與《閱微草堂筆記》爲觀察線索〉，《漢學研究》，20卷1期（民國91年6月），頁253～274；薛新力，〈清代漢學思潮對《四庫全書總目》之影響〉，《圖書館論壇》，22卷4期（民國91年），頁120～121；118。

〔註49〕可參考：曹紅軍，「康雍乾三朝中央機構刻印書研究」（博士論文，南京師範

序、人事等條件，由陳夢雷經營擘劃之《集成》乃纂輯於康熙中晚期，《集成》之思維架構可謂同步反映康熙中晚期之學術思潮特色。又據陳夢雷〈進彙編啓〉〔註50〕自述《集成》（其初名爲《彙編》）之編纂緣起乃經皇三子允祉倡議並提供藏書資料，而由陳夢雷主持此一編纂工序，其「不揣蚊力負山，遂以一人獨肩斯任」，僅此推測《集成》凡例架構擬定及開館前之初稿階段（1701～1706）、修訂稿階段（1706～1716）應由其個人獨自編檢而成，而其纂輯目的在於「勒成一書，庶足大光聖朝文治」，該書爲維護清廷統治服務之意味濃厚，官方政治、文治需求即貫串表現於全書之中。實際上，《集成》雖自康熙五十五年（1716）開館後已確可納爲官修類書之列，然以《集成》開館前之基礎內容架構仍爲陳夢雷個人所規劃統理，易言之，就《集成》學術趨向、材料選擇而言，雖其旨在爲官方政權服務，契合於官方統治需求，然其整體編制亦隱含著編者個人意識，保留編者陳夢雷個人哲思涵養內蘊。〔註51〕故在清初之時代思潮、文化政策並結合編者意識之影響下，共同蘊釀交織而成《集成》博大恢宏、嚴謹分明之體制內涵，如同其後乾隆朝《四庫全書》對群籍之董理重構，固有一文化趨向作爲其深層之活動力。〔註52〕

　　據前述探討約可窺知清前期之整體縱向歷史發展，要言之，清初《集成》之整體編制係與宋明以來「程朱理學」學術內涵思維之承紹關聯頗深，又當時蔚起之「經世致用」思潮，及宋學、漢學門戶未深之「漢宋兼採」過渡傾向，均是探討《集成》暨《集成‧經籍典》體制構成之有利參考座標。如是，若能

大學中國古典文獻學專業，民國95年），頁57～61。

〔註50〕同註5。《集成》於康熙五十五年（1716）開館前之初稿與修訂稿階段，僅能由陳夢雷自述文字中推測開館前《集成》之整體凡例架構擬定、群書分類纂輯均出自夢雷一人之手，僅繕寫工作催人分工進行。

〔註51〕潘雨廷，〈論陳夢雷、楊道聲的易學〉，在《周易淺述》，〔清〕陳夢雷撰（北京：九州，民國93年），頁5。陳夢雷於首次流放瀋陽期間，沉潛心志，遂有易學之闡作，潘雨廷先生論曰：「十餘年之『靜探』，始能成《周易淺述》，足爲其學識之體。得意而編成《古今圖書集成》，乃當其用。」《集成》整體編制或可謂爲夢雷易學哲思蘊理之運用融通。

〔註52〕吳哲夫，〈四庫全書所表現的傳統文化特色考探〉，《故宮學術季刊》，12卷2期（民國83年冬季），頁18。吳哲夫先生指出：「四庫全書的纂修，固然有許多清室特殊的目的參雜其中，但從文化發展史的角度來觀察，一項大規模文化活動的出現，往往有一種文化趨向做爲深層的活動力。」相對於乾隆朝《四庫全書》之叢書纂修工程，其前康熙朝《集成》以類書形式總結、重構古代知識資源，固有不同學術文化趨向與需求動力深植其中。

善於抓住典型、把握主體，對於其體制形成緣由、引文學術趨向及諸相關問題方能據此提出合理解釋，〔註53〕對清初《集成》暨《集成·經籍典》文化內蘊之理解亦將有所裨益，故首需於此處稍作其學術脈絡與大體特點之界定說明。茲將本研究之研究範圍與限制約略訂立如下：

一、觀察時期：由於《集成》整體編制主要完成於康熙中晚期（1701開編～1720定稿），故文中對於編者學術趨向、經史學風意識之探討，主要係與前述清初康熙朝之時代特點互為呼應，將清初學術文化之發展背景脈絡，適時納入本文之考察範圍中。

二、探究典部：本文以《集成·經籍典》類例為研究主體，而在《集成》通部形制結構方面僅就其一般編排體式規律進行探討；又因《集成》各典部依其主題內容、收錄文獻之不一，其體例在一般規則外多有因類制宜特性，本研究針對其他典部將不做個別深入之析論。

三、關注焦點：本研究以目錄學之體制類例論題為探討主軸，尚涉及歷史、文獻、學術等局部面向切入考察；因筆者識見學力有限，有關《集成》整體之分類思維及其世界觀呈顯等相關議題，仍有待思想史、學術史、史學領域之學有專精者進行更為詳悉之深究討論。

第四節　研究內容與方法

本文汲取前人研究成果做為論述奠基之磐石，並竭力發掘前賢學者之所未發，揭示其未竟之意，是為本研究撰作之主要理念趨向；就研究方法而論，本文併採歷史研究法與比較法，藉以瞭解《集成》暨《集成·經籍典》於類書發展史、學術文化史、目錄學史上之重要地位與斐然價值。本研究欲以目錄學之體制類例探討為研究主線，而研究內容首先總以《集成》通論說明，再則切入《集成》暨《集成·經籍典》進行前題鋪陳，其後逐步深化研究主體《集成·經籍典》之類例內涵實質，最末則為價值良窳綜論。研究架構圖設置如下（見圖 1-1）：

〔註53〕茲舉一例代表說明：如一般論者多以《集成》之〈理學彙編〉，其所謂「理學」包含經籍、學行、文學、字學，故此一詞彙之原意當指「理」與「學」，而與宋明學術主流之「理學」無涉；若能確實洞悉清初之學術思潮發展及官方政策訂立，乃能合理解釋此一說法為非。

圖 1-1　研究架構圖

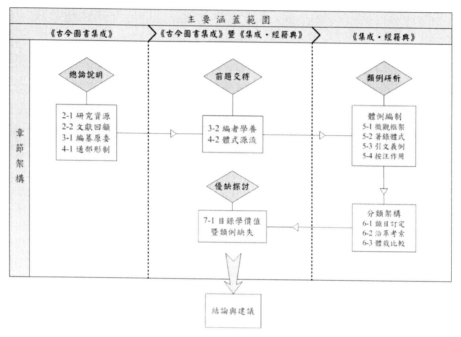

　　本研究主要致力於發掘《集成‧經籍典》之目錄體制意義，因此側重以目錄學角度切入，審視該典於《集成》類書體制之外圍框架下，迥殊於傳統簿錄形式之書目體制內涵實質，故本文提出《集成‧經籍典》做為研究主體，行文中尚針對《集成》整體形制架構以涵蓋角度融入《集成‧經籍典》之類例探討中。而就章節之設置脈絡言，本文於開端主要利用近人研究成果（參見附錄一）並參酌有關史料文獻，著力於梳理《集成》版本、編纂、形制方面之總體概況，再者分別就《集成》與《集成‧經籍典》探究其前承於諸書之體式淵源，進而將《集成‧經籍典》所涵攝之書目體制特質彰顯開來，或探其著錄形式、引文義例、按注作用，或考類書之經籍部類沿革，或勘其與傳統簿錄之異，要以「類書暨書目」纂輯體式之結合探討，內化為貫穿全篇之研究主軸。而循前述研究取向，本文於研究方法之運用，主要係採歷史研究法並輔以比較法，藉以考察《集成》於清代學術發展之里程碑意義，以及《集成‧經籍典》厥為官修書目所繫合之經籍圖書文化內蘊。

　　關於歷史研究法可就以下數層面實施應用：在《集成》編纂原委方面，主要根據少數傳世檔案及編者陳夢雷所作相關詩文進行研覈，確切掌握一手史料證據後，繫聯各關鍵文獻之時間線索，以合理推測《集成》稿本編纂歷

程、分工預事要況。而在體式源流方面，主要就《集成》各項緯目結構，而尋繹前朝類書及史書於《集成》中所體現之創改、縮合原則，另就《集成·經籍典》之類目組成、輯錄特性，而探該典與前朝書目體式之關聯啓發，彰顯主要自宋明以來書目編制歷經轉化、改革之影響軌跡。至若類書之經籍藝文部類沿革考索方面，主要擇取數部綜合性類書做爲觀察對象，實際將《集成·經籍典》置於類書發展歷程中，進行相關部類之類目考察、比較與鑑別，以覘其目錄組織之形式演變、分類體系之範圍延展，即欲由沿革探討中闡明《集成·經籍典》自身所獨具之體式特點，並揭示《集成》於類書分類架構發展上之斐然成就。

　　又本研究佐以比較法，主要運用於：前述探討類書之經籍藝文相關部類，筆者欲實際提出兩部類書文本做爲比較對象，並隨之區分爲兩條比較主線，其一選擇南宋·王應麟《玉海·藝文部》，因其考證精詳、體例賅備，歷來學者多視爲目錄之書而參考、引用或研究之，究其實質，《玉海·藝文部》與《集成·經籍典》同是類書性質之書目，本研究欲針對二者類目沿革、組織形式、書目作用等數方面進行比較，以觀察其形式遞進演變之跡；其二選擇清初同期之《淵鑑類函·文學部》，其類目因襲性甚爲顯著，而觀該部所涵蓋之內容範圍，在《集成》中係以「理學彙編」其下四典所統括，二者無論於部類數量或加工程度上差距均極其懸殊，故可藉由其間差異性之比較，具體指陳《集成》於類書沿革中所具質量兼備之總結特性，以突顯其體大思精之學術涵蘊價值。再者，文中尚欲就《集成·經籍典》與一般圖書目錄進行分類輯錄形式異同之勘驗，藉以歸納《集成·經籍典》體制特質，此處亦設置兩條比較主線，其一提出金門詔《補三史藝文志》，欲考察金門詔於其素有之目錄學思想建構下，爲個別因應類書與傳統簿錄體式之不同，所採取不一致之立類方法、組織邏輯；其二提出元·馬端臨《文獻通考·經籍考》，欲就「輯錄體解題」之圖書目錄與《集成·經籍典》「類書性質之目錄」進行輯錄體式比勘，以考察其間著錄內容、編輯作用之互異性。故將前述各方法應用於本研究之中，要言之，即欲統合相關文獻後加以廣博閱覽，類聚舊說而進一步鎔鑄消化，加諸個人見解以成新論，期能賡續前人研究之不足，斯爲本研究主要撰作理念與趨向。

　　此外，在《集成》暨《集成·經籍典》之研究版本擇取方面，係以文本取得便利性與研究取向適用性爲首要考量。在《集成》部份，本研究採用民

國六十六年（1977）楊家駱先生所編刊之鼎文版，全套七十九冊，卷首冠以楊氏所撰之序例與簡目彙編，其對於部名不能詳見內容功能者別加識語，並就原部類編排次序欠當者調整部次，較爲符合本研究探討《集成》整體形制架構之所需。其次，在《集成・經籍典》部份，本研究採用民國五十九年（1970）臺灣中華書局印行之版本，全套八冊，各冊前所列之目次內容極其詳悉，有助於本研究瞭解《集成・經籍典》之經緯結構體例，故選用之。本研究中凡標注《集成・經籍典》引文處，要以臺灣中華書局單行版本之冊頁數爲主，〔註54〕而若引述《集成》其他各彙編、典、部內容，方以鼎文版之冊頁數做出處標注。〔註55〕

〔註54〕中華書局編輯部輯訂，《中國歷代經籍典》（臺北市：中華書局，民國 59 年）。

〔註55〕〔清〕陳夢雷原編；蔣廷錫等重校，《古今圖書集成》（臺北市：鼎文書局，民國 66 年）。

第二章 《古今圖書集成》相關研究資源與文獻回顧

第一節 《集成》研究資源

　　根據本研究統計，關於《集成》版本概況之研究文獻約有二十餘篇（參見附錄一），其中逐一詳論各版本者僅有數篇，各論述亦未能及於全面，或忽略臺灣印行之版本，或僅是簡介而未能論及各版本之價值，因而本節要旨即在闡明《集成》各版本之刊印形式特點、印行背景、學術價值等要項。次則述介《集成》之研究工具，包含索引與目錄、電子版資料庫、考證、續編、研究論著目錄等可供檢索參考之資源。最末述及《集成》之分部單行者，此亦屬版本分支、亦屬研究工具，因其性質較為特殊，故將之另外立項。由於對《集成》各版本之取用亦可視為相關研究資源之一，以下即分別從《集成》之版本淵源、研究工具、分部單行三方面進行相關資源紹述。

一、版本淵源

　　《集成》編纂、成書至今已將近三百年，其間版本屢經演變，各版本之刊印情況各異，累至目前已有八種印行版本。若就歷史時期區分，首版印成於清雍正時期，二、三版印成於清光緒時期，四至七版為民國後所印行，第八版則為近期內印成；而就版本來源區分，二、三、四、八版係依據首版（殿版）印成，五、六、七版係依據第四版（中華版）印成。茲將《集成》之版本源流概況示意如下（見圖 2-1），並於其後分述各版本之形式特點與價值：

圖 2-1 《古今圖書集成》版本源流圖

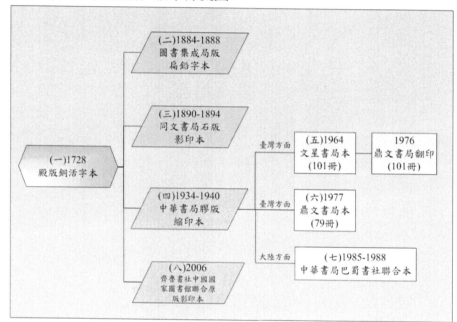

資料來源：裴芹，〈《古今圖書集成》的版本及流傳〉，在《古今圖書集成研究》（北京市：北京圖書館，民國 90 年），頁 142。〔本圖根據裴芹圖進行增補改繪〕

（一）殿版銅活字本 1728

關於陳夢雷原定稿完成與《集成》製銅字待排印之時間，經楊玉良、裴芹、曹紅軍等學者之史料引述及考證（參見第三章第一節表 3-2），皆指原定稿實已完成於康熙朝末，約為康熙五十八至五十九年間（1719～1720），其後更有實際刷印之舉，斷非雍正、蔣廷錫等人所能掠美。是時受皇權鬥爭迫害，康熙六十一年（1722）陳夢雷被重行發遣關外，《集成》刷印隨之中斷。後於雍正元年（1723）乃命蔣廷錫、陳邦彥等賡續夢雷未竟之刷印事宜，並就全書重加審查與校正，而於雍正三年十二月二十七日（1726 年 1 月 29 日）告成進表，奏請雍正帝核定後，於雍正四年九月二十七日（1726 年 10 月 22 日）頒定御製序文，其間陸續從事折配、裝幀等工作，末於雍正六年（1728）全數竣工，共印六十四部。

《集成》第一版又稱殿版、雍正版，正文係以清內府所藏銅活字排版印刷，其字模為鐫刻而成，字體方正，結構嚴謹，所印《集成》萬卷，印本稀

少，遂成爲舉世僅有之銅活字擺印巨著，〔註1〕亦爲方體硬字書之優秀代表，〔註2〕其插圖爲木板雕刻，畫面形象逼眞、線條流暢細膩，集中反映殿本版畫之風格和藝術成就。〔註3〕全書共計一萬零四十卷（正書一萬卷，目錄四十卷），裝訂五千零二十冊（正書五千冊，目錄二十冊），以開化紙及太史連紙印成。版框高 21.3 公分，寬 14.8 公分，四周雙邊，每半葉九行，行二十字，版心大字「古今圖書集成」，魚尾下注小字「某某彙編某某典第幾卷某某部某某〔緯目〕幾之幾」字樣。〔註4〕

　　殿版銅活字本目前仍存世之數量，包含完整與部份缺佚者，於大陸、臺灣、國外等各地約存二十餘部。〔註5〕臺灣方面，故宮博物院即典藏有三部，該三部原貯文淵閣、乾清宮、皇極殿三處，其中二部爲全帙、一部僅缺部份目錄，〔註6〕在首版《集成》流傳漸稀之今日，其珍貴性自不待言。

（二）圖書集成局版扁鉛字本（1884～1888）

　　由於《集成》首版印數少，自雍正年間印成後，便絕大部份束之高閣或頒發大臣，一般人難以見到。此後歷經一百多年，直至十九世紀末葉，中西交通興盛之際，〔註7〕《集成》以其特有價值引起西人注意，遂有英國人 Ernest

---

〔註1〕　齊秀梅、楊玉良等著，《清宮藏書》（北京：紫禁城，民國 94 年），頁 169。此處提出清內府銅活字約成於康熙五十六年前後，然未能得知所據爲何。

〔註2〕　同前註，頁 171～172。清內府刻書一般使用兩種字體，一是字體結構平整、略呈長方、橫輕直重之仿宋體，時稱「方字」或「硬體字」；二是盛行一時之楷寫「歐字」，結體長、骨肉勻，時稱「軟字」。

〔註3〕　同前註，頁 89。

〔註4〕　趙鐵銘，〈古今圖書集成與陳夢雷〉，《故宮文物月刊》，3 卷 8 期（民國 74 年 11 月），頁 123。（該文附有數幅《集成》書影）

〔註5〕　詳細存藏地點可參考：裴芹，〈《古今圖書集成》的版本及流傳〉，在《古今圖書集成研究》（北京市：北京圖書館，民國 90 年），頁 152～155；同註 1，頁 94～95。裴芹據前人之研究，統計出目前殿版仍存世者，包含完整與部份缺佚約有二十四部；齊秀梅、楊玉良等則統計有二十五部。二者所記錄之存藏地點亦不盡相同，皆有參考價值。

〔註6〕　同註 4，頁 126～127。原貯乾清宮之銅活字本，於八國聯軍入京時被西人取走部份目錄，所缺爲目錄第二冊一本。

〔註7〕　十九世紀末葉，隨著西方近代印刷的傳入和逐步推廣應用，中國歷史上傳統的官、私、坊三大刻書系統，逐步爲新興的、資本主義方式經營的私人出版印刷機構所取代，古老的雕版印刷、活字印刷和套版印刷，讓位於新型的平版、凸版和凹版印刷。在短短數十年間，鉛印本、石印本等新型印刷書籍大量湧現，形成清代末年一個新的印書高潮。（參考自：王餘光、徐雁主編，《中國讀書大辭典》，第二版（南京：南京大學，民國 88 年），頁 432。）

Major（安‧美查）和 Federic Major（弗‧美查）兄弟於光緒十年（1884），在上海集股設立「圖書集成印書局」，以鉛活字排印此部巨著。此一印本以連史紙十開尺寸鉛印，所使用鉛字為三號扁體，繪圖部份則用石印。開印後，於光緒十四年（1888）竣工，共印一千五百部，《集成》自此流傳日廣。〔註8〕

《集成》第二版又稱圖書集成局版、美查版，此一版本版式縮小，冊數亦有所減少，裝訂為一千六百二十冊，另有目錄八冊。每半葉十二行，行三十八字，四周單邊，單魚尾。經多位學者親見考查，該版本於內容方面校勘不精，錯訛頗多，缺頁現象嚴重；於形式方面則因所用活字甚扁，且排列緊密，閱讀頗費目力。《集成》第二版不稱善本，但在首版印量未能滿足需求，且缺佚日漸嚴重之情形下，當時國內外研究機構多藏有此一版本，實對於《集成》之宣傳推廣與利用起了相當之引領作用。〔註9〕

（三）同文書局石版影印本（1890～1894）

《集成》扁鉛字本甫印成，又有第三版石版影印本出現。〔註10〕蓋前一版本為私刻私印，且錯訛頗多，而此第三版之印行乃出自清廷官方旨意，版本較為精良。清廷於光緒十六年（1890）責令總理各國事務衙門酌擬辦法，〔註11〕預備重印《集成》，此版本由清政府出資，委託上海同文書局經辦，係採用照相石印技術，依據原殿版樣式描潤、影印而成。於光緒二十年（1894）竣工，共

〔註8〕 胡道靜，〈《古今圖書集成》的情況、特點及其作用〉，在《中國古代典籍十講》（上海：復旦大學，民國93年），頁197～198。（原發表於1962年）

〔註9〕 趙長海，〈《古今圖書集成》版本考〉，《古籍整理研究學刊》，3期（民國93年），頁44～45。《集成》第二版扁鉛字本雖校勘不精，錯訛頗多，但卻是廣為流傳的一個本子，該版本國外收藏不少，國外許多學者據此檢索資料，名之為 K'ang Hsi Imperial Encyclopedia，即《康熙百科全書》。該版本因印量較多且造價較廉，就橫向傳播而言，實對於《集成》之推廣普及功不可沒。

〔註10〕 趙之富，〈光緒描潤本《古今圖書集成》及其《考證》〉，《歷史文獻研究》，2期（民國80年8月），頁340。《集成》第三版石版影印本之印行始於光緒十六年（1890），時距前版扁鉛字本出版（光緒十四年，1888）僅隔二年，清廷何以又要刊印此書？趙之富據施廷鏞《中國古籍版本概要》第三章所云，其因乃清廷為了將之分贈各國圖書館，以此做為中國之百科全書。因該書是為了贈與各國，所以對書籍印刷之紙張、字體、裝幀等都較為重視。

〔註11〕 袁同禮，〈關於圖書集成之文獻〉，《圖書館學季刊》，6卷3期（民國21年），頁405～406。據光緒十六年十月〈總理衙門奏尊旨石印書籍酌擬辦法摺〉，光緒帝曾於該年六月面諭總理各國事務衙門酌擬石印辦法，後經相關人員廣泛商議，查明石印書籍以上海商人辦理最為熟悉，即由上海道聶緝槼就近與同文書局商洽，照殿版原式印一百部，限三年令其印齊。

印一百部，外加一部特用黃綾作封面，供朝廷御用。〔註12〕

　　《集成》第三版又稱同文版、光緒版，全書裝訂五千零四十四冊，除正書五千冊、目錄二十冊，另新增龍繼棟先生所撰《古今圖書集成考證》二十四冊。為提升此版本之印刷質量，同文書局於影印前先對銅活字原版進行一番整理描潤工作，〔註13〕包含修改避諱字、勾畫版面線條、描補未清文字、塗摹木刻版圖等事宜，務使該版本臻於完善；經整理修繕後刊印之同文版，紙色潔白，字體柔美，裝幀漂亮，堪稱《集成》最佳版本。〔註14〕再者，此版本另一可貴之處在於新增考證二十四卷，將全書所引材料逐條進行核對與訂誤，於文句校勘與訛誤考辨方面多所用心，為《集成》首版印成後一百六十餘年間首次較具規模之校理工作，〔註15〕開闢《集成》研究之先河，頗堪珍視。

　　要言之，精心之描潤與審慎之考證，誠為此一版本主要特色。縱其版本精善，然造價亦驚人，加之印數不多，印成後除部份運至北京，其餘則在上海棧房遭火，故傳本之稀，亦不減於殿版銅活字本。限筆者所知，目前同文版之描潤底本仍藏於北京清華大學圖書館，今僅殘存五百五十八冊。〔註16〕國外方面，則於美國國會圖書館、哥倫比亞大學圖書館藏有二部同文版。〔註17〕臺灣方面，筆者據相關文獻以及線上目錄查詢，得知該版本於故宮博物院、國家圖書館、

〔註12〕　裴芹，〈點石齋與同文書局競印《古今圖書集成》廣告拾零〉，同註5，頁199。裴芹引陳伯熙《老上海工商編》，謂同文版之形制：「其版圖字樣，按照原式放大十分之一，用上等桃花紙石印，原有脫筆均須描補，內一部用黃綾團龍裝訂備宸覽。」版本精良，用紙講究，常被人誤認為是雍正朝初版。

〔註13〕　同註5，裴芹之文，頁147。同文版石印之母本乃以原殿版進行描潤、修飾、加工，故其母本稱描潤本。

〔註14〕　同註10，頁341。

〔註15〕　同註10，頁342。《古今圖書集成考證》原不著撰人，而據劉永濟〈龍繼棟先生遺著十三經廿四史地名韻編今釋稿本述略〉一文所載，龍繼棟曾著有《古今圖書集成校勘記》若干卷，「書成時，曾由上海同文書局附本書後影印百部。」故可據此得知撰者為龍繼棟。至於此次對《集成》之校理，核對原書，考證正誤，工作量極大，是否完全由龍繼棟一人擔任，尚難確定。

〔註16〕　北京清華大學圖書館，「古籍善本」，在清華大學圖書館，民國95年3月6日，<http://history.lib.tsinghua.edu.cn/treasure/shanben.htm>（民國95年5月22日）。該描潤底本於同文版印成後原留在外交部，而當時只有清華學校歸屬外交部，其又轉贈清華收藏。唯抗戰南遷時，該書在北碚經日機轟炸而焚毀嚴重，歷盡兵、火、水、蟲之災，今僅殘存五百五十八冊。

〔註17〕　張翔，〈《古今圖書集成》在美國的收藏〉，《圖書館雜誌》，4期（民國86年8月），頁55～56。《集成》善本在美國藏有五部，其中三部為殿版，分藏於耶魯大學、哈佛大學、普林斯頓大學；二部為同文版，如正文所述。

政治大學圖書館各藏有若干部，〔註18〕僅故宮與國圖所藏二部較爲完整，則可證此一善本之流失不亞於首版，至爲憾事。

（四）中華書局膠版縮印本（1934～1940）

　　鑑於殿版與同文版之流傳益寥，扁鉛字本之校勘粗疏，遂有上海中華書局於 1934 年以殿版銅活字本爲底本進行第四次刊印，〔註19〕而爲求篇幅版面之適切性與價格成本之普及性，遂採用膠版縮小影印方式，將原書九頁縮爲一頁，〔註20〕目錄四頁合爲一頁，以連史紙三開本印成，至 1940 年全部出齊。其基本印數爲一千五百部，其中個別分典如目錄、藝術典醫部等至多加印一千份，故總印數約爲二千五百份。〔註21〕

　　《集成》第四版又稱中華書局版、中華版，全書分訂八百零八冊，一至六冊爲目錄、七至八百冊爲正書，同時向浙江省立圖書館商借同文版所附《考證》，以六頁合一頁印爲八冊。其版式爲四周雙邊，單魚尾，每半葉分上中下三欄，每欄二十七行，行二十字。於原目錄上方一欄標明中華版各冊序號，故可清楚檢視各冊所含典部，並可依此查詢各典部所在冊葉數；卷次每典自爲起迄，葉次各冊自爲起迄。〔註22〕中華版將《集成》縮印後，字跡、墨色仍十分清晰，勘印精細，且由於篇幅大減，成本更節，無論檢閱或庋藏皆較以往各版切用，故此縮印本於社會流傳甚廣，後續文星書局本、鼎文書局本、中華書局巴蜀書社聯合本，皆以中華版爲底本再版印行，並依此進行加工、整理，各自發展出利於讀者檢索之工具部件，更爲《集成》增添其實際應用價值。

　　《集成》之二、三、四版係依據殿版刊印而成，又前四版至今已屬稀本，

〔註18〕同註4，頁127。臺灣故宮博物院所藏同文版爲國防部捐贈，缺經籍典二函二十一冊。此外，筆者使用國圖「臺灣地區善本古籍聯合目錄資料庫」進行檢索，若其著錄無誤，則可查得國家圖書館與政治大學圖書館藏有同文版若干部，多數散佚嚴重，僅國圖所藏一部較爲完整，該部缺曆法典十六卷。

〔註19〕陸費達，〈影印古今圖書集成緣起〉，在《中國出版史料（現代部分）》，宋原放主編，第一卷下冊（濟南市：山東教育，民國 90 年），頁 510。據 1934 年中華版陸費達之序言，其底本乃取自康有爲所藏殿版銅活字本，「是書舊藏孔氏（岳雪樓）、葉氏（華溪），繼藏康氏（有爲），全書五千零二十冊，僅有六十二冊抄配。」關於原書抄配部份，則向浙江省立圖書館等藏地聯繫商借，將之補齊，以使全書字體版式均歸一律。

〔註20〕即中華版每一面（半葉）分上、中、下三欄，每欄分別合原殿版之三頁。

〔註21〕孫犖人，〈《古今圖書集成》影印經過〉，在《陸費達與中華書局》，俞筱堯、劉彥捷編（北京：中華書局，民國 91 年），頁 60：62。

〔註22〕同註5，裴芹之文，頁 144。

故尤爲要，以下則將《集成》前四版之各版本情況進行簡要比較（見表2-1）：

表2-1　《古今圖書集成》前四種版本比較表

版次	刊印期間	版本名稱	又名(1)	出版形式(2)	冊數（冊）	印數（套）	版本特色
原版	康熙五十九至雍正六年（1720～1728）	殿版銅活字本	殿版、雍正版	官刻官印	5000+20（目錄）=5020	64	爲銅活字印刷史上之巨帙
第二版	光緒十至十四年（1884～1888）	圖書集成局版扁鉛字本	圖書集成局版、美查版	私刻私印	1620+8（目錄）=1628	1500	校勘未精，故非善本
第三版	光緒十六至二十年（1890～1894）	同文書局石版影印本	同文版、光緒版	官督私印	5000+20（目錄）+24（考證）=5044	100+1（供朝廷御用）	其母本稱描潤本；附考證
第四版	民國二十三至二十九年（1934～1940）	中華書局膠版縮印本	中華書局版、中華版	私刻私印	800（1～6冊爲目錄）+8（考證）=808	1500～2500	爲殿版之縮印本；附考證

資料來源：

本研究整理，另表中「又名」及「出版形式」分別參考自

（1）裴芹，〈《古今圖書集成》的版本及流傳〉，在《古今圖書集成研究》（北京市：北京圖書館，民國90年），頁142～144。

（2）羅威、賀雙非，〈《古今圖書集成》的編纂、刻印及影響〉，《高等函授學報（自然科學版）》，19卷3期（民國94年），頁12。

（五）〔臺灣〕文星書局本（1964）

中華書局於1934年印行《集成》，其後歷經戰亂兵燹，至政府遷臺，已呈文物蕩然之狀，中華版存世者亦頗爲罕見。戰後多年，臺灣政經情勢已趨穩定，文化出版事業亦得以逐步發展，遂由聞名於當時藝文界之文星書局進行《集成》第五次籌印工作。文星版於1964年問世，此次印行，係依據中華版爲底本訂正後影印，並特考慮《集成》之工具書性質，一改過去線裝而爲洋裝之一百巨冊，極耐翻檢，且冊數大幅減少，易於典藏。〔註23〕此外，由於《集成》原目錄共四十卷，查檢仍嫌繁複，文星版則針對此項缺點編製出《古今圖書集成索引》一冊，其於彙考、總論、藝文等細目標明朝代，並詳

〔註23〕蕭孟能，〈文星版「古今圖書集成」序〉，在文星版《古今圖書集成》，第1冊（臺北市：文星，民國53年），頁50。

細指出各卷於文星版之冊次、頁次與欄數，〔註24〕使讀者能夠迅速查找到所需資料，簡便省時，可謂《集成》檢索運用方面之劃時代貢獻。

文星版全書實有一百零一冊，第一冊為目錄，第二至九十八冊為正書，第九十九冊為《考證》，第一百冊為《索引》，另附全書中析出《地圖》一冊。在版面編排上，首次採用阿拉伯數字統編頁碼，亦為其特色之一，將中華版以「葉」（兩面）計數，改為以「面」計數，較符合現代圖書頁次觀念，而更易指出資料所在位置。在冊次安排上，以典分冊，有一典一冊者，亦有一典多至十餘冊者，由此可觀各典份量之多寡；各冊重編頁碼，即各冊間儘管同典亦不相接續。此外，文星版於索引編製過程中，首次發現《集成》部數應為六一一七部，〔註25〕而非原書記載之六千一百零九部，亦其學術成果之一。由於此一版本實用性更強，遂為各圖書館或研究單位普遍收藏，其後 1976 年鼎文書局於《集成》第六版七十九冊出版前，曾據文星版一百零一冊再行翻印，而二者之分冊、內容應為一致。〔註26〕

（六）〔臺灣〕鼎文書局本（1977）

1977 年楊家駱於其主編叢書「中國學術類編」中，於類書部份首先整理《集成》交鼎文書局印行，謂之鼎文版，所據底本亦為中華版。楊家駱以為《集成》於校勘、輯佚方面雖不及其他諸書受重視，然其「最大價值則為係一有整體思想系統且又完整無闕之類書，亦結束一千七百年來類書史集大成之作，信能廓清類書中之非按類成編，以發揚類書之功能者」，而肯定《集成》為類書中之典型。〔註27〕

鼎文版全書精裝七十九冊，第一冊為《集成》原書篇前部份，並冠以楊家駱編撰之序例、簡目彙編與通檢等新增部份；第二至七十八冊為正書，各

〔註24〕蕭孟能，〈文星版「古今圖書集成」索引序例〉，在文星版《古今圖書集成》，第 100 冊（臺北市：文星，民國 53 年），頁 5。然觀文星版《索引》之編製，並非將各種名詞與概念分析提為款目、且按一定順序排列以備檢尋，故該索引實則偏「目錄」性質，唯指引原書所在之標示較為詳盡，可使讀者迅速找到資料，仍具實用價值。

〔註25〕同前註，頁 7。

〔註26〕經筆者查證，確有此一版本，然鼎文書局何以在鼎文版七十九冊出版之前一年，又據文星版一百零一冊翻印？因該版本並無相關之說明文字，且後來 1977 年楊家駱之鼎文版序例亦未提及此一版本，故確實原因無法得知。

〔註27〕楊家駱，〈鼎文版古今圖書集成序例〉，在鼎文版《古今圖書集成》，第 1 冊（臺北市：鼎文，民國 66 年），序例 3～6。

冊前均附該冊所屬典之分部簡目；第七十九冊為《考證》，除標明鼎文版之冊次、頁次，亦保留中華版之冊葉號，以利讀者對照參看。在細處編排上，其分冊亦以典為單位，並使用統編頁碼，同典之各冊間連續編碼，另在頁次前加標典名，以資識別。據楊家駱之序例所言該版之特徵，其一在於經由史學方法考訂《集成》為陳夢雷所編，將編者之名首次標明於各冊之前；〔註 28〕其二則是與《古今圖書集成學典》二百卷〔註 29〕同時印行，將《集成》所蘊涵之資料進行統合整理，編製如「事目繫年」、「傳記索引」等檢索工具，而賦予《集成》靈活運用之新生命。〔註 30〕

　　為提升《集成》之檢索效率，鼎文版於參考工具編製方面亦著力甚深，其所增編之識語、簡目和通檢，〔註 31〕不僅於檢索力度上更為強化，且較以往諸版更能深入發掘《集成》之編排內涵，而讀者在瞭解全書之編排方式後，對於查檢此一巨書亦較易入手，故鼎文版出版後即廣受各界肯定，其應用價值亦多為學者所稱道。

（七）中華書局巴蜀書社聯合本（1985～1988）

　　文星版與鼎文版為臺灣方面據中華版所印行之版本，大陸方面則於中華版印行約五十年後（1985），由四川巴蜀書社、北京中華書局聯合據此重印，印為

〔註 28〕同前註，序例 21～22。

〔註 29〕經筆者考查，楊家駱所撰之《古今圖書集成學典》於線上目錄並未能查得，親見鼎文版亦未能覓得該冊，另相關研究雖曾羅列其名，卻未有實際內容之引述，由此判定《學典》應未正式出版。

〔註 30〕同註 27，序例 23～26。筆者據楊家駱之鼎文版序例所言，歸納其所撰之《古今圖書集成學典》至少應包含四項內容：一為〈陳夢雷與古今圖書集成〉，即自清順治八年（1651）陳夢雷生，下至民國六十五年（1976），就此三百二十五年間之相關文獻編年繫事，計有四卷。二為〈古今圖書集成事目繫年〉，係按西元年份為次，綜合《集成》各部彙考事目而成一編，凡五萬餘條。三為〈集成傳記索引〉，係按辭典式編成，除逐條註明該人名位於《集成》某典某頁，且列明原據某書；凡有生卒年代可考者，則分別加註西元年份。四為〈校誤筆記〉，則為楊家駱通讀《集成》後所撰之勘誤筆記。綜此四項，第一項為「年表」，第二、三項具「索引」性質，第四項則為「考證」，該四項資料本身極富參考檢索價值，在當時若能整理成編，實對於《集成》之學術研究發展深具貢獻。然由於《學典》未能正式出版，今僅能從鼎文版序例窺其一隅，甚惜之。幸而在數年後（1985），另有廣西大學林仲湘等《古今圖書集成索引》之編製，及其後索引數據庫之建置，係運用《集成》經緯交織之特點而設計多種經目、緯目索引，則較大幅度彌補上述「索引」方面之缺憾。

〔註 31〕劉澤生，〈臺灣鼎文版「古今圖書集成」的檢索功能〉，《福建圖書館學刊》，4 期（民國 78 年 12 月），封三：41。

精裝八十二冊，其中目錄一冊、正文七十九冊，並附《考證》一冊、《索引》一冊。聯合本向以其所附之《索引》著稱，此《索引》係據廣西大學林仲湘等編油印本爲基礎，後由《古今圖書集成》索引編寫組進行修訂增補而成，於 1988 年收入聯合本中。〔註32〕

關於聯合本《索引》之特點與成就，滕黎君於其碩士論文《論《古今圖書集成》及其索引的應用價值》中主要歸納爲三方面：其一爲學術性，即透過系統地解剖原書，挖掘出原書經緯交織之特點，並於編製過程中使用校勘方法，以正原書之訛脫，尚運用訓詁方法簡釋經線要目和緯線項目，以呈現該書目錄之概貌。其二爲便檢性，在把握原書經緯交織特點之基礎上，編製多種經線索引和緯線索引，從多角度、多方位地反映原書內容，此外，於標目加注簡明之注文，並在主條目外設有「附」、「見」、「參見」、「參閱」、「詳」五種參照系統，以利讀者查找，實現多途徑檢索。其三爲普及性，由於《索引》之編製，更加提高《集成》之利用率和知名度，不僅體現對古代社會「重藏輕用」之否定，亦擴大《集成》之使用對象與範圍。〔註33〕正由於聯合本《索引》之編製係以學術探究與剖析做爲基底，因而能充分開掘出《集成》多功能檢索之途徑，發揮其深化而普及之利用價值，在索引工作史上實具有里程碑意義，其後電子版資料庫之建置亦多參照或借用之，影響甚爲廣泛。

（八）齊魯書社中國國家圖書館聯合原版影印本（2006）

根據 2006 年 1 月中國國家圖書館之公告消息指出，該館於年初所舉辦「《欽定古今圖書集成》影印出版研討會」中，宣佈將由齊魯書社與國家圖書館聯合進行《集成》之原版再造工程。據悉，此次《集成》重印乃基於雍正原版已歷經較爲長期之時事變遷，雖其後尚有圖書集成局版、同文版、中華版等依據原版刊印而成，但至今保存完善者已是鳳毛鱗角，因而限制相關領域之研究成效。故此次出版復依據殿版原式，秉承「還原古書風貌，再現版本韻味」宗旨，以宣紙印刷、古式線裝，原汁原味恢復其眞實面貌，全套書將達五千零二十冊，定價高達四十九萬元人民幣，已於 2006 年 10 月完整出版。〔註34〕

〔註32〕滕黎君，「論《古今圖書集成》及其索引的應用價值」（碩士論文，廣西大學漢語言文字學專業，民國 92 年 5 月），頁 21。

〔註33〕同前註，頁 22～38。

〔註34〕中國國家圖書館善本特藏部，「傳承學術巨著，再造皇家善本——《欽定古今圖書集成》影印出版研討會在我館舉行」，在中國國家圖書館，民國 95 年 1 月 7 日，<http://nlc1.nlc.gov.cn:7777/Detail.wct?RecID=13>（民國 95 年 5 月 17 日）。

原版再現顯示出學界對《集成》此項珍貴文化遺產之重視程度，然而若由讀者利用角度著眼，在檢索實用性、庋藏方便性、價格合理性較不具優勢之情形下，此次重印工作首需重視者當是原版之舛誤改善與品質提升，如此方能展現版本傳承之價值。而此次原版再造工程係聘請專家學者指導，編校隊伍組織亦較完備，在校勘精良、技術優長之條件下，此次再版，信能引起各界高度重視，而《集成》對於各領域研究之學術貢獻亦將指日可待。

二、研究工具

關於《集成》之研究工具，可略分為索引與目錄、電子版資料庫、考證、續編、研究論著目錄等，主要為可供檢索、參考、利用《集成》之工具性質資源。茲將各研究工具之內容特點整理分述如下：

（一）索引與目錄

由於《集成》內容繁浩，加以古今分類觀點、使用詞語之異，因此輔助檢索工具實為《集成》研究之必須。為增進檢索效率，自二十世紀初期，首先在國外方面已有漢學研究者進行索引與目錄之編製，而國內方面則起步較晚，約至五十年代後始有較為完備之目錄問世，再至八十年代方有廣西大學林仲湘等編製、改良之多功能索引，〔註35〕係配合《集成》經緯交織之體例特點，較能夠全方位深入揭示該書中各種資訊資源，為《集成》開創質量兼備之檢索利用條件。茲將《集成》之索引與目錄編製概況羅列如下表（見表2-2），並略分為國外、大陸、臺灣三方面進行各項內容之敘述：

表2-2　《古今圖書集成》索引與目錄編製一覽表

地區	出版年	編　者	題　名	出版地：出版者
國外方面	1907	〔俄〕瓦伯爾	古今圖書集成方輿彙編索引	聖彼得堡
	1911	〔英〕翟理斯	欽定古今圖書集成索引	倫敦：大英博物院
	1913	〔日〕文部省	古今圖書集成分類目錄	東京
	1933	〔日〕瀧澤俊亮	古今圖書集成分類索引	大連：右文閣
	1972～1977	〔日〕櫪尾武	古今圖書集成引用書目錄稿（實際僅編乾象典之引書）	日本：汲古書院

〔註35〕 徐成，〈論新時期類書資源的開發利用〉，《北京聯合大學學報（自然科學版）》，16卷4期（民國91年），頁46。該文認為能夠多方位開發類書資源之索引，時至今日僅有林仲湘等編《古今圖書集成索引》一部，其他類書則均無較完備之檢索系統，較大程度阻礙類書資源之開發與利用。

大陸方面	1957	蘭州大學圖書館	古今圖書集成目錄	蘭州：編者
	1963	牟潤孫等	古今圖書集成中明人傳記索引	香港：明代傳記編纂委員會
	1982	復旦大學圖書館	古今圖書集成類目索引	上海：編者
	1985	林仲湘等	古今圖書集成索引（油印本）	南寧：廣西大學
	1988	廣西大學《古今圖書集成》索引編寫組	古今圖書集成索引（爲前者修訂增刊本：中華書局巴蜀書社聯合本第 82 冊）	成都：巴蜀書社
	2001	裴芹	《古今圖書集成》方志書目輯錄（載於《古今圖書集成研究》）	北京：北京圖書館
臺灣方面	1964	文星書局	古今圖書集成索引（爲文星版第 100 冊）	臺北：文星
	1977	鼎文書局（楊家駱）	鼎文版簡目彙編（置鼎文版首冊並附各冊之前）	臺北：鼎文
			山川典、邊裔典、氏族典、禽蟲典、草木典等諸部部名通檢（置首冊並分附於該五典之前）	
	1987	杜學知	圖書集成簡目	臺北：臺灣商務
	1988	楊家駱主編；孫先助總整理	古今圖書集成各部列傳綜合索引	臺北：鼎文

資料來源：錢亞新，〈論《古今圖書集成》及其新編索引〉，《圖書館界》，2 期（民國 78 年 6 月），頁 42，表二。〔本表根據錢亞新表進行增補改製〕

1. 國外方面

（1）1907 古今圖書集成方輿彙編索引

此係俄國瓦伯爾編製，該索引僅編〈方輿彙編〉部份，然爲《集成》索引編製之開端，亦突顯國外學者對《集成》學術價值之重視。

（2）1911 欽定古今圖書集成索引

此爲英國 L・翟理斯（Lionel Giles）編製，將《集成》目錄譯成英文，人名、地名印成羅馬字拼音，而後按英文字母排列，後附中文。〔註36〕

（3）1913 古今圖書集成分類目錄

此爲日本文部省編製，首將《集成》內容列一概略表，俾讀者知其欲尋檢者在某編某典，繼按原目各編之次第，列其卷帙冊數；大抵每部列彙考項細目，其他如總論、藝文等則概括列於一行，書其總函數。故較原目篇幅爲

〔註36〕鄧嗣禹編，《中國類書目錄初稿》（臺北市：大立，民國 71 年），頁 27。

簡，而尋檢亦較便。〔註37〕

　　（4）1933 古今圖書集成分類索引

　　此爲日本瀧澤俊亮編製，該索引按現代學術觀點重新將《集成》分爲曆數、哲學、宗教、社會、教育、政治、歷史、地理、博物、文學、經濟、美術工藝、醫學十三大類，大類之下復細分爲四十二小類。〔註38〕

　　（5）1972～1977 古今圖書集成引用書目錄稿

　　此爲日本櫪尾武編製，而實際僅編〈曆象彙編・乾象典〉之引書索引。〔註39〕由於類書之引書索引對於補輯佚書、校勘古籍各方面均能提供重要線索，故學者對此極爲重視，透過引書索引可更充分地利用類書，增益其應用價值。

2. 大陸方面

　　（1）1957 古今圖書集成目錄

　　此爲蘭州大學圖書館編製，係一帶有索引性質之目錄，較爲簡明，該目錄係大陸方面首部爲《集成》編製之工具書，較之國外方面起步爲晚。

　　（2）1963 古今圖書集成中明人傳記索引

　　此爲香港中文大學牟潤孫等編製，該索引突破原有分類體系，將正史本傳材料及未標「列傳」題目而有傳記內容之部類全涵括在內，爲提供明人資料起著重要作用。然缺點爲對同姓名者並不加以甄別，僅羅列各處出現之冊次頁碼。〔註40〕

　　（3）1982 古今圖書集成類目索引

　　此爲復旦大學圖書館編製，其以「部」做爲索引對象，按四角號碼排檢法將六一一七部之部名編排，首先分別著明「典」數和「部」數，復著明中華版之冊次數。卷首附「古今圖書集成分類表」，卷末附有筆畫檢字表。該索引簡明扼要，然對於不熟悉《集成》之使用者而言仍較不便。〔註41〕

〔註37〕同前註。

〔註38〕同註 32。

〔註39〕同註 32。另據國家圖書館「臺灣地區善本古籍聯合目錄資料庫」查詢所得，於清代尚有一《集成》引書目錄之編製，其題名爲《欽定古今圖書集成引用書目》，不著撰人，清內府朱絲欄鈔本，共爲線裝四冊，每半葉十行，行約十八字，雙欄，版心花口，單魚尾，上方記書名。

〔註40〕同註 32。

〔註41〕同註 32。

（4）1985 古今圖書集成索引

此係廣西大學林仲湘等編製，內容包含總目錄、經線索引（即部名索引）和緯線索引（是時暫出圖表索引），共爲三冊油印本，約八十萬字，條目下標明中華版之冊次、卷次及葉碼。〔註42〕

（5）1988 古今圖書集成索引

此係廣西大學《古今圖書集成》索引編寫組編製，爲中華書局巴蜀書社聯合本第八十二冊。於前述油印本之基礎上，擴編爲二百七十五萬字，內容新增經緯目錄、人物傳記索引、職方典彙考索引、禽蟲草木二典釋名索引，條目下並標明中華版、聯合本之冊頁次；〔註43〕於索引正文前尚編有〈凡例〉、〈經線要目簡釋〉、〈緯線要目簡釋〉、〈緯目出現一覽表〉、〈字型處理一覽表〉，正文後有〈附錄——筆劃檢字〉、〈後記〉等內容。〔註44〕該索引編製精良且規模宏大，正式出版後引起極大迴響，曾多次榮獲學界大獎，並先後得到專家學者評鑑讚譽，皆肯定其對古籍索引之學術貢獻。

（6）2001《古今圖書集成》方志書目輯錄

此係裴芹編製，收錄於《古今圖書集成研究》之中。由於《集成》大量引錄方志文字，實即對古代方志進行了一次內容分類總彙，而將《集成》引書中之方志書目進行輯錄，則對於古代方志之編纂研究與輯佚校勘各方面皆具參考價值。該編收錄之方志類型，主要包括一統志、總志、通志、府志、州志、縣志、衛志、所志等地理著作，各條目於書名後依〈方輿彙編・職方典〉之「建置考」註明其所在省、府，另於最末附一份〈同名府縣名錄〉，以供府縣同名者進一步查考之線索。〔註45〕

3. 臺灣方面

（1）1964 古今圖書集成索引

此係文星書局編製，爲文星版第一百冊。內容包含〈冊號總表〉、〈彙編典部卷中英對照表〉、〈典部總表〉、〈中文分類索引部首檢目表〉、〈中文分類索引〉、〈地方行政區劃統計表（職方典）〉、〈古今地名對照索引〉、〈今古地名對照索引〉、〈考證索引〉、〈考證勘誤表〉、〈英文索引〉、〈總勘誤表〉等十二

〔註42〕 林仲湘，〈試論大型索引項目的管理工作——談《古今圖書集成索引》的管理工作〉，《中國索引》，4 期（民國 94 年），頁 16。

〔註43〕 同前註。

〔註44〕 同註 5，裴芹之文，頁 145。

〔註45〕 裴芹，《古今圖書集成》方志書目輯錄（初稿）〉，同註 5，頁 97。

項內容，其中〈中文分類索引〉以部爲編排單位，並列出各部下之細目，而後指出各細目於文星版之冊、頁、欄數，爲全編最主要之部份。〔註46〕

（2）1977 鼎文版簡目彙編

山川典、邊裔典、氏族典、禽蟲典、草木典等諸部部名通檢

此係楊家駱編製，爲鼎文版對《集成》所進行之加工整理。其中簡目彙編爲《集成》各部名之彙總，改變以往原目錄將全書一萬卷採平行方式排列，鼎文版則以現今觀點視其合理性而稍做調動，將各部下統領全部或數部之各「總部」列於一行，隔行則低兩格將其下屬子目羅列出，以使隸屬關係分明；次序調動部份僅限於簡目之呈現，至於影印《集成》正書之次序則無變更，並於簡目各部名之上標明其於該典之原部次，部名下則附該典之統編頁次起頁。簡目彙編除置鼎文版首冊，各冊之前尚附有該冊所屬典之分部簡目。〔註47〕

而在通檢（索引）部份，鼎文版係針對《集成》中一典之部目超過三百以上者，包含〈山川典〉、〈邊裔典〉、〈氏族典〉、〈禽蟲典〉、〈草木典〉五典，於簡目中改爲舉例形式，另則將全典部目加編通檢，此係採先部首後筆劃之方式進行排檢，以符合今人之檢索習慣。鼎文版通檢除置於首冊，另則分附於該五典之前，可與簡目並同參酌。〔註48〕

（3）1987 圖書集成簡目

此係杜學知編製，該目錄亦爲《集成》之部名簡目，然因單獨以小冊形式出版，故可購置於書案，以備隨時翻檢，如有所需資料則最低限度可於圖書館查得原書，此即編者出版簡目之用意。〔註49〕其部名係依據原書次序羅列，部名上冠有該典之部次序號，甚爲簡明，然其適於瀏覽，檢索上仍較不便。

（4）1988 古今圖書集成各部列傳綜合索引

此爲楊家駱主編、孫先助總整理，係針對《集成》各典各部之有列傳者進行索引編製，而各條目著錄項目主要包括姓名、朝代，並依據前人編製之年表、年譜、傳記等資料查明其生卒年代，再則列《集成》中該傳所據之書名，最後指明其於鼎文版之典名與頁數。〔註50〕

〔註46〕同註 24，頁 4～6。

〔註47〕同註 27，序例 30～31。

〔註48〕同註 27，序例 29；32～34。

〔註49〕杜學知，《圖書集成簡目》（臺北市：臺灣商務，民國 76 年），序頁 5。

〔註50〕楊家駱主編、孫先助總整理，《古今圖書集成各部列傳綜合索引》（臺北市：鼎文，民國 77 年），序頁 1～3。

（二）電子版資料庫

一部類書本身即有將群書依內容分類、截錄原文、標著出處之功能，然亦有必要爲其製作索引，因類書索引可增加一部類書之檢索途徑，其以多元化角度深入揭示類書中富含意義之檢索項目，如以人名、地名、各種專有名詞、引書書名等做爲索引標目，並將各標目依一定順序排列後指明出處，使類書利用更加便捷廣泛。而隨著近年古籍數位化之發展趨勢，則爲類書帶來檢索功能上之變革，在類書索引之基礎上，電子版資料庫更進一步爲類書開發多方位之連結渠道，爲使用者全面獲得相關文獻資料提供保障。茲將各《集成》電子版之檢索功能與內容形式分述如下：

1. 大陸方面

（1）1998 北京超星電子技術公司電子版

此係以中華版爲底本，以掃瞄方式製成光碟十五張，使用時可順序閱讀，亦可超文件連結，或可根據《集成》彙編、典、部標題中之任一字詞進行模糊檢索，以直接查到相關原文，而在閱讀過程中，尚可針對原書內容進行圈點、批注，另有圖像剪裁功能，使閱讀、檢索、複製皆較以往爲便。〔註51〕

（2）1999 廣西金海灣電子音像出版社電子版

此係由廣西大學古籍整理所、廣西金海灣電子音像出版社和廣西師範大學出版社聯合推出，該索引資料庫係於 1988 年《古今圖書集成索引》印刷版之基礎上，並根據電子版索引之功能特點，加以進一步擴充、改進而成。該索引資料庫主要分爲「經緯目錄」和「索引目錄」兩大部份。其中「經緯目錄」係將《集成》原書四十卷目錄改編爲電子索引，以供熟悉原書編排體系之檢索者使用；而「索引目錄」則供未能熟悉《集成》體例者一條較爲便捷正確之檢索途徑，其中經線索引包含「乾象典星名數據庫」、「庶徵典天災數據庫」、「文學典詩詞曲體裁數據庫」、「醫部藥方數據庫」等，緯線索引則包含「圖表數據庫」、「藝文數據庫」、「人物傳記數據庫」、「職方典小彙考數據庫」、「醫部門項數據庫」等多項子庫。〔註52〕

該電子版係採用多字段之主題詞索引，而非全文式之逐字索引，故精確率更高，且檢索渠道更多，除可按條目中任何字詞檢索，其他字段亦可檢索；該索引並標明中華版、中華書局巴蜀書社聯合本之冊頁碼，以使電子版與印

〔註51〕同註 5，裴芹之文，頁 145～146。

〔註52〕同註 32。

刷版能相互對照使用。〔註53〕其 1.0 版共有近三十七萬條紀錄，約一千二百萬字，分為三十六個子庫，為一編製極為精細之索引體系；而 2.0 版將增加為一百一十五萬條紀錄，約達二千五百萬字，共六十一個子庫，除新增引書索引數據庫，其餘各子庫內容亦不斷更新充實，另增加輸入簡化字以查找繁體字原文之功能。〔註54〕該電子版索引為古代文獻檢索之一項利器，亦是古籍整理與現代科技成功結合之典範。

（3）2004 深圳科信源實業發展有限公司電子版

此係由深圳市科信源實業發展有限公司、海南省電子音像出版社所推出。據悉，該電子版係聘請全國知名教授專家四十多人進行點校，錄入人員達一百多人，歷時兩年多完成，為一全文標點版資料庫。〔註55〕該版之特點為操作界面明晰，並支援原文影像瀏覽功能，首頁包含簡易搜尋、目錄瀏覽、操作說明三部份，尚可點選進入進階搜尋功能，使用布林邏輯或限制範圍條件進行檢索；而在檢索結果畫面中，則於各條結果逐一呈現其於原書所在之路徑位置，可隨時進行頁面切換，內文並附標點，故於檢索、閱讀方面均稱簡便。〔註56〕

2. 臺灣方面

（1）1999～2002 故宮東吳「數位古今圖書集成」

此係東吳大學於 1999 年與故宮博物院聯合進行古籍數位化合作計劃之首部作品，以臺北故宮典藏之殿版銅活字本為數位化底本，該計劃係由東吳大學中文系陳郁夫教授主持，以三年時間完成，而透過漢珍數位圖書公司經銷代理；系統製作係採用光學辨識技術，將圖形轉成文字檔，再以電腦程式消除雜訊、校正整理篇章，可大幅節省人工輸入經費。而該資料庫又分為單機版與網路版兩種數位版本，其中網路版包含簡易搜尋與進階搜尋功能，檢索結果除顯示內文，若有圖像資料則係由原書影像掃瞄而成，以提供使用者最為完整之原版資料內容。〔註57〕

〔註53〕林仲湘，〈關於《古今圖書集成》答問錄——介紹電子版《古今圖書集成》及其索引〉，《廣西文史》，1 期（民國 93 年），頁 23。

〔註54〕同註 42，頁 14：16。

〔註55〕江強、申煊，「全球最大百科全書"縮"進 28 張光碟《古今圖書集成》電子標點版面世」，南方日報，民國 93 年 12 月 16 日，<http://news.sina.com.cn/o/2004-12-16/ 09024538387s.shtml>（民國 95 年 6 月 1 日）。

〔註56〕深圳市科信源實業發展有限公司，標點版古今圖書集成，民國 93 年 12 月，<http://202.197.69.7/ chinesebookweb/home/index.asp>（民國 95 年 6 月 1 日）。

〔註57〕故宮博物院、東吳大學，數位古今圖書集成，民國 91 年 8 月，<http://163.14.136.

（2）2003 聯合百科「標點古今圖書集成」

此係由大人物知識管理集團成立之聯合百科電子出版公司所推出，其動員中國四十餘位知名漢學家斷句、標點、校勘，及兩岸六十餘名軟體工程人員研發打字掃瞄，於 2003 年初完成。該資料庫特點包括：繁體、簡體中文皆可輸入查找，跨語系跨平台，全球通用無阻；忠於原著，全文、原始版面圖像可相互對照瀏覽，可典藏也可實用；獨具多種加值功能，除一般瀏覽與檢索之主功能，於檢索結果中尚能呈現關鍵詞詞頻、關鍵詞色字標示、繼續查詢等加值功能，並獨具「查詢管理」與「分類管理」項目，方便使用者儲存檢索結果再利用。此外該版特別編錄「古今漢語同義詞庫」，收錄一萬多條同義詞，以供現代用語和古漢語對應轉換檢索之用；另設有「未標點」之界面，可視讀者之習慣與需求切換使用。〔註 58〕

（3）2003 得泓資訊「古今圖書集成全文電子版」

此係由得泓資訊有限公司規劃製作、大鐸資訊有限公司系統製作，而由鼎文書局授權出版。該資料庫查詢方式主要分為分類層屬瀏覽與關鍵字檢索，而檢索結果係以「目錄/全文」及「摘要/全文」兩種形式呈現。該版全文係依照原件式樣輸入，為利於閱讀，將每卷目錄重新拆解、編排，以階梯式結構呈現並對應全文，另加入考證功能，使其內容完整而層次分明、易於閱讀；特殊文字以 Unicode 或小圖示表達，而原文影像係全彩掃瞄，將鼎文版一面截為三欄，並可前後翻頁查找，畫質極為清晰，功能簡明易瞭。〔註 59〕

（三）考　證

由於《集成》卷帙龐大、內容繁浩，又以類書「裁章節句」之特性，或經由輾轉抄錄，或成於眾家之手，故原書中勢必有校勘未當之處。本節前已述及，清光緒年間同文版所附之龍繼棟撰《古今圖書集成考證》二十四冊，係《集成》首次大規模之校理工作，主要勘誤情形包含：錯字釐正、脫字補漏、衍字刪改，另有錯簡情況，即原書於抄錄或排版中出現文字錯接處，皆一一闡明其誤；此外，《考證》除逐條進行錯訛脫衍之核正，對於引文中某些難解之處亦能旁徵它

84/gjts/intro7.htm?>（民國 95 年 6 月 1 日）。

〔註 58〕大人物知識管理集團，聯合百科電子資料庫——標點古今圖書集成，民國 92 年 2 月，<http://www.greatman.com.tw/ancientclassics.htm>（民國 95 年 6 月 1 日）。

〔註 59〕得泓資訊，古今圖書集成全文資料庫，民國 92 年 10 月 6 日，<http://140.136.208 .7/bookc/ttsdbook.exe?1：32630：1@@2588>（民國 95 年 6 月 1 日）。

書進行考訂，而對於引文無誤但原文可能有誤者、或由於版本不同而記載歧異者，凡一時尚難確證之處，均逐一羅列以備參考。﹝註60﹞《考證》一書爲《集成》全面校理之專著，對於今日此一領域之學術研究或資料利用皆具啓發作用，由此更能提升文句引用之精確性，進而呈現較佳之研究品質。

　　關於《集成》考證功能之彰顯，尚有廣西大學林仲湘主持編製之印刷版與電子版索引值得提出。此含括 1985、1988 年《古今圖書集成索引》與 1999 年廣西金海灣電子版，由於各版於索引編製過程中，凡遇有疑難或須甄別之問題，製作團隊常須將不同版本或多種相近之書籍進行綜考、校讀，因而糾正許多《集成》原書錯謬處，此係由讀者角度進行考量，避免索引據原書有誤處而將錯就錯，以致影響讀者之查檢。大抵而言，「索引仍應以索引爲主，校勘是稍帶的」，﹝註61﹞故該索引對原書進行較爲縝密之校勘校注工作，由索引編製中呈顯其考證性質，進而提高索引標目之準確性和指向性。以電子版爲例，該索引主要在「經緯目錄數據庫」和「藝文數據庫」進行較多勘訂，因「經緯目錄」爲全書之綱目，若稍有錯漏則影響面較爲廣泛，故編者將總目、卷目、正文三者相互對照，辨明正誤，而寫出一百四十六條校勘記，另「藝文數據庫」則寫出七百九十三條校勘記；此外，在「人物傳記數據庫」、「乾象典星名數據庫」、「庶徵典天災數據庫」、「禽蟲典動物數據庫」等子庫中，均對於原書錯訛或不清之處加以校勘校注，以大幅提升《集成》及其索引之應用價值與可信度。﹝註62﹞

（四）續　編

　　由於《集成》係於清康熙、雍正朝所編印，時爲清初，故其引用資料之下限僅迄清初年間之事，未能及於全清一朝，鑑於此，民國後遂有楊家駱《古今圖書集成續編》之纂輯構思，﹝註63﹞於 1977 年出版五典，分別爲〈歲功典〉、〈官常典〉、〈經籍典〉、〈選舉典〉、〈食貨典〉。該五典續編皆名曰「初稿」，係楊家駱於其「中國史料系編」之擘劃下所初步纂輯之清代史料系編，各續編之主要內容分別爲：1.〈歲功典〉續編——乾隆中所修《授時通考》七十八卷；2.〈官常典〉續編——《清史稿·職官志》六卷、《欽定歷代職官表》七

﹝註60﹞ 同註 10，頁 342～349。

﹝註61﹞ 同註 53，頁 24～25。

﹝註62﹞ 孫金花、張秀玲，〈古典文獻檢索的一件利器——評光盤版《《古今圖書集成》索引》〉，《圖書館建設》，3 期（民國 92 年 5 月），頁 109。

﹝註63﹞ 同註 27，序例 37～38。

十二卷、光緒二十五年（1899）修成本《欽定大清會典》一百卷、《清朝續文獻通考・憲政考》八卷；3.〈經籍典〉續編——《明史・藝文志》、《清史稿・藝文志》、楊家駱所輯《校讎學系編》；4.〈選舉典〉續編——《清史稿・選舉志》、光緒二十五年（1899）所修《大清會典事例》卷三二九至四零六；5.〈食貨典〉續編——《清史稿・食貨志》、楊家駱所輯《清實錄經濟史料》。〔註64〕觀上述五典續編之收錄內容，多數係將清以來所編之典籍志錄等全編收入或部份彙集，或續全清一代之制，或補各典資料之闕，雖非按各典之經緯交織體例分別纂次，且僅纂輯五典，然已局部實現《集成》續編之功能，為《集成》未及收錄之史料纂輯與利用，提供較佳之研究參考途徑。

（五）研究論著目錄

由於《集成》研究迄今於學術領域尚未成氣候，此不僅表現在研究論著篇數之寥，有關《集成》研究論著目錄之編製亦頗為罕見，至 2006 年，所知僅有 2001 年裴芹所編〈古今圖書集成研究論著目錄〉〔註65〕一份，其所蒐集之相關研究書目約有五十餘條；其後於 2003 年則有滕黎君之碩士論文，〔註66〕該文並未將各書目羅列出，然據其統計名數約有七十餘條；後至本研究整理之研究論著目錄（參見附錄一），係利用線上書目資料庫進行相關文獻蒐羅，並依各書目之內容性質區分為若干類，將各類進行加總統計，則約有一百七十條書目，此站在前人研究之基礎上，較以往目錄更具完整性與新穎性，亦為《集成》研究不可或缺之參考工具之一。

三、分部單行

採「隨類相從」形式所編成之類書，係將有關各主題之文獻資料彙集成編，對於古籍中各類專題之研究均極為有利。就《集成》而言，其將上古自清初散見於各書籍之零星文獻，以內容為單位彙聚於一主題下，形成一部部專題資料，故每項專題亦可視為一部專門性類書，而將各專題單獨印行勢能大力發揮《集成》之應用功效。如杜學知為《集成》如何充分利用提出數項建議，除需編有妥善之目錄與索引，此外並提倡將《集成》全書化整為零，「書

〔註64〕楊家駱主編，《古今圖書集成續編初稿》（歲功典、官常典、經籍典、選舉典、食貨典）（臺北市：鼎文，民國 66 年），該五典續編前之識語。
〔註65〕裴芹，〈《古今圖書集成》研究論著目錄〉，同註 5，頁 156～161。
〔註66〕同註 32，頁 1。

各一事，事各一書，有所需則採用，無所需則緩置，去取至便，購藏自由，以達學人研究上各取所需，各盡所能的目的」，〔註67〕主要即爲了適應研究者之學術需求，並期望能普及於大眾，以提升《集成》之實用功能，爲今日眾多學科開發類書資源提供有利途徑。茲將《集成》某部份單獨印行之概況整理如下（見表2-3，詳細書目見附錄二）：

表2-3　《古今圖書集成》分部單行書目彙整表

《古今圖書集成》部類			出　版　分　佈　統　計	
			大　陸　方　面	臺　灣　方　面
曆象彙編	乾象典			民國66年（集文）
	曆法典		民國82年（上海文藝）	
方輿彙編	職方典	臺灣府部		民國73年（成文）
	邊裔典		民國91年（四川民族）	
明倫彙編	人事典		民國81年（上海文藝）	
	閨媛典		民國82年（上海文藝）	
博物彙編	藝術典	醫　部	民國26年（會文堂新記） 民國48年～52年（人民衛生） 民國77年～80年（人民衛生） 民國82年（山西科學技術） 民國87年（科學） 民國90年（中國醫藥科技）	民國47年（藝文） 民國68年（新文豐） 民國68年（鼎文）
		卜筮部至術數部等	民國82年（上海文藝） 民國83年（重慶）	民國65年（集文） 民國66年（集文） 民國72年（希代）
	神異典	二氏部至放生部等	民國94年（黃山書社）	民國74年（華宇）
		神仙部		民國78年（臺灣學生）
	禽蟲典		民國87年（上海文藝）	
	草木典		民國88年（上海文藝）	
理學彙編	經籍典		民國82年（江蘇廣陵）	民國59年（臺灣中華）
	文學典		民國81年（江蘇廣陵）	
經濟彙編	食貨典		民國78年（江蘇廣陵）	民國59年（臺灣中華）
	禮儀典		民國92年（江蘇廣陵）	
	樂律典			民國64年（鼎文）
	考工典		民國92年（江蘇廣陵）	民國50年（大源文化）

〔註67〕同註49，序頁3～5。

〔圖〕		民國 85 年（書目文獻） 民國 87 年（學苑） 民國 91 年（安徽美術） 民國 95 年（齊魯書社）	民國 53 年（文星）

資料來源：本研究整理（此處共收錄 39 筆資料，參見附錄二）

　　整體而言，若僅限本研究收錄之書目，《集成》全書共六彙編三十二典，將某部份單獨印行者至少約有十六個典部、分佈於六彙編中，就此比例已接近全書二分之一，又以〈博物彙編〉、〈經濟彙編〉出版典部為最多；此外，除將某一典部予以出版，另有將書中版畫或地圖單獨彙集印行者。而觀大陸與臺灣地區之出版情形，各典部於兩岸之出版分佈極為平均互補，其中兩岸皆出版之部類包含〈藝術典‧醫部〉、〈藝術典‧卜筮部〉、〈神異典‧二氏部〉等部，以及〈經籍典〉、〈食貨典〉、〈考工典〉三典，此中又以〈藝術典〉數個部類出版次數最為頻繁，顯示中國醫學與方術之學等古籍內容，對於今日相關領域研究有其實際應用需求。綜言之，為充份發揮《集成》之研究價值，將全書化整為零實為可行方式之一。

第二節　《集成》文獻回顧

　　前賢學者治理、研究《集成》之成績，時至今日可謂仍不甚豐，即自後世（約十九世紀末之後）中外學者大量利用此一類書，多數係以參考工具書視角從中取資；若《集成》索引、目錄等研究工具之肇始，亦是緣自國外研究者據以從事漢學工作所編製（參見第二章第一節），顯示國內方面於早期反不如國外學者對《集成》價值之重視。本文初步蒐羅散見於學術論著或期刊篇章中與《集成》相關之各項材料，約略進行《集成》研究概況之梳理，除提出部份關鍵文獻以為描述重點，尚就前人研究成果所反映現象進行歸納分析。該研究史略之上限，若自清康雍成書後做為考察起點，可根據類書研究型態不同而區分為——傳統於文獻學範疇中進行輯佚、校勘工作；利用《集成》所錄專題資料發展各學科專門研究；針對《集成》本身編纂情況、內容特點進行闡發研究；著眼於《集成》索引與數位化之類書資源應用研究。〔註68〕歷經傳統繼至現代，《集

〔註68〕為突顯《集成》類書研究之時代特點，後文將以此四種研究型態為論述脈絡，但為行文方便，唯「《集成》索引與數位化研究」擬一併納入「《集成》本身闡發研究」中進行探討，將不另行敘述。參見註102、121。

成》研究之表現型態代有轉換、漸有拓展，然研究主題於今觀之仍略顯單薄，大致係較傾向於《集成》編纂史實與版本流略之考述議題，對於其本身體系建構、編制類例則多僅探其浮面，少有深刻論述。

首先，就現有文獻觀之，《集成》自清康熙、雍正時期編刊成書（1701～1728），其後歷乾隆、嘉慶諸朝，是時考據之學大興，古類書成為學者大規模從事輯佚工作所憑藉之文獻品類；〔註69〕然或由於乾嘉時期《集成》甫成書未久，其所收錄材料大多與時俱在，又因印數稀少，流傳未為廣遠，〔註70〕其間重視並利用《集成》進行輯佚、校勘者實際並不多見，可舉者甚為零星。誠如類書研究者胡道靜指出：

> 從類書中搜輯佚文，要認識一條規律，叫做「書距律」。從唐宋時編
> 的類書像《藝文類聚》、《太平御覽》中能輯唐以前的逸書，……從
> 明初編的類書像《永樂大典》中能輯宋、金、元人的逸著。很明顯，
> 《古今圖書集成》中也一定保存著好些明代以及金元的逸著。可惜
> 對於最後這個礦床，治理古籍者給予的注意還是不夠的。〔註71〕

然若將審視標準放寬，首先運用於文獻學範疇內與《集成》利用研究稍有關聯者，蓋始於乾隆年間。據《四庫全書總目》卷首〈辦理四庫全書歷次聖諭〉所載，乾隆三十八年（1773）二月於「四庫全書館」開館前，因以校輯《永樂大典》為其端緒，乾隆帝嘗降諭旨「將原書（按：《永樂大典》）詳細檢閱，

〔註69〕 詳情可參考：胡道靜，《中國古代的類書》，新 1 版（北京：中華書局，民國
94 年），頁 34～38；梁啟超，《中國近三百年學術史》（太原：山西古籍，民
國 90 年），頁 252～260。清代輯佚之舉，蔚成巨業；其因之一，乃緣自乾隆
中期從《永樂大典》中大事輯錄宋、元兩代佚書，此輯佚運動為官修《四庫
全書》之發軔，所輯佚書共三百八十八種，佔《四庫全書》之比重頗巨，給
予輯佚工作者一大刺激。乾隆季年後，大規模從古類書和其他引書豐富的古
籍中搜輯先秦、兩漢、六朝佚書之風潮就此掀起，其所憑藉多為唐宋間之古
類書，大抵以《北堂書鈔》、《藝文類聚》、《初學記》、《白帖》、《太平御覽》、
《冊府元龜》、《山堂考索》、《玉海》等為輯錄焦點，清初官修類書極少成為
學者關注對象。
〔註70〕 同註5，裴芹之文，頁 151～152。《集成》成書後，絕大部份被束之高閣，雍
正年間僅賜與寵臣張廷玉兩部。後至乾隆朝始大量頒發，除在大內多處貯放
之外，尚於乾隆中後期修建《四庫全書》之儲書七閣時，在《四庫全書》未
成書前，每閣均預先貯進《集成》一部；而乾隆時臣民獲得賞賜者，包括四
庫館臣舒赫德、于敏中、劉墉，以及向四庫館進呈圖書最多之藏書家鮑士恭、
范懋柱、汪啟淑、馬裕等，各蒙賞賜《集成》一部。
〔註71〕 同註8，頁 201～202。

並將《圖書集成》互爲校讎」，〔註72〕按成書於明初（1403～1408）之韻編類書《永樂大典》，其輯佚價值頗受清當代士林重視，而乾隆帝對此亦表認同，並下諭將之與《集成》互爲校讎，藉以勘驗歷三百年間之文獻散佚情形，主要揀擇未經《集成》採錄並在當時已流傳稀少者，經由比勘以從《永樂大典》中彙訂湊合世不恆見之古書善本，以廣名山石室之藏；此即反映當時稽古之文治、輯佚之世風，乾隆帝不僅對《集成》展現欽尊之意，更指示將其運用於實際之學術活動中，關乎《集成》之利用研究即自伊而始。厥至後世，嘉慶年間張金吾從《集成》中發掘金代遺文，所輯多篇皆錄入《金文最》；清末民初學人陶湘嘗據以校補《天工開物》；民國後則有楊家駱就其中輯萬斯同《明史稿》七百萬言及明末清初所修方志數十種；胡楚生亦據以校釋《潛夫論》。〔註73〕儘管著例不豐，然斯皆可謂利用《集成》校輯古書之一苗頭。而在文獻學範疇之研究中，對於《集成》本身引文之舛誤校勘亦極具意義，隨光緒年間《集成》再版，其第三版──同文版（1890～1894）書後所附龍繼棟《古今圖書集成考證》二十四卷，係《集成》問世後首次大規模文字辨誤校正之成果，其對文句錯訛脫衍及引文存疑問題進行全面繁複之考證，有助於爲後學利用《集成》引文材料提升其正確性，並對《集成》自身學術研究涵具啓發作用，其引領《集成》研究之初創功績當給予適度重視。〔註74〕

其次，在利用《集成》所錄專題資料發展各學科專門研究方面，〔註75〕主要亦以該書之橫向傳播廣度爲關鍵性利用因素。蓋《集成》於清初成書六十四部，其後曾將少數幾部賞賜有功臣民，皇家藏本雖因頒賞而向民間跨進一步，

〔註72〕 詳情可參考：顧力仁，《永樂大典及其輯佚書研究》（臺北市：文史哲，民國74年），頁289～295。《四庫全書總目》卷首〈辦理四庫全書歷次聖諭〉乾隆三十八年二月初六日諭：「……派軍機大臣爲總裁官，仍於翰林等官內選定數員，責令及時專司查校，將原書（按：《永樂大典》）詳細檢閱，並將《圖書集成》互爲校讎，擇其未經採錄，而實在流傳已少，尚可裒綴成編者，先行摘開目錄奏聞，候朕裁定。」是時乾隆帝對於校輯《永樂大典》展現高度興趣，而導《四庫全書》開館之先路，由輯佚之業一轉而爲叢書之編纂。

〔註73〕 同註27，序例6。

〔註74〕 同註10，頁348～349。

〔註75〕 同註69，胡道靜之文，頁46～47。胡道靜先生認爲古類書具有「資料彙編」性質，門目較爲完備，其將各專題資料輯集在一處，亦起著類似於「索引」的作用，故正確利用之，可在研究古代文化之學術工作中爲研究者指點門徑，於資料搜集階段成爲得力助手，如此構成了類書的第二特殊作用（按：第一特殊作用爲校勘古籍、輯錄佚文）。

然畢竟民間藏家以稀爲貴，莫不視如瑰寶並將之深藏閣中，宇內讀書人見之不
易，運用於學術研究自當幾希。《集成》問世後，於清朝中晚期業已斐聲海內外，
首版曾有流傳至海外之記錄，較早爲乾隆年間隨舶載貿易輸入日本，〔註76〕另
是光緒年間捐贈至美國著名大學，〔註77〕此外尚有英國倫敦、法國巴黎、德國
柏林分藏殿版銅活字本之記載，〔註78〕故在早期《集成》流通率、能見度不高
之態勢下，仍於中外圖書文化交流史上留有彌足珍貴之記錄，誠對《集成》於
漢學研究之利用價值與漢學知識傳播具舉足輕重之影響。直至十九世紀末葉，
隨西方新式印刷術傳入，加之《集成》因文化發展需要再版印刷，故自首版之
殿版銅活字本起，後至清末光緒年間美查版（1884～1888）與同文版（1890～
1894）再版，〔註79〕其間約歷經一百五、六十餘年，相較於國內研究風氣之黯
然，自是由國外漢學研究掀起風潮，《集成》成爲漢學家從事研究中得力較巨之
東方文獻參考資料彙編，時譽稱「康熙百科全書」；證以二十世紀初國外方面《集
成》研究工具之編製，以 1907 年俄國《古今圖書集成方輿彙編索引》爲始，其
後 1911 年英國與 1913 年日本分別均有索引、目錄出版（參見第二章第一節「研
究工具」），由是觀之，《集成》因再版後普及傳播而形成利用研究之契機，因研
究者有檢索或取得專題文獻之需求，爰編製爲索引目錄工具，以助漢學研究工
作中資料查檢所需。至若利用《集成》所錄專題資料進行研究，約於二十世紀
前期方見到較爲具體之研究成果，1925 年我國著名氣象學家竺可楨在撰寫〈中

〔註76〕〔日〕大庭修著：王勇、戚印平、王寶平譯，〈《古今圖書集成》的輸入〉，在
　　　　《江戶時代中國典籍流播日本之研究》（杭州：杭州大學，民國 87 年），頁 292
　　　　～308。《集成》之輸入爲江戶時代中日文化交流史上之大事，乾隆年間嘗有
　　　　兩次記載，首次係於〔日〕元文元年（1736，乾隆元年）輸入《圖書集成繪
　　　　圖》，再則爲〔日〕明和元年（1764，乾隆二十九年）輸入《集成》原書。
〔註77〕同註 17。清光緒四年（1878）畢業於美國耶魯大學的容閎重回美國擔任副公
　　　　使，出於對母校感謝之情，特攜一套《集成》殿版捐贈母校，連同容氏其他
　　　　藏書一道成爲耶魯大學圖書館漢籍收藏之濫觴；另在哈佛大學與普林斯頓大
　　　　學亦藏有《集成》殿版，流傳經過未能確詳。
〔註78〕Lionel Giles, ed., An Alphabetical Index to The Chinese Encyclopedia 欽定古今圖
　　　　書集成（London: British Museum, 1911），p.xviii.據英國漢學家 L・翟理斯於
　　　　1911 年《欽定古今圖書集成索引》序文中所述，《集成》殿版藏於倫敦大英博
　　　　物館者係爲全帙，藏於巴黎與柏林者則有殘缺；按此索引編於 1911 年，故《集
　　　　成》流傳至英、法、德當於清朝中晚期，然未能得知確切時間與傳入緣由。
〔註79〕當時尤以英人鉛印之美查版印量多而流傳廣，於歐美多數研究機構或漢學家
　　　　係藏有此一版本，至於石印之同文版量少質精，原即清廷爲贈與各國政府或
　　　　大學圖書館之用。

國歷史上氣候之變遷〉〔註80〕時，曾大量利用〈庶徵典〉之災害資料以統計分析歷代氣候演變情況；1939 年美國學者麥高文所著《中亞古國史》，〔註81〕其參考書目漢文之部所列中古以後資料共計五種，《集成》即其中之一；英國劍橋大學生物化學博士李約瑟以其多年心血寫成之《中國之科學與文明》〔註82〕於1954 年出版第一卷，序文中稱其最常查閱者即爲《集成》，該書大量徵引〈乾象典〉、〈曆法典〉、〈庶徵典〉、〈山川典〉、〈藝術典〉及其他各典部關乎科學技術之文獻或圖表，將各專題材料運用、融通於中國古代科學發展史之各學門撰作中，該書資料考據詳明，於二十世紀中外科學界引起極大迴響。《集成》以其收錄各門目專題資料之豐沛賅備著稱，其類書資源之應用價值往往爲漢學家或歷史文化研究者所重視，依據各學科研究主題從中羅致相關素材，進而正確檢覈、引用並詮釋之，始成爲專門學術性著作，斯爲《集成》研究表現型態之一。

再者，針對《集成》本身編纂情況、內容特點進行研究，國內方面約至二十世紀 20 年代後方以期刊專文形式呈現。〔註83〕由於傳世檔案有限、文獻記載不足，至民國後，早期對於《集成》迷矇未清之編纂史實議題亟待考證梳理，以致形成研究主題過度集中或雷同之現象。故自 1928 年萬國鼎〈古今圖書集成考略〉〔註84〕爲端緒，該文雖非僅關注於編纂考證論題，其對於《集成》整體內容編制亦有初略揭示，誠具開山之功；然考察後續無論於綜論或專論之文中，各文作者對於《集成》編纂之著作權歸屬、編者辨明及其生平考述、纂輯過程爲私修或官修、銅活字製作暨刷印事宜等問題討論較爲熱烈，而對於《集成》內容編制、體例形式之論述則泰半具有淺介或因襲性質。大抵而言，《集成》之編纂、刷印與版本考辨素爲學界關注較多之論題，約莫至 80 年代後始出現較爲

〔註80〕 竺可楨，〈中國歷史上氣候之變遷〉，在《竺可楨文集》（北京：科學，民國 68 年），頁 58。（原載《東方雜誌》1925 年 22 卷 3 期）

〔註81〕 〔美〕麥高文（William Montgomery McGovern）撰；章巽譯，《中亞古國史》（北京：中華書局，民國 47 年）。（原著於 1939 年出版）

〔註82〕 〔英〕李約瑟（Joseph Needham）撰；陳立夫主譯，《中國之科學與文明》（臺北市：臺灣商務，民國 60 年～民國 62 年）。（原著第一卷於 1954 年出版）

〔註83〕 關於《集成》編纂之著作權歸屬問題爲早期學者較爲極力探討之面向，就筆者所見，最早於 1911 年漢學家 L・翟里斯《欽定古今圖書集成索引》（參見註 78）序文中之考證文字實已具有考辨研究性質，該篇序文首據清人筆記或史料中相關記載逐步托出《集成》編者陳夢雷遭除名之史實原委；國內方面則是到 1928 年方有相關研究專文出現。

〔註84〕 萬國鼎，〈古今圖書集成考略〉，《圖書館學季刊》，2 卷 2 期（民國 17 年），頁 235～245。

顯著之研究進展。一方面隨傳世檔案陸續發掘並整理出版，至 1985 年北京故宮學者楊玉良《《古今圖書集成》考證拾零》﹝註85﹞一文引述內務府檔案蔣廷錫所上奏摺三篇，攸關《集成》編纂歷程中數項關鍵性問題始逐步明朗化；包含康熙朝與雍正朝兩次開館人事變化、康熙末期定稿暨實際刷印情形、陳夢雷遭謫戍後蔣廷錫所爲收尾工作，諸項論題因有檔案證據之提出，《集成》兩度開館及其間編校刷印時程方獲得初步確論，該文一出，至今經過部份學者補充諟正，《集成》成書過程於學界約已形成基本共識。另一方面，《集成》至 80、90 年代已有中華版（1934）、文星版（1964）、鼎文版（1977）、中華巴蜀聯合版（1985）數種版本廣佈流傳，依勢即出現編纂考辨以外之其他研究主題，諸如《集成》分類體例、索引與利用、數位化應用、各部類或各角度切入研究，相關論文庶幾見於 80 年代之後（參見附錄一）；觀乎此，前述分類體例等各主題均是需查見《集成》原書或以之做爲輔助方能達成之研究，足見《集成》橫向傳播與應用普及程度對其研究主題之推陳出新亦具有深刻影響。誠然，因時代科技所趨而結合數位發展需求，同爲研究型態轉變不可忽略之一要素。

承前，針對《集成》本身學術議題進行闡發研究，大致呈顯爲三種論述形式：一是於圖書文獻學相關著作中論及並突顯《集成》地位；二是於類書綜論之文獻中探討《集成》特點價值；三是專書與期刊論文中以《集成》爲研究主體之專題論述。以下即據此依序綜述之：

一、圖書文獻學著作

針對近代數部圖書文獻學相關論著進行開掘爬梳，約略可覘《集成》於相關學科發展中之學術價值與定位。1930 年鄭鶴聲、鄭鶴春《中國文獻學概要》﹝註86﹞爲近代首次使用「文獻學」名稱概括該門學問之論著，其在「編纂」專章中係以明清迄今所纂《永樂大典》、《集成》、《四庫全書》、《四部叢刊》四大類書與叢書爲文獻學上總結之大功業，該書雖能重視《集成》體制嚴謹贍備之價值，然對《集成》內容編制之敘述係多迻錄自前述萬國鼎之文，未出新見。1987 年謝灼華等《中國圖書和圖書館史》﹝註87﹞於印本書時期縷

﹝註85﹞楊玉良，〈《古今圖書集成》考證拾零〉，《故宮博物院院刊》，1 期（民國 74年），頁 32～35。

﹝註86﹞鄭鶴聲、鄭鶴春合著，《中國文獻學概要》（上海市：上海古籍，民國 90 年），頁 29：132～137。（1930 年初版）

﹝註87﹞謝灼華等著，《中國圖書和圖書館史》（臺北市：天肯，民國 84 年），頁 209

述宋至清中葉間官府、私家、書院之圖書編刊與藏書發展，認爲清官府之編書工程於後世影響最深者即《集成》與《四庫全書》，然其對《集成》編刊內容亦僅爲稍事簡述。1990 年來新夏等著《中國古代圖書事業史》〔註88〕首次提出「圖書事業」概念，其揭櫫《永樂大典》、《集成》與《四庫全書》爲我國圖書事業全盛階段之重要標誌，又作者以爲《集成》對古典文獻進行了全面分類清理，極推崇其總結工作及地位，因此區分《集成》與清初官修諸類書而另立項敘述，要能詳述編纂經過、價值缺失、版本流傳等議題，惜在體例內容方面僅簡短帶過。1990 年姚福申《中國編輯史》〔註89〕在清代編纂工作之專章中特標舉《集成》與《四庫全書》之編輯成就，在《集成》部份僅就編纂經過與內容體例做一般性敘述，然其提出《集成》於「彙考」之事目部份係編者自撰、全書有編者考證內容等，顯能就編輯意識角度著眼，十分可貴。1991 年吉少甫主編《中國出版簡史》〔註90〕於清前中期發展之專章中，同樣在清朝諸類書與叢書外另獨設《集成》與《四庫全書》之編纂工作爲一節，對《集成》之編纂、版本、內容體例特點、缺失等予以說明。此外，2003 年傅玉璋、傅正《明清史學史》〔註91〕主要從文化思想視角出發，將《集成》、《四庫全書》及各典制體要籍之編修視爲清前期史學中之重要文化活動，故作者將類書與叢書納入史學史之探討範疇中，並特舉《集成》與《四庫全書》爲例，要以突顯二者於歷史文化發展之典籍總結地位。近來 2006 年曹紅軍之博士論文《康雍乾三朝中央機構刻印書研究》〔註92〕爲一考辨嚴謹之學術佳構，文中提出活字印刷術係在康雍乾時期第一次爲中央機構所採用，並分就銅活字與木活字印刷之版本代表《集成》與《武英殿聚珍版叢書》進行研究；其撮拾相關史料，針對《集成》於康熙末之後期刷印情形、蔣廷錫於雍正初之校改工作、《集成》刷印部數、銅活字製作方法數量等議題做出進一步考述，作者尋繹存世檔案中之細節線索，並結合實物版本進行比對映證，抽絲剝繭，

〜212。（1987 年初版）

〔註88〕 來新夏等著，《中國古代圖書事業史》（上海：人民，民國 79 年），頁 367〜372。

〔註89〕 姚福申，《中國編輯史》，修訂本（上海：復旦大學，民國 93 年），頁 215〜218。
　　　　（1990 年初版）

〔註90〕 吉少甫主編，《中國出版簡史》（上海：學林，民國 80 年），頁 182〜190。

〔註91〕 傅玉璋、傅正合著，《明清史學史》（合肥：安徽大學，民國 92 年），頁 105；239〜243。

〔註92〕 曹紅軍，「康雍乾三朝中央機構刻印書研究」（博士論文，南京師範大學中國古典文獻學專業，民國 95 年），頁 55〜69。

逐一闡論，考據推斷更加合理詳明，無論對《集成》纂輯、刷印歷程中相關問題之澄清，抑或清官府書業與文化政策之研究均具創獲貢獻。

二、類書綜論文獻

考察近代綜論類書之著作中對於《集成》特點價值所做探討，從中亦可大致描摩其發展地位輪廓。近代第一部系統研究古類書之專著，爲 1943 年北京商務印書館初版（1985 年修訂版）張滌華《類書流別》，〔註93〕該書初步將散見於古籍文獻中與類書相關之材料進行裒集清理，其論類書之彌盛時期有三——齊梁、趙宋、明清，尤以明代及清初造其極，又以清康雍兩朝諸類書體例益精、檢索至便，類事之書至此而始盡其用；作者對《集成》之敘述止寥寥數語，未能論及體例編制議題，然其將《集成》廣大精詳之類書總結特性歸諸歷史趨向因素，較之僅以政治意圖詮釋者更爲客觀公正。1971 年方師鐸《傳統文學與類書之關係》〔註94〕係以傳統文學視角探討類書與文學間之相互影響性，認爲類書之起乃因古代文學創作注重用典、隸事之風氣使然，並視類書之唯一用途在於供詞章家獵取辭藻「獺祭」之用，此論似較偏頗；又其對同樣於清初康熙時期纂成之《淵鑑類函》給予「集『獺祭』之大成」的評價，相對於《集成》而言，作者認爲《集成》並非專供詞賦取材之用，已能體識其與《淵鑑類函》性質之不同，然其後未有深入論述，在專論《集成》之一節係多爲文字材料之迻錄。1978 年劉葉秋《類書簡說》〔註95〕中闡明類書之演變概況，認爲類書範圍逐漸擴大係與其編撰目的有著密切關係，爲將積累日富之文籍進行總結清理，厥至明代《永樂大典》與清代《集成》方突破以往類書內容形式之範圍；而作者尤能重視類書體例之嚴密性而推崇《集成》形式革新之功，並在常用類書簡介部份能引原文爲例，俾使讀者具體瞭解諸類書體例特點，亦頗具參考價值。

研究視野多元而寬敞、論述資料深層而豐富之類書研究力作於近年問世。其一爲大陸方面 2001 年夏南強之博士論文《類書通論—論類書的性質起

〔註93〕張滌華，《類書流別》，修訂本（北京：商務印書館，民國 74 年），頁 32～33。

〔註94〕方師鐸，《傳統文學與類書之關係》（臺中：東海大學，民國 60 年），頁 238；250～264。

〔註95〕劉葉秋，《類書簡說》（臺北市：國文天地，民國 79 年），頁 20～22；80～82。（原撰於 1978 年）

源發展演變和影響》，〔註96〕該文在對類書之定義、起源、類型、歸類諸方面予以系統闡述後，由數部代表性類書之實例結合，剖析唐代及其前、宋代、清代類書之「分類體系」發展演變，緊接從文化大角度出發，探討類書「內容體系」在政治、經濟、文化、學術思想影響下之客觀產生原因；作者透過對《集成》分類體系之解析，指出其係在傳統類書天地人事物之思維基礎上，受《大學》修齊治平學說啓發，從而構成一完整之知識框架，其類目組織之嚴密性超越往古、巧具深意，故在《集成》之內容體系方面，係以「百科全書式」統括其類書總結特性，揭示其博采眾長、兼賅群籍之成因，乃在編者戮力爲之、轉趨經世致用、廣納子集材料、學術知識澱積、西洋科學東漸等因素，致使《集成》後來居上，達到編纂體系極精、應用層面較廣之古類書首要地位。其二則是臺灣方面 2005 年孫永忠之博士論文《類書淵源與體例形成之研究》，〔註97〕該文著意於辨明類書於書目中之歸部現象，瞭解類書在古代學術體系中之地位，藉以釐析義界問題，區別性質範圍，進而追溯類書淵源，縷探歷朝類書因時代需求遞有不同所呈現之體例新變特性，並就類書編纂工作之心理層面動機研判類書發展之歷史規律；該文論至《集成》體例新變部份，所列各項特點係參酌前人研究爲主，然作者能適切貫徹因「需求」刺激而提升、精進類書功能性之理論，闡發《集成》體例周詳嚴謹之承繼與創新特性，見解精到有力。

三、專題研究論述

　　透過前述二種論述形式之文獻簡析，主要可藉以省察《集成》於圖書文獻相關學科及類書體制發展中之價值定位，而依據各著作探討主題面向之不同，相對在諸作中所體現《集成》面貌特質也就各異。如圖書文獻學相關論著中對於《集成》價值之突顯，主要係輝映出《集成》在文獻學、圖書與圖書館史、編輯史、出版史、印刷史、版本學，甚或在文化史、史學史等相關學科之體系脈絡中佔有一席之地；又顯因《集成》具典籍總結價值，各論著往往將《集成》與前後期大型圖書編纂活動暨統理成果並舉齊觀。此外，在

〔註96〕夏南強，「類書通論——論類書的性質起源發展演變和影響」（博士論文，華中師範大學歷史文獻學專業，民國 90 年 4 月），頁 39～41；77～81。

〔註97〕孫永忠，「類書淵源與體例形成之研究」（博士論文，輔仁大學中國文學研究所，民國 94 年 6 月），頁 235～239。

綜論類書之著作中，對《集成》之關注焦點主要即在其「類分型」類書之廣博周嚴體系，著意於《集成》包涵大度、條理精審之實用價值，又以《集成》成書較晚，因而在類書體制發展之評價中，其總結地位遠高於「韻分型」類書《永樂大典》。在前二種論述形式中，諸作因具通代史之綜觀性質，涉及《集成》面向未爲深廣，至於在以《集成》爲研究主體之專書、專文中，各專論研究所反映現象爲何，本文將歸納爲如下數方面予以討論，並將部份重要專書專文之撰作內容一併融入各項中進行研究綜述：〔註98〕

（一）系統化之論著貧乏，單篇論文多偏重《集成》編纂及版本考述主題

統察近人對於《集成》之研究論述，早期多以單篇論文形式呈現或散見於文獻學、類書研究等相關論著中，首度以圖書形式出版者於晚近始現。1997年由齊秀梅、韓錫鐸合著之《亙古盛舉：《古今圖書集成》與《四庫全書》》〔註99〕乃標舉該二者之類書與叢書總結性質，全書約以十分之一的簡要篇幅敍述《集成》編者、纂輯、刷印、內容、價值、版本等基本概況，雖主要取材於前人成果，研究成份甚稀，然觀其陳述資料大致已能將《集成》編纂要況與內容特性確實點出。

專事研究《集成》並在質量上取得較佳成績者首推2001年裴芹所撰《古今圖書集成研究》，〔註100〕全書以系列論文形式呈現，包含研究性質之論文七篇、整理性質之書目二份及資料三份。該專書首度以《集成》做爲研究主體並突破以往論者關注範疇，由古代類書自身體制發展、清代圖書編纂文化風盛、《集成》成書原委歷程等外緣議題著手，進而深入《集成》文獻內部具體剖析其體例結構及特點缺失、按注體系及內容作用，尚就《集成》徵引方志材料之總彙價值、《集成》版本流傳概況等文獻學相關論題進行審視闡析。質言之，作者對《集

〔註98〕以下所舉述之文獻，除了提及以《集成》爲研究主體之專書、專文，此外尚擇取少數並非以《集成》爲研究主體之篇章，針對其中論及《集成》而可資探討者予以提出說明。

〔註99〕齊秀梅、韓錫鐸合著，《亙古盛舉：《古今圖書集成》與《四庫全書》》（瀋陽：遼海，民國86年）。其後至2005年，同樣由齊秀梅、楊玉良等多位北京故宮專家合著之《清宮藏書》，對清代大型圖書編纂活動及其藏典係以「四部宏篇巨著」統爲一節，此中《集成》部份即以先前1997年撰述內容爲基礎加以補充修訂，主要對於《集成》之版本流傳與首版存藏概況做了較詳細之補述。《清宮藏書》見：同註1，頁82～95。

〔註100〕裴芹，《古今圖書集成研究》（北京市：北京圖書館，民國90年）。

成》之觀照層面涵蓋文化發展、史學考證、文獻探微諸面向，尤在《集成》體例暨按注結構之目錄學方法運用層面獲得益爲深化之研究進展，文中論述精湛，輔以詳實例證之解析，對於《集成》全編架構之連繫變通原則已初具較爲咸全之認知及探討，全書可謂新意迭出、灼見紛呈，多處論點足可啓發後學研究思理，爲《集成》研究領域具實質先創意義之論著。

在學位論文部份，至 2006 年止，僅見 2003 年大陸方面滕黎君之碩士論文《論〈古今圖書集成〉及其索引的應用價值》，〔註101〕該文著力於揭示《集成》本身及其索引、電子版資料庫之應用價值，注重《集成》之「爲用」層面。作者首先透過對《集成》本身創新性和實用性之論述而明其價值所在，再則論及當代生活中如何利用《集成》，闡明爲《集成》編製索引及數位加工之必要性，而該文以廣西大學林仲湘等編索引及電子版爲探討中心，以此一索引具學術性、便檢性和普及性三特點，說明其如何爲充分利用《集成》及編製精密便檢之古典文獻索引起著示範作用。文中竭力突顯《集成》之具體實用特性與資訊利用優勢，爲文精簡而條理分明，進一步統整並拓寬了《集成》索引及其數位化應用之論述層面，與裴芹闡發《集成》學術內涵之角度不同，斯爲《集成》研究之另一型態。〔註102〕

綜觀上述以《集成》爲題之論著或學位論文截至 2006 年僅有三篇，其中確實具研究性質者唯裴芹與滕黎君之作，然若嚴格審視之，裴芹論著係以單篇論文形式統爲一書，滕黎君學位論文專事探討應用議題，故實際而言，能夠全面而深刻闡述《集成》自身學術價值及其相關論題之著作，時至今日可謂極其貧乏，未有系統專論之新作出現。另有以期刊專輯形式呈現者，爲 2006 年 12 月中研院文哲所之學術刊物《中國文哲研究通訊》所載「《古今圖書集成·經籍典》的文獻價值」專輯，〔註103〕共收七篇討論〈經籍典〉經學部類

〔註101〕滕黎君，「論《古今圖書集成》及其索引的應用價值」（碩士論文，廣西大學漢語言文字學專業，民國 92 年 5 月）。

〔註102〕此研究型態係前文所述及「著眼於《集成》索引與數位化之類書資源應用研究」，參見註 68。

〔註103〕該專輯係載於《中國文哲研究通訊》16 卷 4 期（民國 95 年 12 月），據林慶彰先生之緒言，該專輯以探討〈經籍典〉之經學文獻學術價值爲主，而〈經籍典〉（按：共六十六部）中屬於經部者共十九個部類，各篇即以該十九部類爲單位進行深入探討，目前該專輯僅載七篇（按：首篇爲〈經籍典〉總論），將來擬與另外十三篇專文編爲一書正式出版。該專輯收錄論文如下：陳惠美，〈《古今圖書集成·經籍典》中的文獻資料及其運用〉，頁 5～58；劉千惠，〈《古

文獻內涵之研究專文，各文大抵均能闡明其所述部類之內容編排、文獻價值及缺失、查檢注意事項等，尤以部份專文尚能精研其引文取材、按語註釋，考辨文句或著錄相牴之處，甚或考察《集成》與其同時刊成諸書之關係，故該一專輯雖非系統論著，然其深入發掘〈經籍典〉經學文獻之特點價值與應用情況，補強此領域文獻學研究面向之不足，而該專輯以《集成》某典部爲探討範圍，亦爲重要而基礎之研究開拓工作，深具意義。

至於在期刊或書籍中所載單篇論文部份，其所呈現研究概況約可由筆者所編「《集成》研究論著目錄」（參見附錄一）進行考察；經計量分析顯示此一領域之研究焦點多以考述議題爲主，所錄書目約佔四成以上係以《集成》編纂、版本考釋爲探討中心，若將部份綜論性質文章中與考述議題相關者計入，則以幾近五成上下之比重傾向探析該一議題。儘管至二十世紀 80 年代後已有其他研究主題之拓展，基本上，學界對於《集成》編纂、刷印、版本情況之討論自 20 年代起至今仍未曾稍歇。如以 1928 年萬國鼎〈古今圖書集成考略〉〔註104〕對編者與版本之簡要考述爲濫觴，其後踵作多以「陳夢雷與《古今圖書集成》」爲題，著意於爲《集成》實際編者正其名、考其實。1962 年胡道靜〈《古今圖書集成》的情況、特點及其作用〉〔註105〕開宗以「故不逮新」之理闡明《集成》涵納知識質量之精良，再則著重編者及編輯經過、版本、中外學者利用情況之論述，後學參酌引用該文者頗眾。1964 年蔣復璁〈古今圖書集成的前因後果〉〔註106〕與蕭孟能〈文星版「古今圖書集成」序〉〔註107〕爲政府遷臺後《集成》首次印行（文星版）所撰之紹述總序文章，二文對於《集成》成書與各版本刊印經過縷述甚詳，相關原委掌故史料蒐羅豐富，足資吾人引證參考之用。嗣後 1977 年楊家駱〈鼎文版古今圖書集成序例〉〔註108〕亦於編者考證方面用力頗

今圖書集成・經籍典・禮記部》的文獻價值〉，頁 59～79；劉康威，〈《古今圖書集成・經籍典・儀禮部》的文獻價值〉，頁 81～101；葉純芳，〈《古今圖書集成・經籍典・周禮部》的文獻價值〉，頁 103～120；黃智信，〈《古今圖書集成・經籍典・三禮部》的文獻價值〉，頁 121～135；黃智明，〈《古今圖書集成・經籍典・爾雅部》的文獻價值〉，頁 137～162；馮曉庭，〈《古今圖書集成・經籍典・經學部》初探〉，頁 163～181。

〔註104〕同註 84。
〔註105〕同註 8，頁 189～206。
〔註106〕蔣復璁，〈古今圖書集成的前因後果〉，在《珍帚集》（臺北市：自由太平洋，民國 54 年），頁 109～123。（原撰於 1964 年）
〔註107〕同註 23，頁 1～56。
〔註108〕同註 27，序例 1～38。

勤，然因是時可證《集成》立館之關鍵性檔案尚未問世，其考論結果以爲《集成》絕非出自官修，於今觀之即顯有差謬；然以作者爲文欲洗夢雷沉冤之志，實亦具有深意，又該文對《集成》之內容、思想、體系剖析極爲精到，能發前所未言，耳目一新。又前已述及 1985 年楊玉良〈《古今圖書集成》考證拾零〉〔註 109〕一文所考《集成》編刊時程，該文明確提出數則重要檔案奏摺做爲引證，其考辨結論於學界影響較鉅。而 1998 年崔文印〈說《古今圖書集成》及其編者〉〔註 110〕前半篇幅係以闡述《集成》結構特點爲主，尤以具體實例論證《集成》緯目設置之主次關係，新意層出，後半篇幅則就相關材料勾稽《集成》編纂原委，惜其未見楊玉良考證結果，仍主陳夢雷私撰之說。後至 2000 年王鍾翰〈陳夢雷與《古今圖書集成》及助編者〉，〔註 111〕大抵闡論陳夢雷其人、《集成》其書、《集成》助編者三部份，該文首度將助編者議題單獨立項進行考述，於《集成》編纂分工實情可資補佚。2001 年裴芹〈《古今圖書集成》編纂考〉〔註 112〕與〈《古今圖書集成》的版本及流傳〉〔註 113〕收錄其專書中，二文分別描摩《集成》編刊原委與版本沿革，作者力排未符史實之說，疑所當疑，其對於史料考辨之詳實程度更勝以往諸作，爲前人考述基礎上後出轉精之作。又 2004 年趙長海〈《古今圖書集成》版本考〉〔註 114〕係作者經多方考察並對照各版次實物，其針對具體細節逐一考證以收糾謬之效。至近 2006 年黃權才〈《古今圖書集成》六論〉〔註 115〕文中討論《集成》之編纂倡議人、書名命名者、校訂領銜人、初版促成人，以認清《集成》成書歷程中相關人物所導引之歷史作用，其立意角度客觀；然該文簡析《集成》於康熙朝遭冷遇及相關記錄缺失之問題，指出《集成》與康熙帝敕編著作之編輯思想不一致，乃其遭冷遇之原因，此論仍有待進一步商榷。〔註 116〕

〔註 109〕同註 85。

〔註 110〕崔文印，〈說《古今圖書集成》及其編者〉，《史學史研究》，2 期（民國 87 年 6 月），頁 60～67。

〔註 111〕王鍾翰，〈陳夢雷與《古今圖書集成》及助編者〉，《燕京學報》，新 8 期（民國 89 年 5 月），頁 187～201。

〔註 112〕裴芹，〈《古今圖書集成》編纂考〉，同註 5，頁 27～42。

〔註 113〕同註 5，裴芹之文，頁 141～155。

〔註 114〕同註 9，頁 43～47。

〔註 115〕黃權才，〈《古今圖書集成》六論〉，《圖書館界》，1 期（民國 95 年），頁 29～33。

〔註 116〕前述所需留意者，如胡道靜、楊家駱、崔文印、黃權才諸作係持《集成》爲陳夢雷私撰之說，今據存世檔案史料可證私撰說爲非，《集成》編印工程浩大

　　誠然，囿於《集成》部頭過巨，欲就《集成》本身進行綜理、研究實屬
不易，在前作局限一隅、專論主題貧乏之氛圍下，通盤觀照不足，研究成果
自未能卓著，如是因循往復，往往造成研究者力有未逮、望而生畏之感，就
《集成》之研究發展而言亦相形成為阻礙處。前人對於《集成》研究之深化
拓展範圍固極有限，又針對編纂考述議題而言，由於目前尚未有新史料發見
問世，至今多數論者僅能於 1985 年楊玉良考證之基礎上陸續匡正補足，可資
討論之原始材料欠缺，勢難有突破性之研究進展，斯又其局限之一。可喜者
在於 2001 年裴芹專書之出版，於此乏人問津之領域終獲發掘《集成》學術價
值之引領研究者出現，實具前導貢獻地位，然至今已越數年，繼之而作者幾
為鮮見；而觀單篇論文方面，除大致較偏重考述議題外，又部份篇章或為簡
論概述，或為拘泥管見，或為因襲成說，只少數能潛心探究、發為新見。總
體而言，其研究成績仍未能善盡發揮《集成》學術內涵，誠有待學界檢討此
一領域研究質量貧乏現象背後所浮現問題所在，從而精進、強化《集成》學
術研究範疇之深度與廣度，是為後學須致力改進之目標方向。

（二）未能將《集成》體制內容與清初學術文化脈絡密切結合進行研究

　　前人研究中對於《集成》成書歷史背景之探討，多由編者陳夢雷之生平
際遇及其於康雍兩朝所捲入政治事件著手，能夠由清初學術文化背景切入《集
成》研究者甚為罕見；換言之，能夠確實以學術文化角度考察當時歷史環境
對《集成》體制內容造成影響之相關探討極稀，所可考見者僅有數篇。於此
用力較深者亦以裴芹為代表，1990 年裴芹所撰〈《古今圖書集成》與《四庫全
書》〉〔註 117〕從文化政策視角切入探討清朝官方編書風氣，著重闡述《集成》
對《四庫全書》編纂諸原則與體例之啟發，指出政治、文治需求為該二書編
纂之共同出發點，並揭示其先後採取類書與叢書形式進行典籍之清理乃各適
應著時勢要求；該文已能點出清康熙朝與乾隆朝編書型態之不同主要係緣於
政治文化、思想統馭等因素影響，已初步能意識到清前期學術思潮之轉化現
象。而在 2001 年裴芹專書中〈《古今圖書集成》與清代編書之風〉〔註 118〕一

　　　　繁難，於其成書環節中，洵因官方各項資源、條件及諸相關因素之支持，方
　　　　有促成萬卷巨帙之可能性，故部份文章於考辨過程中不免存有或多或少之疏
　　　　謬情形，引用時仍需審慎評估之。
〔註 117〕裴芹，〈《古今圖書集成》與《四庫全書》〉，《內蒙古民族師院學報（哲學社會
　　　　科學‧漢文版）》，1 期（民國 79 年），頁 11〜15；20。
〔註 118〕裴芹，〈《古今圖書集成》與清代編書之風〉，同註 5，頁 17〜26。

文同樣能反映該一意識，且更傾力於突顯《集成》超越康熙朝官編諸書之革新價值。然觀裴芹二文尚未能具體指陳康熙時期於學界所蘊釀之學風思潮與官方所建構之政策核心，故仍有進一步討論空間。至前述 2003 年滕黎君之碩士論文《論《古今圖書集成》及其索引的應用價值》則將清前期學術轉化趨向做出更爲明確的表達，〔註 119〕該文論及《集成》實用原因特性，以爲《集成》之編纂無疑是明末清初「經世致用」思潮影響下的一次實踐，編者之思維模式、知識結構亦是受此思潮薰陶而定型，其論述實能切中肯綮。此外所需留意者，部份文章如 1990 年郜明〈儒家學術文化與類書編撰〉〔註 120〕將《集成》編纂背景與乾嘉時期升高爲學術主流之「考據學」（或謂「漢學」）互爲呼應，將《集成》對典籍文獻之總結視爲清代儒家學術文化之「考據學」成就，其說於理論上則不盡適切（清初時，考據學始萌而未興，參見「研究範圍與限制」）；過於籠統刻板地將最能代表清學特色之乾嘉「考據學」與清初康雍成書之《集成》背景相結合，此或由於未能充分洞悉清前期學術文化發展脈絡使然。筆者以爲若能精確扣諸清初康雍時期學術思潮、文化政策並與《集成》體制內容密切結合進行相映探討，以深刻掘察並彰顯其學術本質、文化內蘊爲研究取向，方能使《集成》價值具體突出於清朝學術發展史上，並由此提升其與《四庫全書》相對失衡之學術高度，從而改變一般學界對類書價值作用所持之偏頗態度，改善《集成》素來不受學術研究領域重視之低迷風氣，應是當前可進一步嘗試之研究方式。

（三）重視《集成》索引利用與數位化面向，然對其本身體例編制著墨未足

綜觀《集成》研究之發展脈絡，約至二十世紀 80 年代後始有考述議題外之研究主題拓展，其中著眼於《集成》索引與數位化之研究大抵而言數量較豐，爲晚近以來學界關注較力之研究面向，可視爲《集成》研究之又一型態。〔註 121〕二十世紀初起國內外已有多種索引問世，然多數係爲類目索引或局限

〔註 119〕同註 32，頁 14～16。該文指出在清初知識界之轉型中有兩種相輔相成的趨向，一是可以被稱爲「經世學」的趨向，一是後來轉化爲「考據學」的經典之學：文中將《集成》之編纂思想背景與「經世學」密切結合進行探討，當已能體識其與乾隆《四庫全書》編纂時相對不一之學術傾向。

〔註 120〕郜明，〈儒家學術文化與類書編撰〉，《大學圖書館學報》，4 期（民國 79 年 8 月），頁 24～32。

〔註 121〕此研究型態係前文所述及「著眼於《集成》索引與數位化之類書資源應用研

於某典部、某資料類型，首度系統全面爬梳《集成》經緯交織特性，進而細緻揭示書中內容資源者，厥爲 1985 年由廣西大學林仲湘等編製之《古今圖書集成索引》，同年林氏並發表了〈《古今圖書集成》及其索引的編寫〉〔註 122〕一文。後至 1988 年該《索引》經修訂增補而收入中華巴蜀聯合版，同年林仲湘亦發表〈訓詁與古籍索引——兼談《古今圖書集成》索引的編寫〉〔註 123〕以告讀者其編製成果，並結合實例說明訓詁之法於編製古籍索引過程中之作用。又 1989 年錢亞新〈論《古今圖書集成》及其新編索引〉〔註 124〕即從體系、類型、著錄、字型、參照、排檢六方面闡發林仲湘等編索引之特點價值，推崇該《索引》於古籍索引發展中所具開拓創新之功績。嗣後陸續有多篇專文探討該《索引》編製之實務、理論及其評價；又歷十餘年左右，該編輯團隊於 1999 年完成索引資料庫之建置，由廣西金海灣電子音像出版社所出版。而隨著電子版之推出，相關紹述與討論文章不斷，如 2000 年張學軍〈《古今圖書集成》原文電子版及其對圖書館古籍工作的影響〉〔註 125〕主要探討該電子版對古籍館藏建設、管理、參考工作之影響；2003 年孫金花、張秀玲〈古典文獻檢索的一件利器——評光盤版《《古今圖書集成》索引》〉〔註 126〕則以檢索者角度針對其特點與不足處進行客觀之分析評論；又前述 2003 年滕黎君之碩士論文《論《古今圖書集成》及其索引的應用價值》，〔註 127〕殆爲深入剖析該索引與電子版應用價值之統合性專作。大陸方面關於廣西金海灣電子版之紹介述評文章頗夥，而在臺灣方面則有故宮東吳合作《集成》數位計劃主持人陳郁夫所撰 2000 年〈古今圖書集成的結構分析與資料庫規劃〉〔註 128〕及

究」，參見註 68。

〔註 122〕林仲湘等，〈《古今圖書集成》及其索引的編寫〉，《廣西大學學報（哲社）》，1期（民國 74 年），頁 28～32。

〔註 123〕林仲湘，〈訓詁與古籍索引——兼談《古今圖書集成》索引的編寫〉，《廣西大學學報（哲社）》，2 期（民國 77 年），頁 71～75。

〔註 124〕錢亞新，〈論《古今圖書集成》及其新編索引〉，《圖書館界》，2 期（民國 78年 6 月），頁 41～45。

〔註 125〕張學軍，〈《古今圖書集成》原文電子版及其對圖書館古籍工作的影響〉，《聊城師範學院學報（哲學社會科學版）》，4 期（民國 89 年），頁 88～89。

〔註 126〕同註 62，頁 107～110。

〔註 127〕同註 101。

〔註 128〕陳郁夫，〈古今圖書集成的結構分析與資料庫規劃〉，在《中央研究院第三屆國際漢學會議·漢籍數位典藏組（論文集）》，臺北市，民國 89 年 6 月 29 日至 7 月 1 日，中央研究院編（臺北市：編者，民國 89 年），頁 1～13。

2004 年〈「故宮東吳」數位古今圖書集成技術報告〉，﹝註 129﹞可藉以瞭解該資料庫之結構規劃與技術成果，此乃由編製者角度著眼，而從兩岸相關文獻探討中即大致可窺知《集成》數位化發展概況。

　　相較於晚近學界對《集成》索引與數位化應用議題討論之熱絡，若僅就發表文章數量而言，關於《集成》自身體例編制之探討則相形清寂。將《集成》體例編制論題單獨提出撰爲專文者係以 1983 年任寶楨、徐瑛〈《古今圖書集成》編排體例簡析〉﹝註 130﹞爲嚆矢，該文主要針對《集成》編排體例、複分項（緯目）設置之突破創新處進行剖析，指出其事文主次間出、體例因類制宜、收錄圖表列傳、目錄載次完備等變革特點。後 1985 年同爲徐瑛、任寶禎所撰〈《古今圖書集成》的分類體系〉﹝註 131﹞則就類書分類之宏觀體系探求《集成》與前代類書之一脈相承關係，並簡析其自身所獨具分類細密、區分詳晰之結構特點。1989 年劉培雷〈《古今圖書集成‧醫部全錄》排檢特徵初探〉﹝註 132﹞係就〈藝術典‧醫部〉之分部單行版本探析其按類分編、主題標識、具中醫特色等編檢特徵與表現。1992 年柳較乾、陳秀英〈《古今圖書集成》分類及編排體例述評〉﹝註 133﹞文中簡論《集成》分類編排之結構、特點與缺陷，以參酌前說爲其述評之基礎。1993 年王純〈《古今圖書集成》的分類編排〉﹝註 134﹞亦淺探其分編特點，著眼於讀者爲用之便。直至 1994 年裴芹〈談《古今圖書集成》的"參見"〉﹝註 135﹞方以較爲新穎之立論角度析論《集成》於〈凡例〉與按注中所運用目錄學「參見」之法。再則 2001 年收錄裴芹專書中

﹝註 129﹞陳郁夫，〈「故宮東吳」數位古今圖書集成技術報告〉，在《漢學研究國際學術研討會論文集‧2004》，雲林縣斗六市，民國 93 年 10 月 29 至 30 日，李哲賢主編、漢學資料整理研究所編輯（雲林縣斗六市：雲林科技大學，民國 94 年），頁數不詳。

﹝註 130﹞任寶楨、徐瑛，〈《古今圖書集成》編排體例簡析〉，《高校圖書館工作》，2 期（民國 72 年），頁 75～78。

﹝註 131﹞徐瑛、任寶禎，〈《古今圖書集成》的分類體系〉，《四川圖書館學報》，3 期（民國 74 年 8 月），頁 47～51。

﹝註 132﹞劉培雷，〈《古今圖書集成‧醫部全錄》排檢特徵初探〉，《圖書館工作》，1 期（民國 78 年），頁 46～49。

﹝註 133﹞柳較乾、陳秀英，〈《古今圖書集成》分類及編排體例述評〉，《十堰職業技術學院學報》，2 期（民國 81 年），頁 49～53。

﹝註 134﹞王純，〈《古今圖書集成》的分類編排〉，《圖書館員》，1 期（民國 82 年），頁 7～8。

﹝註 135﹞裴芹，〈談《古今圖書集成》的"參見"〉，《內蒙古民族師院學報（哲社版）》，2 期（民國 83 年），頁 59～61。

〈規模宏大　分類細密　縱橫交錯　次序井然——談《古今圖書集成》的結構體例〉〔註136〕與〈《古今圖書集成》的按注研究〉〔註137〕二文，針對《集成》通編之經緯架構、正變關係、按注體系進行全面觀照，論點闡述益為精深，實例舉證愈發詳明，在《集成》體例編制研究議題中，裴芹之文誠為深入淺出之學術佳論。

　　此外，關於《集成》體制之探討，尚存在部份綜論類書分類體例之專文中，如 1986 年羽離子〈類書的分類和目錄〉〔註138〕於類書之多重目錄與複分法運用方面論及《集成》體例特出處；1989 年馬明波〈從類書的類例透視中國傳統文化的內涵〉〔註139〕以《集成》緯目設置方法之創新視為類書內容表述之進化特徵；1989 年李守素、梁松〈試論類書的分類體系與分類技術〉〔註140〕亦提及《集成》複分技術之嚴密性；1991 年羽離子〈類書分析分類法的立類原則及其體系的兩重性〉〔註141〕以《集成》為例說明其層累制分類體系所具主題法與分類法結合之特性；1992 年陳大廣〈關於《中華大典》框架與索引的探討〉〔註142〕提出古代對文獻之類分主要可區分為兩派別，其一為學科分類派「四庫法」，其二則是事物分類派，即稱之「集成法」；1997 年馮浩菲《中國古籍整理體式研究》〔註143〕於類書體式方面嘗以分目層次探討各體類書，以《集成》為多目體類書中體例嚴密之典型，認為其〈目錄〉與〈凡例〉之設置頗便檢索，文獻編排有例可循而又善於變通，要能闡明其體制嚴謹靈活之特性。由是觀之，於《集成》體例編制研究中，各文探討角

〔註136〕裴芹，〈規模宏大　分類細密　縱橫交錯　次序井然——談《古今圖書集成》的結構體例〉，同註 5，頁 43～63。

〔註137〕裴芹，〈《古今圖書集成》的按注研究〉，同註 5，頁 64～86。

〔註138〕羽離子，〈類書的分類和目錄〉，《圖書館研究與工作》，4 期（民國 75 年 11 月），頁 25～28。

〔註139〕馬明波，〈從類書的類例透視中國傳統文化的內涵〉，《廣東圖書館學刊》，1 期（民國 78 年 3 月），頁 23～28。

〔註140〕李守素、梁松，〈試論類書的分類體系與分類技術〉，《大學圖書館學報》，5 期（民國 78 年 10 月），頁 22～28。

〔註141〕羽離子，〈類書分析分類法的立類原則及其體系的兩重性〉，《圖書館雜誌》，10 卷 5 期（民國 80 年 10 月），頁 52～53。

〔註142〕陳大廣，〈關於「中華大典」框架與索引的探討〉，《中國圖書館學報》，4 期（民國 81 年 10 月），頁 56～62。

〔註143〕馮浩菲，《中國古籍整理體式研究》（北京：高等教育，民國 92 年），頁 311～317。（1997 年初版）

度亦不甚相同，或述結構特徵、材料編排，或考目錄學方法技術，或探分類體系思維，各探討面向均有其獨到處；尤以裴芹專文之論述層面較以往研究更爲周遍，其掌握《集成》之總體結構，亦將有助吾人針對各典部體系再行深化研究提供可行線索，如主要可就某典部進行獨立研究或針對相關典部間進行關聯分析，部份深化議題仍有待後學充分開掘。此外，前述諸作已能體察《集成》非僅以鴻篇巨制著稱，其體例之嚴謹賅備乃爲《集成》獲致類書發展「總結」、「集大成」評價之重要關鍵所在，然以各文在研究深度上仍未能具體闡發《集成》之編纂體例淵源、革新及其影響等有關論題，故仍有必要於此潛心精研以補是方面之不足。

（四）針對《集成》各典部進行探討者鮮見，往往就內容著眼，較少言及體例

就《集成》六彙編、三十二典、六一一七部之部類涵量而言，近人對各典部研究數量可謂與之極不相稱，猶林與樹之比。若以《集成》原書編次做一區分，計方輿彙編有 1992 年范能船（山川典）、2004 年王會均（職方典瓊州府部）兩篇；明倫彙編有 2003 年劉怡伶（閨媛典）一篇；博物彙編有 1940 年胡經甫（禽蟲典）、1983 年邱紀鳳、1987 年張松生、1995 年趙立勛、2000 年曾秀燕（以上藝術典醫部）、1989 年葉程義（藝術典漁部）、2000 年徐華龍（草木典）等七篇；理學彙編有 1999 年陳海鳴（學行典觀人部）、2001 年黃正雨（學行典讀書部）、2004 年周孟貞（學行典恬退部）、2006 年陳惠美、劉千惠、劉康威、葉純芳、黃智信、黃智明、馮曉庭（以上經籍典）等十篇；經濟彙編則有 1986 年吉聯抗（樂律典）一篇。﹝註144﹞此中多數係以各典部內容介紹、揭示，或以其專科資料之意涵詮釋爲關懷面向，僅 1989 年葉程義〈古今圖書集成博物彙編藝術典漁部引書考〉﹝註145﹞與 2006 年「《古今圖書集成・經籍典》的文獻價值」專輯所收陳惠美等七篇﹝註146﹞屬文獻目錄學範疇之研究。此外尚有非針對單一典部，而是由某一角度研究《集成》者，包含以《集成》從事校勘研究﹝註147﹞、

﹝註144﹞ 詳細書目請參見附錄一「《古今圖書集成》研究論著目錄（1911～2006）」第七項。

﹝註145﹞ 葉程義，〈古今圖書集成博物彙編藝術典漁部引書考〉，《中華學苑》，38 期（民國 78 年 4 月），頁 191～253。

﹝註146﹞ 陳惠美等七篇專文係載於《中國文哲研究通訊》16 卷 4 期（民國 95 年 12 月）「《古今圖書集成・經籍典》的文獻價值」專輯，參見註103。

﹝註147﹞ 龍良棟，〈古今圖書集成所收嘯餘譜本中原音韻校勘記〉，在《漢學論文集》

《集成》所收錄某資料類型之整體探討〔註148〕、某學科於《集成》中之文獻分佈〔註149〕、《集成》於某學科研究之史料價值〔註150〕等論題，數量雖少，然研究主題已較以往有所突破，對於以多元角度發展《集成》學術研究層面亦有其前驅性價值。由上述《集成》各典部或各角度研究所呈現觀點而言，各文所著重者多在《集成》所收錄文獻知識內容本身，而較少以《集成》所精心建構之知識體系或由其類書編纂之體例形制進行考量；實際上，以宏觀視野全面探討《集成》體系內涵固有其難處，而以《集成》各門目有其專科研究價值，且其體例於「三經二緯」雛型下又具有因類制宜特性，若首先能針對各典部進行微觀而深化之研究，再行予以整合或探勘其間關聯，抑或從中觸發其他可行之研究議題，對於《集成》局部或全面之研究發展誠應具有相當助益。

（五）利用《集成》者眾，然研究《集成》者匱乏，於明清三巨書中趨於弱勢

　　前已述及在部份圖書文獻學專著中，論者多將《集成》與明清前後期大型圖書編纂成果齊觀，學界並譽稱《永樂大典》、《集成》與《四庫全書》為中國學術史、文化史上之三巨書，三者分別以不同纂輯形式而樹立為我國圖書事業全盛階段之重要標誌。此中《集成》以其「類分型」類書之實用特性與類書史上之總結價值為世所重視，且在實際面上，其全帙保存完好、未經散佚，至今已有多種版本廣佈流傳，輔以現代數位化應用優勢，該書所收錄清康熙前古代文獻材料之便檢性、全面性、系統性，往往為今日學人參酌利用之資。以下試就 1998 至 2005 年間臺灣地區博碩士論文其引用文獻凡臚列有《集成》者，進行各學科類別與各年份頻率統計，藉以觀察逐年利用趨勢：

　　（臺北：鷟聲文物，民國 59 年），頁 323～400；龍良棟，〈古今圖書集成所收劉子新論校勘記〉，《淡江學報（文學部門）》，13 期（民國 64 年 1 月），頁 69～110；楊軍，〈《古今圖書集成》所見唐文校讀記〉，《蘇州科技學院學報（社會科學版）》，1 期（民國 80 年），頁數不詳。

〔註148〕袁逸，〈《古今圖書集成》中的人物傳〉，《圖書館研究與工作》，1 期（民國 72 年 4 月），頁 55～56；裴芹，〈《古今圖書集成》與方志〉，同註 5，頁 87～96。

〔註149〕楊貴嬋、王可，〈古今圖書集成中藝術文獻的分佈〉，《設計藝術》，3 期（民國 92 年），頁 68～69。

〔註150〕瀾平，〈圖書集成與中國社會史搜討〉，《新中華》，2 卷 11 期（民國 23 年 6 月），頁數不詳；郭猛，〈從《古今圖書集成》看中菲兩國的歷史文化交融與衝突〉，《廣西文史》，4 期（民國 93 年），頁 38～42；余漢桂，〈《古今圖書集成》在漁業行業史志研究中的史料價值〉，《廣西文史》，3 期（民國 94 年），頁 96～100。

表 2-4　1998～2005 臺灣地區博碩士論文引用《古今圖書集成》頻率統計表

年　份＼類　別	人文學類	藝術學類	經社及心理學類	引用頻率較低之各類別總和	合計
民國 87 年（1998）	18	2	2	4	26
民國 88 年（1999）	16	3	1	3	23
民國 89 年（2000）	34	3	2	5	44
民國 90 年（2001）	25	1	2	6	34
民國 91 年（2002）	45	2	3	2	52
民國 92 年（2003）	51	7	3	10	71
民國 93 年（2004）	51	7	5	10	73
民國 94 年（2005）	61	4	6	6	77
合　　計	301	29	24	46	400

資料來源：國家圖書館，全國博碩士論文資訊網，民國 94 年 3 月，<http://etds.ncl.edu.tw/theabs/index.jsp>（民國 96 年 3 月 6 日）。

　　由上表可據以分析《集成》於學位論文研究中之利用概況，就學科類別而言，引用頻率以人文學類爲最高且呈現明顯集中趨勢，約佔全數四分之三，其次則爲藝術學類與經社心理學類，而其他眾學科所呈現則較爲零散稀落；再則觀其逐年利用頻率，自 1998 至 2005 年總體走向係呈現上揚趨勢，至 2002、2003 年攀升幅度較爲明顯，此一表現乃是與臺灣地區各電子版研究工具之推出相互輝映。而大陸方面在 2003 年滕黎君碩士論文《論《古今圖書集成》及其索引的應用價值》亦曾進行相關調查，該文以中國全文學術期刊網 1994 至 2002 年間期刊論文引用《集成》頻率爲例，〔註 151〕其統計結果在兩千多筆資料中亦以文史哲類引用頻率最高，且歷年引用亦逐步呈現上升趨勢，觀其數據則以 2000、2001 年攀升較顯著，此係與廣西金海灣電子版推出之影響較具相關性。

　　由上顯示近年因《集成》索引與資料庫更趨完善開發，對於各領域之學術研究有著引用率益高、利用面益廣之進展態勢，然而就目前《集成》本身學術研究發展言，其研究質量則相形匱乏。以筆者於「《集成》研究論著目錄」（參見附錄一）所統計約一百七十筆左右之數量觀之，此中近半數又係以編纂版本

〔註 151〕同註 32，頁 36～37。

考述議題或電子版推出相關報導評介為主，闡發《集成》學術內涵之深度著實不足，若再與《永樂大典》、《四庫全書》相較則更能映襯其研究風氣寂寥。首先在《四庫全書》方面，在前人研究根基逐漸拓展豐厚下，約於上世紀80年代之初已正式形成「四庫學」學科意識，〔註152〕並於1998年首度以「四庫學」為標幟召開兩岸學術研討會，〔註153〕相關專著、專文研究成績蓬勃，今成一門顯學已為不爭事實。而《永樂大典》向以收錄宋元佚書之史料價值為學界珍視，80年代前期已有「大典學」之初步倡議，〔註154〕於2003年亦有國際研討會之舉辦，〔註155〕近2005年更有《永樂大典研究資料輯刊》之集結問世，〔註156〕成果數量亦復可觀。據此檢視《集成》本身學術研究之黯淡表現，其在80年代之前主要仍停留在編纂史實考證階段，可謂長時期保持在研究氛圍低迷之狀態，而80年代後因《集成》索引與數位化工作之推動，雖逐漸引起探討利用熱潮，然吾人所需省思者，亦是緣於近來人們對《集成》之認知多將焦點關注於數位化議題，此就古籍實用價值之開發固有其裨益，但相對說來，若過度將探討主力集中於此，則對於《集成》自身學術本質及其永恆文化價值之深入研究言，其長久以來遭學界忽視之情形信將無法獲得進一步突破，導致熱門議題益顯熱絡，值得深入發掘之研究區塊卻永遠冷僻。實際上，造成《集成》研究質量貧乏並非僅此單一原因，〔註157〕此處亦並非刻意壓低《集成》數位化之成效影響；相反地，將古類書所蘊涵知識材料輔以科技化無遠弗屆之姿帶向大眾，或能成為引領研究風潮之方式之一。是以，將《集成》學術內涵普及化並深度

〔註152〕周積明，〈「四庫學」通論〉，《故宮學術季刊》，17卷3期（民國89年春季），頁1～2：12。

〔註153〕淡江大學中文系編，《兩岸四庫學：第一屆中國文獻學學術研討會論文集》（臺北市：臺灣學生，民國87年）。

〔註154〕同註72，頁504～511。

〔註155〕中國國家圖書館編，《「永樂大典」編纂600週年國際研討會論文集》（北京：北京圖書館，民國92年）。

〔註156〕張昇編，《永樂大典研究資料輯刊》（北京：北京圖書館，民國94年）。

〔註157〕關於《集成》本身研究質量貧乏之因，本文中已提及者包含：1.其成書過程受康雍時期政爭影響，後至民國早期多偏重以編纂史實考證為主，至今仍未稍歇；2.就清朝中後期之文獻學輯佚工作而言，由於《集成》於清初甫編印成、且流傳未廣，故其輯佚價值較《永樂大典》等類書甚少受到學者關注；3.全書知識體系博大，又前作研究主題有限，欲成專論之作實屬不易。而此處第2點所述，另可參考：陳惠美，〈《古今圖書集成·經籍典》中的文獻資料及其運用〉，《中國文哲研究通訊》，16卷4期（民國95年12月），頁7～9。

化，強調此二者須並行不悖，兩方面之研究發展均不可過度偏執，是項課題亟待學界重新重視並思索改善之，以解決《集成》長期鈍化、凝滯不前之研究落差與困境。

第三章 《集成》暨《集成‧經籍典》編纂原委與編者學養考察

第一節 《集成》編纂原委

一、編纂動機

　　縱觀歷代官修類書之編纂，自魏文帝曹丕命群儒纂輯《皇覽》為端緒，樹立其後各王朝於開國之初集中人力大規模編纂類書之文治典範，若明代焦竑《國史經籍志‧子類‧類家》小序云：

> 自魏《皇覽》而下，莫不代集儒碩，開局編摩；乃私家所成，亦復猥眾。大都包絡今古，原本始終，類聚臚列之而百世可知也。韓愈氏所稱鉤玄提要者，其謂斯乎？蓋施之文為通儒，厝於事為達政，其為益亦甚鉅已。〔註1〕

各代於政治、經濟、社會、文化與物質條件承平，佐以君主、士人之治政治文需要，開國之初纂修類書以顯文盛之傳統於焉始展。而成書於清初盛世之《集成》，既為古代官修類書之總結代表，其卷帙宏富、取材寬泛、圖繪精審、體制周詳，集眾多類書編纂形式之優長於茲，量其官方組織之纂修人力、規模自當逾越前代，然實則並非如此；該書於纂修過程中屢遭蹇運，不僅成書之相關檔案缺佚，主事者竟於功虧一簣之際被迫離位，而纂修校錄者之職銜

〔註1〕 〔明〕焦竑輯，《國史經籍志‧子類‧類家》，卷四，在《叢書集成初編》，第25～31冊（北京：中華書局，民國74年）。

姓名亦未列於卷首。種種曲折與無奈如是，斯皆與編纂者陳夢雷之生平際遇相互牽引，此爲研究《集成》編纂原委首應重視並進一步闡明者。

（一）個人際遇：發憤編述，圖報萬一

陳夢雷（1650～約 1741），字則震，號省齋，晚號松鶴老人，福建侯官人，係清初著名學者之一。然或因政治因素，有關其生平傳記甚爲罕見，《清史稿》未列其傳，部份清人傳略史料彙編以《清詩紀事初編》〔註 2〕敘述較爲明晰，餘如《文獻徵存錄》、《碑傳集》、《清儒學案小傳》〔註 3〕多語焉不詳，故欲探其事蹟，主要尚可透過其《松鶴山房詩集》、《松鶴山房文集》〔註 4〕及交游士人所贈之詩文賦序中略知梗概。而近人對於陳夢雷生平之考辨，以謝國楨〈陳則震事輯〉〔註 5〕及張玉興所作〈陳夢雷〉人物傳，〔註 6〕於史料蒐羅及事蹟紹述較爲詳栩，觀其一生沉浮於仕海，夢雷於中晚年構思纂成《集成》即與其個人際遇關聯甚深。

由下表陳夢雷之生平行事紀略中（見表 3-1），可知康熙之初，夢雷因無端涉入從逆之罪，而導致此後多舛命運之接踵相續。若就夢雷一生歷經之各階段考察，主要可分爲：早期仕途順遂，前程似錦；壯年前期爲奸所害，爲友所賣；壯年後期謫戍瀋陽，投入東北文化建樹工作，爲學問盤整時期；晚年前期蒙康熙君恩召回，侍皇三子允祉，傾力於《集成》之纂，則係學術興發時期；晚年後期遭雍正革黜，再度發遣關外。而《集成》初名《彙編》，夢雷於初稿抵定時所作〈進彙編啓〉，係記述其編纂動機之重要文獻，此中表明個人蒙受聖恩，故思圖報之意：

〔註 2〕鄧之誠撰，《清詩紀事初編》，在《清代傳記叢刊》，第 20 冊（臺北市：明文，民國 74 年），頁 991～992。

〔註 3〕〔清〕錢林輯；王藻編，《文獻徵存錄》，在《清代傳記叢刊》，第 10 冊（臺北市：明文，民國 74 年），頁 151～159；〔清〕錢儀吉纂錄，《碑傳集》，在《清代傳記叢刊》，第 108 冊（臺北市：明文，民國 74 年），頁 512～517；徐世昌纂，《清儒學案小傳》，在《清代傳記叢刊》，第 5 冊（臺北市：明文，民國 74 年），頁 690～692。

〔註 4〕〔清〕陳夢雷，《松鶴山房詩集》，在《續修四庫全書‧集部‧別集類》，第 1415 冊（上海：上海古籍，民國 91 年）；〔清〕陳夢雷，《松鶴山房文集》，在《續修四庫全書‧集部‧別集類》，第 1416 冊（上海：上海古籍，民國 91 年）。

〔註 5〕謝國楨，〈陳則震事輯〉，在《明清筆記談叢》（上海：上海書店，民國 93 年），頁 197～214。

〔註 6〕張玉興，〈陳夢雷〉，在《清代人物傳稿》，清史編委會編，上編第七卷（北京：中華書局，民國 84 年），頁 353～362。

雷以萬死餘生，蒙我皇上發遣奉天，又沐特恩召回京師，侍我王爺
殿下筆墨。恭遇我王爺殿下睿質天縱，篤學好古，禮士愛人，自慶
爲不世遭逢，思捐頂踵，圖報萬一。〔註7〕

蓋以夢雷沐康熙之恩回京侍讀，亟思以窮而後工之心爲朝廷效力，希冀於修
書事業之竭力經營下，實現其經世爲用之理想與抱負。

表 3-1　陳夢雷生平行事繫年表

階段		要事繫年		年歲	生平行事及著述紀略
早期	讀書仕進	1650	順治7年	出生	在籍福建侯官。
		1662	康熙元年	12歲	入泮，成秀才。
		1669	康熙8年	19歲	中舉人。
		1670	康熙9年	20歲	登二甲進士，授翰林院庶吉士，讀書中秘。
		1673	康熙12年	23歲	授翰林院編修；同年請假送雙親南歸。
壯年前期	耿藩迫害	1674	康熙13年	24歲	三藩之亂起，耿精忠據福建叛，逼夢雷任僞職，夢雷托病不出。
		1675	康熙14年	25歲	與李光地共謀潰敵對策，旋因李將此以蠟丸密疏上報並據爲己功，夢雷遂無以自白，史稱「蠟丸案」。
		1677	康熙16年	27歲	清軍收復福建，耿精忠降；夢雷復遭誣名，被誤爲從叛者。
		1680	康熙19年	30歲	遭刑部傳訊，繼因逆黨誣告夢雷倡亂，其勢態危急、負謗難明，李光地竟又落井下石；母卒；同年入獄。
		1681	康熙20年	31歲	廷鞫以大辟論斬；徐乾學上疏營救，明珠亦爲之緩頰。
		1682	康熙21年	32歲	蒙康熙旨意從寬免死，謫戍瀋陽尚陽堡。
壯年後期	冤罪流放	1683	康熙22年	33歲	押抵瀋陽；受奉天府尹敬重，延至府中參與東北修志工作。
		1684	康熙23年	34歲	《盛京通志》三十二卷本修成問世；父卒。
		1685	康熙24年	35歲	《海城縣志》、《承德縣志》、《蓋平縣志》審定工作告竣。(1)
		1687	康熙26年	37歲	建雲思草堂，成爲瀋遼流人文士交往中心。
		1693	康熙32年	43歲	夢雷舊僕楊昭爲之輯部分詩文爲《閑止書堂集鈔》於福建刊行，主要爲將〈絕交書〉、〈告都城隍文〉公昭於世，以申其屈。
		1694	康熙33年	44歲	易學之作《周易淺述》成書。(2)
		1698	康熙37年	48歲	康熙帝東巡謁陵，夢雷循機向帝獻詩，上諭赦免回京；還京後，初住西苑椒園教書。

〔註7〕　同註4，《松鶴山房文集》，頁38。

		1699	康熙 38 年	49 歲	奉旨入懋勤殿侍皇三子允祉讀書。
晚年前期	敕免侍讀	1701	康熙 40 年	51 歲	爲報聖上之恩，夢雷益思掇拾群籍，勒成一部涵負天地六合之書，爲之發凡起例，初名《彙編》；同年領銀僱人繕寫。
		1704	康熙 43 年	54 歲	康熙賜御書「松高枝葉茂，鶴老羽毛新」聯，夢雷自此以松鶴爲齋名，自號松鶴老人。
		1706	康熙 45 年	56 歲	《彙編》初稿規模大略已定，夢雷先將凡例目錄與〈進彙編啓〉上呈允祉，俟其裁定部類後詳加讎校；又作〈告假疏〉，未達天聽。
		1709 1710	康熙 48 年 康熙 49 年	59 歲 60 歲	前後兩次上疏請假回籍祭奠雙親，然均未能獲允；《彙編》持續修訂中。
		1713	康熙 52 年	63 歲	《松鶴山房詩集》九卷、《松鶴山房文集》二十卷使用內府銅活字印成。（3）
		1716	康熙 55 年	66 歲	《彙編》奏進欽定，賜名《古今圖書集成》，同年立館增輯補校，夢雷任總裁一職，館中所取約八十人，多爲晚生後輩。
		1720	康熙 59 年	70 歲	《古今圖書集成》定稿，是年始奉旨刷印，採內府銅活字排印此一巨帙。
		1722	康熙 61 年	72 歲	康熙逝後，旋因政治因素遭雍正藉故撻伐，下諭將夢雷父子發遣關外，並將其親友門生自「集成館」革黜，《集成》刷印隨之中斷。
晚年後期	二度流放	1723 1724	雍正元年 雍正 2 年	73 歲 74 歲	舉家謫戍黑龍江卜魁，困阨中與當地流人文士唱酬相勉，由方登峰祖孫《述本堂詩集》可考夢雷詩作最晚至雍正二年，其卒年則難以確知。（4）
		\(卒年不詳\)			
		1741	乾隆 6 年		夢雷子陳聖獎抱其遺骨回籍。

資料來源：主要參考自張玉興，〈陳夢雷〉，在《清代人物傳稿》，清史編委會編，上編第七卷（北京：中華書局，民國 84 年），頁 353～362；並參酌陳夢雷相關詩文著作自行編製。

表註：

（1）楊余練等編著，《清代東北史》（瀋陽市：遼寧教育，民國 80 年），頁 543。

（2）乾隆時《四庫全書》所收陳夢雷之作，唯《周易淺述》八卷。《四庫全書總目》云「是編成於康熙甲戌，乃其初赴尙陽堡時所作。」康熙甲戌，即康熙三十三年。

（3）張秀民、韓琦合著，《中國活字印刷史》（北京：中國古籍，民國 87 年），頁84。張秀民據陶湘《故宮殿本書庫現存目》所載康熙末期以內府銅活字刊印之書籍，尙有《星曆考原》、《數理精蘊》、《律呂正義》等曆算音樂諸書，其中《星曆考原》印於康熙五十二年，而同年陳夢雷亦以內府銅活字印行其《松

鶴山房詩集》、《文集》。然經筆者查閱該詩文集，偶見涉事於康熙五十二年後之文字，如《松鶴山房文集》卷十〈冷吉臣羅漢圖序〉，中有《萬壽盛典》「至丁酉春告成」之事，按丁酉即康熙五十六年，初步可證夢雷《文集》應非印成於康熙五十二年，若云印成於康熙五、六十年間則較為切當。

(4) 徐小蠻，〈陳夢雷與《閑止書堂集鈔》〉，在《清籍瑣議》(北京：海洋，民國 82 年)，頁 45。

（二）學術需求：前修未密，仰備顧問

其次，夢雷〈進彙編啓〉尚提及前朝諸書編制內容之部份未備處，或止詳於政典，或僅資於詞藻，範圍偏狹，尋檢難一，於是有通貫古今典籍之蘊釀構思：

> 深恐上負慈恩，惟有掇拾簡編，以類相從，仰備顧問。而我王爺聰
> 明睿智，於講論經史之餘，賜之教誨，謂《三通》、《衍義》等書，
> 詳於政典，未及蟲魚草木之微；《類函》、《御覽》諸家，但資詞藻，
> 未及天德王道之大。〔註8〕

係說明《集成》倡議者主要以「廣大精微」作為體制改善目標，力求徵引、類編材料能達博洽詳贍，以資「仰備顧問」，因應皇三子允祉之諮詢、學術需求。

（三）政治目的：帝王意圖，光大文治

再者，同為夢雷〈進彙編啓〉中，亦明確述及該書編纂之發揚文治目的：

> 必大小一貫，上下古今，類列部分，有綱有紀，勒成一書，庶足大
> 光聖朝文治。……較之前代《太平御覽》、《冊府元龜》，廣大精詳，
> 何止十倍！從此頒發四方，文治昭垂萬世，王爺鴻名卓越，過於東
> 平、河間，而草茅愚賤，效一日犬馬之勞，亦得分光不朽矣。〔註9〕

是以，將整理歷代典籍文獻資源作為文化政策之一，夢雷欲以區分綱紀，勒為一體大思精、條理分明之類書，意圖超越往代諸籍，彰顯官方崇尚右文之盛治。

（四）歷史趨向：求全貫通，文獻一統

此外，就圖書文獻發展之歷史趨向而言，張滌華《類書流別》論清初類書之盛於往古，至《集成》裒輯文獻之富，蓋以後世經籍編述「歸於至繁」，

〔註8〕　同註4，《松鶴山房文集》，頁 38。
〔註9〕　同註4，《松鶴山房文集》，頁 38～39。

其云：

> 康熙、雍正兩朝對撰輯類書頗爲注意，其時所作，體例益精，種類益
> 繁，數量益巨，檢索亦益便。蓋類事之書，至是而始盡其用。……而
> 《圖書集成》一書，卷帙盈萬，廣大精詳，尤爲古今中外所未有。此
> 固由當時帝王事事爭勝往古，而亦因後世文籍日富，憑藉日厚，有以
> 致之。胡應麟曰：「凡經籍緣起，皆至簡也，而其卒歸於至繁」（《少
> 室山房筆叢》卷二）。證之《圖書集成》，足以驗其言矣。〔註10〕

亦如于翠玲論官修綜合性類書最初係以「既博又簡」爲編輯原則，以利帝王
覽觀、借鑑，至明清則發展爲「以大而全的類書作爲天下歸一的象徵」，〔註11〕
是《集成》之纂，即顯示清官方求全貫通、文獻一統之編制需求，實亦反映
歷史之歸趨。

二、編纂始末

　　由於《集成》編纂歷程之相關文獻、傳世檔案甚爲稀寥，大體而言，於康
熙五十五年（1716）「古今圖書集成館」開館前之初稿與修訂稿階段，約可由編
纂者陳夢雷〈進彙編啓〉、〈告假疏〉、〈水村十二景〉等詩文著作中推測其編纂
時程，爾後康熙首次開館與雍正重行開館之預事人員和編纂分工事宜，則大致
可據重校者蔣廷錫雍正元年正月〈奏報辦理古今圖書集成情形並編校人員去留
情形摺〉、雍正三年十二月〈奏請照修書各館之例議敘古今圖書集成編纂校對人
員摺〉及其他相關史料窺豹一斑，期能以有限資料架構出較爲貼近史實之編纂
始末歷程概況。此部份因關涉史學考證，倘以筆者之力尚無法確切掌握一手史
料線索，故需參酌前輩學者相關之編纂考辨研究，本文即以楊玉良〈《古今圖書
集成》考證拾零〉〔註12〕、裴芹〈《古今圖書集成》編纂考〉〔註13〕、曹紅軍
《康雍乾三朝中央機構刻印書研究》〔註14〕爲據，大抵以該三文之考證結果而

〔註10〕 張滌華，《類書流別》，修訂本（北京：商務印書館，民國74年），頁32～33。
〔註11〕 于翠玲，〈論官修類書的編輯傳統及其終結〉，《北京師範大學學報（人文社會
　　　　科學版）》，6期（民國91年），頁120～121。
〔註12〕 楊玉良，〈《古今圖書集成》考證拾零〉，《故宮博物院院刊》，1期（民國74
　　　　年），頁32～35。
〔註13〕 裴芹，〈《古今圖書集成》編纂考〉，在《古今圖書集成研究》（北京市：北京
　　　　圖書館，民國90年），頁27～42。
〔註14〕 曹紅軍，「康雍乾三朝中央機構刻印書研究」（博士論文，南京師範大學中國
　　　　古典文獻學專業，民國95年），頁55～69。

描勒《集成》編纂歷程之主軸，自行編繪圖表翔實呈之。首將《集成》編纂始末彙整如下表（見表3-2，前述一手史料出處詳見本表之表註）：

表3-2　《古今圖書集成》編纂始末紀事表

稿　本　歷　程			要　事　繫　年		編　纂　始　末　紀　事	關　鍵　文　獻
陳夢雷原稿	原編基礎稿（原名《彙編》）	1701～1706 初稿（規模略定）	1701	康熙40年	原名《彙編》，於康熙四十年十月始領銀僱人繕寫；此前當已擬定全書架構凡例。	陳夢雷〈進彙編啓〉(1)
			1706	康熙45年	至康熙四十五年四月書得告成，將凡例目錄謄寫上呈皇三子允祉，俟其裁酌分合。	陳夢雷〈進彙編啓〉(2)、〈告假疏〉(3)
		1706～1716 修訂稿（一修奏進）	1709 1710	康熙48年 康熙49年	補充修訂工作持續進行，並於康熙四十八、四十九年前後復上請假疏；又其後數年，夢雷之校閱工作已不似初稿階段繁縟，繼而準備伺機奏進。	陳夢雷〈四十八年二月請假疏〉、〈四十九年請假疏〉(4)、〈水村十二景有引〉(5)
〔陳夢雷原稿〕	開館增訂稿（帝賜名《古今圖書集成》）	首次開館	1716	康熙55年	奏進後，帝賜名《古今圖書集成》，於康熙五十五年首次立館加工，時謂之「集成館」，館中成員約為八十人。	龍顧山人纂《十朝詩乘》(6)、雍正三年十二月蔣廷錫奏摺(7)
		1716～1720 定稿（二修定稿備印）	1719	康熙58年	康熙五十八年四月有允祉上奏請賞之事，另據《集成》所引材料最晚至五十七、五十八年間，可證是時已接近完稿。	雍正三年十二月蔣廷錫奏摺(8)
			1720	康熙59年	康熙五十九年《集成》奉旨刷印六十部，可知此時已定稿，且銅字、紙張均已備齊待印。	雍正元年正月蔣廷錫奏摺(9)
		1720～1722 刷印（未完中斷）	1722	康熙61年	康熙六十一年十一月，雍正帝繼位，十二月下諭將陳夢雷發遣關外，《集成》刷印中斷。	《雍正實錄》卷二(10)、蕭奭《永憲錄》卷二(11)

蔣廷錫校訂稿	重行開館	1723～1728 校訂 （三校蒇事）	1723	雍正元年	雍正元年重行開館，命蔣廷錫繼其事，原館裁撤存六十人。	雍正元年正月蔣廷錫奏摺（12）
			1725 1726	雍正 3 年 雍正 4 年	雍正三年十二月校訂告竣，蔣廷錫進表暨《集成》一部裝潢呈覽，奏請雍正帝核定後，於雍正四年九月頒定御製序文。	雍正三年十二月蔣廷錫奏摺（13）、蔣廷錫進表文、雍正御製序文
			1728	雍正 6 年	進行最末之折配裝幀工作，於雍正六年全數六十四部竣工。	乾隆四十一年四月永瑢奏摺（14）

資料來源：據前述楊玉良、裴芹、曹紅軍等學者考證及相關史料自行編製（茲將本表「關鍵文獻」一欄之出處及其引文，條列如下）：

表註：

（1）〔清〕陳夢雷，《松鶴山房文集》，《續修四庫全書‧集部‧別集類》，第 1416 冊（上海：上海古籍，民國 91 年），頁 38。

陳夢雷〈進彙編啓〉：「不揣蚊力負山，遂以一人獨肩斯任。謹於康熙四十年十月爲始，領銀僱人繕寫。」

（2）同前註。陳夢雷〈進彙編啓〉：「蒙我王爺殿下，頒發協一堂所藏鴻編，合之雷家經史子集，約計一萬五千餘卷。至此四十五年四月內，書得告成。……其在十三經、二十一史者，隻字不遺；其在稗史子集者，十亦只刪一二。」

（3）同前註，頁 33。陳夢雷〈告假疏〉：「用竭力於數年之內，皆自黎明以至三鼓，手目不停。將家中所有書籍萬餘卷，自上古至元明，皆按代編次，共分類爲六千餘。……此書規模大略已定，先將〈凡例〉、〈目錄〉謄寫，進呈皇子貝勒，其中或存、或刪、或分、或合，俟貝勒裁定之後，聚集多人，細加校讎謄清。進呈御覽，得蒙我皇上指示，方可成書。〔夢雷識語：此疏修於丙戌之秋。〕」按：丙戌即康熙四十五年。

（4）同前註，頁 34～35。陳夢雷〈四十八年二月請假疏〉、〈四十九年請假疏〉之作，或可推測此後數年間，其《彙編》之校閱工作已不似初稿階段繁縟。

（5）〔清〕陳夢雷，《松鶴山房詩集》，《續修四庫全書‧集部‧別集類》，第 1415 冊（上海：上海古籍，民國 91 年），頁 651；653。

陳夢雷〈水村十二景有引〉：「其下書室三楹，貯所著《彙編》三千餘卷，校閱之暇，泛艇渡河西，與田夫野老量晴較雨，乃歸。〔夢雷識語：此題擬於壬辰之春，詩成於癸巳之秋。〕」按：壬辰即康熙五十一年，癸巳即康熙五十二年。

（6）龍顧山人纂；卞孝萱、姚松點校，《十朝詩乘》（福建：福建人民，民國 89

年），頁 242～243。

龍顧山人纂《十朝詩乘》：「《古今圖書集成》設館於康熙丙申，歷二十載告成。書分六大部，為典凡三十六（按：應為三十二）。備員纂修者如其數。人專一典，時謂之『集成館』。」按：丙申即康熙五十五年。

（7）中國第一歷史檔案館編，《雍正朝漢文硃批奏摺彙編》，第 33 冊（上海市：江蘇古籍，民國 80 年），頁 569。

雍正三年十二月蔣廷錫奏摺：「《古今圖書集成》館纂校人員……此諸人有分纂、分校之殊，行走年份有十年至四五年不等，未可概論。」按：如以雍正三年（1725）往前推十年，即約係康熙五十五年（1716）。

（8）同前註。雍正三年十二月蔣廷錫奏摺：「查康熙五十八年四月，誠親王摺奏《古今圖書集成》館纂校人員，經署包衣昂邦事海張等議奏，有書完之日比尋常修書之人加等分議等語。」

（9）同前註，頁 563。雍正元年正月蔣廷錫奏摺：「康熙五十九年，奉先帝諭旨《古今圖書集成》刷印六十部。今查得六十部之外，館中多刷六部，亦應歸入官書之內。」

（10）〔清〕張廷玉等奉敕纂修，《大清世宗憲（雍正）皇帝實錄》，第 1 冊（臺北市：華聯，民國 53 年），頁 55-1～55-2。

《雍正實錄》卷二：「〔康熙六十一年十二月〕癸亥論：陳夢雷原係叛附耿精忠之人，皇考寬仁免戮，發往關東，後東巡時，以其平日稍知學問，帶回京師，交誠親王處行走。……京師斷不可留，著將陳夢雷父子，發遣邊外。……陳夢雷處所存《古今圖書集成》一書，……此書工猶未竣，著九卿公舉一二學問淵通之人，令其編輯竣事。原稿內有訛錯未當者，即加潤色增刪。」

（11）〔清〕蕭奭撰；朱南銑點校，《永憲錄》（北京：中華書局，民國 48 年），頁 83。蕭奭《永憲錄》卷二：「〔雍正元年正月〕復謫纂修《古今圖書集成》總裁陳夢雷於戍所。」

（12）同本表註 7，頁 562。雍正元年正月蔣廷錫奏摺：「雍正元年正月初五日，臣蔣廷錫奉旨。《古今圖書集成》，皇考費數十年心力方成是書，今刷印校對之工尚有未完，特派爾為正總裁，陳邦彥為副總裁。」

（13）同本表註 7。雍正三年十二月蔣廷錫奏摺：「今雍正三年十二月纂校已竣，除進呈本已裝潢外，尚有六十三部現在折配，俟完日交與武英殿收管。」

（14）袁同禮，〈關於圖書集成之文獻〉，《圖書館學季刊》，6 卷 3 期（民國 21 年），頁 403～404。

乾隆四十一年四月永瑢奏摺：「今查得武英殿……有不全《古今圖書集成》一部，內每典缺欠不一，共少六百八十一本；查此書，於雍正六年刷印六十四部之後，並未重印，今已將各處陳設，並頒賞現存《古今圖書集成》

數目，按冊逐一詳查，與原刷六十四部之數相符，是此一部，或係當時初刷樣本，歷年久遠，遂至散佚不全。」

三、編纂分工

於《集成》「開館增訂稿」階段（1716～1728）中，其間因政治因素而歷二度開館、重新裁撤纂修人員之變動波蕩。首先，康熙五十五年（1716）以陳夢雷爲總裁之「古今圖書集成館」首度開館，今可由蔣廷錫雍正元年正月〈奏報辦理古今圖書集成情形並編校人員去留情形摺〉探知原館中部份成員之姓名身份，及其於雍正初遭受革黜之實情：

> 其修書人員，陳夢雷所取八十人，今除陳聖恩、陳聖眷已經發遣，周昌言現在緝拏，汪漢倬、金門詔已經黜革，其陳夢雷之弟陳夢鵬，姪陳聖瑞、陳聖策應驅逐回籍，林鐸、方僑、鄭寬、許本植四人皆福建人，係陳夢雷之親，林在衡、林在峨二人係已革中書林佶之子，亦應驅逐，李萊已先告假，王之栻從未到館，亦應除去外，存六十四人。〔註15〕

「集成館」預事人員多係年輕後生，而在編纂分工方面，其中以專任一典爲主，可查者有金門詔（任經籍典）〔註16〕、楊琯（任字學典），〔註17〕其或爲「纂修官」，負責蒐集資料、纂輯成稿，爲實際之編纂人員，至於其他成員職掌則無從詳考。再者，雍正元年正月重行開館（1723），係命蔣廷錫爲總裁，由雍正三年十二月〈奏請照修書各館之例議敘古今圖書集成編纂校對人員摺〉可略考其分工概況：

> 臣等隨令車松圖麒總任分書、收書、登記之事，令李錫秦等二十人爲校閱兼續纂之員，高儁飛等十二人爲專任校閱之員，金筠等十四人爲磨對刷印之員，俞養直等十人爲收查卷頁號數校對補改之員，徐寧、關壽二人爲查理一應校對書籍之員，共六十人。自雍正元年正月開館

〔註15〕中國第一歷史檔案館編，《雍正朝漢文硃批奏摺彙編》，第33冊（上海市：江蘇古籍，民國80年），頁563。

〔註16〕同註13，頁37。裴芹引顧惇量作〈金東山文集序〉：「聖祖朝，命大臣開館輯《古今圖書集成》，招試輦下諸生，見先生首列，獨纂〈經籍〉，書成五百卷。」

〔註17〕楊家駱，〈鼎文版古今圖書集成序例〉，在鼎文版《古今圖書集成》，第1冊（臺北市：鼎文，民國66年），序例14。楊家駱據光緒《桐鄉縣志》所載，云協助夢雷成書者尚有楊琯，其並於鼎文版〈字學典〉簡目之識語中，說明楊琯係〈字學典〉之助編者（按：蔣廷錫奏摺中未列其名。）

以來，凡此纂校人員皆感恩奉法……謹將六十人分別實在纂校行走年
分，及內有已經補選，與現在告假者，詳細開列，另單呈覽。〔註18〕
車松圖麒、李錫秦等當為原館存留之人，而其時蔣廷錫奏請照修書各館之例
議敘，相關人員名單今或已銷毀或遺佚。是知其成員先後變化，原館陳夢雷
所取八十人，後於雍正元年裁撤約十餘人，存留六十餘人，清除對象多為其
親友同鄉，後續或再有求去者、遞補者，亦無從詳考。

　　另一方面，就清朝官府修書之一般制度，有關書籍刷印事宜，當由內務
府下所屬武英殿修書處掌理，並實際於該處刷印，因此修書各館與武英殿修
書處雖各司其職，仍須密切協調分工，〔註19〕「集成館」亦當依此例行之。
經由前述之簡要說明，茲將「集成館」預事人員與編纂分工情形，大略推擬
如下（見表3-3、圖3-1）：

表3-3　擬「古今圖書集成館」預事人員表

康熙五十五年首次開館（1716）	
職　掌　分　工	人　　員
〔監修〕	誠親王允祉
〔總裁〕（1）	陳夢雷
〔分編者、分校者〕	金門詔（任經籍典）、楊琯（任字學典）、周昌言、汪漢倬、林佶、林在衡、林在峨、陳聖恩、陳聖眷、陳夢鵬、陳聖瑞、陳聖策、林鐔、方僑、鄭寬、許本植、李萊、李旦初等80人，分屬各職

雍正元年正月重行開館（1723）			
職　掌　分　工		人　　員	人　　數
新任	總裁	蔣廷錫	1
	副總裁	陳邦彥	1
原館存留人員	校閱兼續纂之員	李錫秦等	20
	專任校閱之員	高儁飛等	12
	磨對刷印之員（2）	金筠等	14
	收查卷頁號數校對補改之員	俞養直等	10
	查理一應校對書籍之員	徐寧、關壽	2
	總任分書、收書、登記之事	車松圖麒	1
			總計61

〔註18〕同註15，頁569。
〔註19〕楊玉良，〈武英殿修書處及內府修書各館〉，在《清代宮史探微》（北京：紫禁
　　　　城，民國80年），頁213〜237。

資料來源：本表據前述蔣廷錫奏摺自行編擬

表註：

（1）由於「集成館」組織之傳世檔案欠缺，此處謹利用有限資料勾稽「集成館」
組織之大致輪廓。有關陳夢雷「總裁」之稱，主要有《永憲錄》載其「康
熙戊寅……召回爲纂修館總裁，命誠親王領其事。」及《清詩紀事初編》
所載「四十年爲誠王纂修《彙編》，集中有〈進彙編啓〉云……其賜名《圖
書集成》，並開館纂修，以夢雷爲總裁，則不知何年。」（見：〔清〕蕭奭
撰；朱南銑點校，《永憲錄》（北京：中華書局，民國 48 年），頁 83；鄧之
誠撰，《清詩紀事初編》，《清代傳記叢刊》，第 20 冊（臺北市：明文，民國
74 年），頁 991～992。）

（2）雍正開館時所謂「磨對刷印」應非指於「集成館」中進行實際刷印工作，
而是針對已刷印部份進行校對並做技術性的挖改處理，或針對未刷印部份
校對銅活字擺版之正確與否，當屬校勘工作之一環。

圖 3-1　擬《古今圖書集成》編纂分工圖

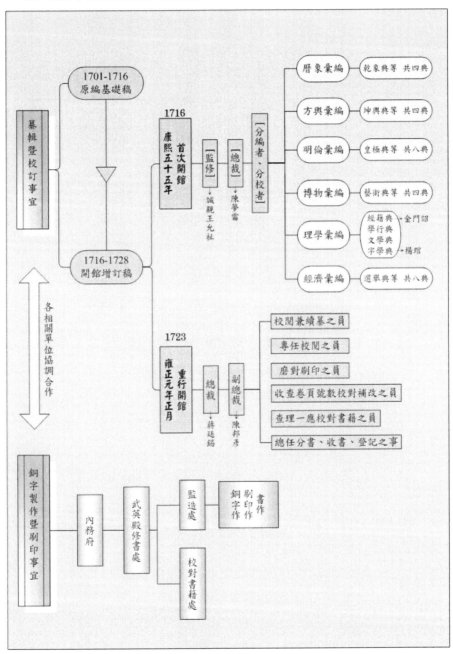

資料來源：據上表 3-2、3-3 自行擬製

第二節　《集成》暨《集成‧經籍典》編者學養

關於編者之生平行事與學術著述方面，本研究主要關注對象即爲《集成》編纂者——陳夢雷及《集成‧經籍典》分纂者——金門詔，欲藉由編者學養探究其纂輯理念，並將之與該書、該典體例編制間之關係做一疏通陳述。

一、《集成》編纂者——陳夢雷

此處著意於陳夢雷學術著作之思想內涵，除詩文集之撰著，夢雷於首次流放東北期間尚有《〔康熙〕盛京通志》等方志史乘之纂輯，取材精審、體例嚴密，與夫《周易淺述》闡易之作，哲思通貫、切近世用，足見其於史學、文學、易學方面之具體治學成就，承此學養脈絡，對夢雷中晚年學術造詣大鳴時期所纂成之《集成》實具相當程度之影響，本節欲就其間關係進行相映探討。謹將陳夢雷生平之著述情形，依史地、詩文、哲理等編著類型簡列如下（見表 3-4）：

表 3-4　陳夢雷編著簡表

類型	題　　名	性質	編著（修成）時期		備　　註
史地	《盛京通志》	編	1684	康熙 23 年	是志爲清代東北首創通志
	《海城縣志》《承德縣志》《蓋平縣志》	編	1685	康熙 24 年	
詩文	《閑止書堂集鈔》	著	1693	康熙 32 年	約收康熙 14 年至 22 年之作
	《松鶴山房詩集》《松鶴山房文集》	著	1713 後	康熙 52 後	序文署時爲康熙 51、52 年，實應刊刻於康熙 52 年後（參見表 3-1，註 3）
哲理	《周易淺述》	著	1694	康熙 33 年	係乾隆時《四庫全書》唯一所收陳夢雷之著作
類書	《古今圖書集成》（原名《彙編》）	編	1701～1722	康熙 40 年～康熙 61 年	

資料來源：本研究編製

在史地著述方面，夢雷於首次流放東北期間，康熙二十三、四年先後完

成《〔康熙〕盛京通志》、《承德縣志》、《海城縣志》、《蓋平縣志》等方志之
編修審訂工作，雖卷首未列其名，今可由《松鶴山房文集》卷九所載〈代高
京兆盛京通志序〉、〈代董京兆盛京通志序〉、〈承德縣志序〉、〈代海城令海城
縣志序〉、〈蓋平縣志序〉及各志小序得知，〔註20〕主修《〔康熙〕盛京通志》
及指導各縣修志者實爲陳夢雷。

　　《〔康熙〕盛京通志》共三十二卷，前有序文、凡例及圖，每卷即獨立爲
一門類，稱爲「志」，分京城、壇廟、山陵、宮殿、苑囿、建置沿革等三十二志；
每卷（志）前各有小序，爲該卷（志）內容提綱挈領之論述。全書條清縷晰，
完整嚴密，係清初東北所修志書中之集大成優秀之作。是志於章法、結構、行
文各有特色，而作爲志書，其最主要突出之處即在能嚴謹審愼、傳信存疑，不
妄加臆斷；又材料新穎翔實，能反映當代現實問題。就編者搜採文獻之明確作
法言，其詳考歷史典籍、配合實地調查、而使此次東北修志成果豐備，如〈代
高京兆盛京通志序〉中云：「三韓以北，故都舊邑，斷碣遺碑，靡不搜剔；而內
地編戶所隸，二三有司，亦咸悉心諮諏耆舊，捃摭異聞」，〔註21〕如是秉以求實
態度而廣泛考察、閱歷，得以大量補充並記載前所闕略之內容。在《〔康熙〕
盛京通志》修成之次年，陳夢雷尙就承德、海城、蓋平三縣志進行最後之定稿
工作。由於清初東北修志之纂輯程序，係以出於眾手、專家審定爲原則，故於
全部書稿呈上後，由夢雷進行通閱審查，更能確保各志書之質量，使之成爲渾
然一體之組織嚴密著作。〔註22〕

　　在詩文著述方面，夢雷所撰《閑止書堂集鈔》，詩文各爲一卷，係其謫戍
東北期間，由其舊僕楊昭鈔錄編輯而成，前有黃鷟來序，約收康熙十四年至
二十二年之作，而於康熙三十二年刻於福州；書中敘及蠟丸案中李光地賣友
事，主要收有夢雷所作〈〔與李光地〕絕交書〉、〈告都城隍文〉等自白之文，
以申其冤屈。〔註23〕此外，夢雷於赦免回京多年後，將其所著詩文彙爲《松
鶴山房詩集》九卷、《松鶴山房文集》二十卷，其二度流放東北以前之詩文大
致皆已收錄書中，而約於康熙五、六十年間《集成》定稿、刷印之前，先行
以銅活字測試刊印。其《松鶴山房詩集》係以「詩歌分體，自成堅響。……

〔註20〕以上各方志序文出處：同註 4，《松鶴山房文集》，頁 82～105。
〔註21〕同註 4，《松鶴山房文集》，頁 82。
〔註22〕楊余練等編著，《清代東北史》（瀋陽市：遼寧教育，民國 80 年），頁 543～545。
〔註23〕徐小蠻，〈陳夢雷與《閑止書堂集鈔》〉，在《清籍瑣議》（北京：海洋，民國
　　　　82 年），頁 42。

〈山海關圖〉、〈西婦行〉、〈行路難〉，豪情鬱勃。〈坐繫西曹〉、〈東行口占〉
等作，悲壯高老。同時楊文言《南蘭紀事詩》、黃鶯來《友鷗堂集》有寄贈詩，
多可參稽」。〔註24〕至於《文集》所收諸文亦約以體裁區分，舉凡策、論、贊、
序、啓、疏、書信、銘誄等（包含可供瞭解《集成》初稿編訂情形之〈進彙
編啓〉、〈乾象志問答〉相關篇章），大抵以體現夢雷一生之行事、學養、思想
多方面向爲要。是知夢雷之學力深厚、工於詩文，從中尚可探其積極務實、
經世致用之鴻志，及與友人間交游酬唱、自抒悲憤之心懷。

　　而在哲理著述方面，主要表現於易學成就上，係夢雷於康熙三十三年撰
成之《周易淺述》八卷、附其友楊道聲圖說。其書係本朱子之義而作，《四庫
全書總目提要》館臣評夢雷是書云：

> 大旨以朱子《本義》爲主，而參以王弼《注》，孔穎達《疏》，蘇軾
> 《傳》，胡廣《大全》，來知德《注》。諸家所未及，及所見與《本義》
> 互異者，則別抒己意以明之。……持論多切於人事，無一切言心言
> 天支離幻冥之習。〔註25〕

近代易學家潘雨廷並以爲《周易淺述》能由主朱而詳加發揮，成一家之言，
實爲宋易思想之代表。潘氏尚就陳夢雷詮述《周易‧繫辭下》義理之文字中，
而推闡《集成》於典部編排間所貫徹之易學構思，其論云：

> 究乎夢雷之得於《易》者，蓋能准此以道貫古今。故其編《古今圖
> 書集成》，分彙編凡六。一、〈曆象彙編〉，即仰則觀象於天。二、〈方
> 輿彙編〉，即俯則觀法於地。三、〈明倫彙編〉，即近取諸身。由修身
> 爲本而推及家庭國家之社會組織，所謂親親而仁民。四、〈博物彙
> 編〉，即遠取諸物。由人之藝術神異推及鳥獸之文與地之宜，所謂仁
> 民而愛物。五、〈理學彙編〉，即以通神明之德。六、〈經濟彙編〉，
> 即以類萬物之情。於神明之德，不外乎健順動止陷入麗說八者。此
> 理學之德，夢雷本已深味乎心。於萬物之情，則不止天地雷風山澤
> 水火八者。用「不止」二字以發展朱子之說，乃夢雷早有法自然以
> 成其治平之志。〔註26〕

〔註24〕袁行雲，《清人詩集敘錄》，卷十九（北京：文化藝術，民國 83 年），頁 496
　　　　～497。
〔註25〕〔清〕紀昀、陸錫熊、孫士毅等原著；四庫全書研究所整理，《欽定四庫全書
　　　　總目（整理本）》（北京：中華書局，民國 86 年），頁 59。
〔註26〕潘雨廷，〈論陳夢雷、楊道聲的易學〉，在《周易淺述》（北京：九州，民國 93

故若就編者意識角度著眼，《集成》整體編制所透顯之內在理路，係由觀天、法地、重人、推物、通德、濟世之哲思蘊理相繫而成，或可謂爲夢雷承朱子修、齊、治、平學說而於《集成》中獲得運用融通。《周易淺述》係於夢雷謫戍時期所作，從中亦可想見夢雷「靜探」以待「用世」之情。

　　由夢雷實際著述內容觀之，其早年與中年於史學、文學、易學各方面之篤學養成，乃其學識之「體」；而晚年傾力於《集成》纂輯工作，則當其博見之「用」。首先，夢雷於東北時期已有通志與縣志之纂修經驗，如《松鶴山房文集》卷九於《盛京通志》各小序後，黃叔威評之曰：「歷覽諸小序，不特體裁瑰麗，氣骨堅凝，備史家之長；而經綸時務，卓識宏言，尤擅康濟之具」，〔註27〕由該一志書體裁及小序撰作，顯示夢雷係特具史家之長，其對各方志材料精審信實之考究與體例架構之嫻熟，信能爲《集成‧職方典》之立目分門、翦裁組織提供較良善之參酌依據。另有關夢雷史學意識中，其對於史體之價值分判，係以正史「紀傳體」與朱子「綱目體」爲首要者，如《松鶴山房文集》卷四之策論〈經史〉有云：「至於史則資於遷、固，以取其材；正之紫陽《綱目》，以立其識」，〔註28〕故《集成》部份緯目體式係採自紀傳體、綱目體（參見第四章第二節），取法蓋自有所本，如是於類書編纂中融入史籍體例，係歷朝類書發展史上所未見之舉。其次，夢雷平生一介文士，無論謫居、抑或得志，要皆能發而爲文，以抒胸臆，如《松鶴山房文集》錄有數篇他序之文，其中能吉圖序云：「……侍皇三子殿下，輔導先後，以文章爲職業。先生學博而精，事簡而當，善體人情，曲盡物理，覃詳研思，撰集《彙編》三千餘卷，剖裂三才，囊括萬有，自漢唐以來未曾有」，〔註29〕是故夢雷以文章爲職業，爾後更長期投入於古今文獻、知識資源之薈萃裒輯，誠亦體現其學養厚積之功。再者，夢雷《周易淺述》思想與《集成》間之聯繫、影響，已簡要說明於前，近代學者楊家駱即云：「從來類書立類之詳，且有思想體系使其條理并然者，『集成』不惟空前，就成書二百數十年來而言，亦堪謂『絕後』，以其纂於哲人……」，〔註30〕蓋以《集成》纂於

年），頁6。此外，有關陳夢雷易學思想之深刻內涵探討，尚可參考：汪學群，〈陳夢雷的易學〉，在《清初易學》，第五章第二節（北京：商務印書館，民國93年），頁521～557。

〔註27〕　同註4，《松鶴山房文集》，頁92。

〔註28〕　同註4，《松鶴山房文集》，頁43。

〔註29〕　同註4，《松鶴山房詩集》（卷首併錄〈松鶴山房文集序〉），頁533。

〔註30〕　同註17，序例18。

哲人，故所呈現體系秩然有條，靡不賅具而隸類有方。綜言之，夢雷以具備史家、文士、哲人之特長爲主，而見稱於清初或後世，其於文事、學術上之多方造詣，對於《集成》體系之建構與發明，誠具有關鍵性之影響。

二、《集成·經籍典》分纂者──金門詔

在《集成·經籍典》分纂者──金門詔之生平學養部份，其史學與目錄學專才係本研究主要關注面向。關於金門詔（1673～1752）之生平，於清人傳略史料中庶幾未見，近人王重民〈金門詔別傳〉遂據其所撰《金東山文集》爲之補敍學術行蹟，〔註31〕而部份書目提要與清人詩文集敍錄關於門詔著作之呈述，〔註32〕亦可補其傳略之闕。就學術趨向而言，門詔尤精史學，雍正時嘗入史館與修《明史》，後於乾隆元年中進士，授翰林兼明史三禮館纂修；其平生勤於治史，體現在目錄編撰方面，亦有一己見地。

金門詔，字軼東，號東山，江蘇江都縣人，著有《金東山文集》十二卷、《全韻詩》二卷，另《華鄂集》已佚。門詔少好學，早年遍觀《廿一史》，紀傳而外，尤嗜經籍諸志；凡簿錄之書，無不潛心探究，而得其源流異同之辨。今《金東山文集》中所載金門詔目錄之作，係卷一之〈明史經籍志·敍錄〉，及卷三之《補三史藝文志》；此外，其所編著《古今經籍志》，今已不傳。

首先，有關《補三史藝文志》之撰，係與清以來史志書目補輯工作之發展具密切關聯。清代以前之正史，僅漢、隋、唐、宋四朝有經籍藝文志，然此數志並未通括歷代，自身又多闕漏，成爲後人補輯之前提。而至清朝，補志工作始全面展開，究其原委，實發軔於黃虞稷《明史藝文志稿》（別題《千頃堂書目》）之編修，其所收係以明人著作爲主，並以斷代形式補附宋末（咸淳後）、遼、金、元人著作於四部各類之後，以達到補宋、遼、金、元四史藝文志闕略之目的，此舉進而導源出清代補志之風氣。〔註33〕而金門詔《補三史藝文志》蓋編成於

〔註31〕 以下關於金門詔之目錄學著作及相關學術行蹟，主要即依王重民之文爲據：王重民，〈金門詔別傳〉，在《冷廬文藪》（上海：上海古籍，民國81年），頁216～218。

〔註32〕 以下並酌加參考數篇金門詔著作提要：中國科學院圖書館整理，《續修四庫全書總目提要（稿本）》（江蘇：齊魯書社，民國85年），頁27-351～27-352；來新夏主編，《清代目錄提要》（濟南：齊魯書社，民國86年），頁52～53；袁行雲，《清人詩集敍錄》，卷十九（北京：文化藝術，民國83年），頁667；柯愈春，《清人詩文集總目提要》，卷十七（北京：北京古籍，民國90年），頁444。

〔註33〕 曹書杰，〈清代補史藝文志述評〉，《史學史研究》，2期（民國85年），頁60

康熙年間，係金氏有感明‧焦竑《國史經籍志》於遼、金、元三朝著錄缺略甚多，遂取三史所載，而旁搜博採，合為一志，為清代大規模補志工作中較早之實踐成果之一。金門詔《補三史藝文志》自序即云：

> 近者焦太史竑竊取鄭樵《通志》之例，仍依《隋書》，名以「經籍」，上下數千年，繁蕪充棟，類聚群分，燦然明備，厥功偉矣。獨惜其於遼、金、元三朝之書缺略為多，統覽今古，於茲未備，不無遺憾焉。……乃取三史所載，並旁搜博採，合為一志，以當拾遺補闕之一助云。〔註34〕

是知門詔此目之編製，或就明‧焦竑《國史經籍志》補其未備，而焦竑該目又係取宋‧鄭樵《通志‧藝文略》之例，從中蓋可推究其間之相承關聯。〔註35〕近人曹書杰將金氏《補三史藝文志》歸為「補史藝文志的形成時期」之中「黃（按：虞稷）補範圍內的別輯工作」，其論云：

> ……將《補三史藝文志》與《千頃堂書目》、盧氏（按：盧文弨）《補遼金元史藝文志》相較，確有許多不同，似乎非移錄、增訂黃補而成，屬另一補志系統，但也受黃補較深影響，其補志的範圍未超出黃補的斷限，屬這一時期的別調。〔註36〕

故《補三史藝文志》雖不脫黃虞稷《千頃堂書目》之斷限範圍，然其書目系統或較近於焦竑《國史經籍志》，是謂為此一時期補志之「別調」。

約此同時，除前述之史志補輯成果，門詔於康熙時期亦已開始進行正史藝文經籍志之通貫合輯，其係取《漢書‧藝文志》、《隋書‧經籍志》、唐宋兩《藝文志》，附之前述金氏自撰《補〔遼金元〕三史藝文志》、焦竑《國史經籍志》，凡六志合為一編，仿鄭樵《通志》，分部就班，各繫小序，名曰《古今經籍志》。然或以該志篇帙過大，而未能付梓傳世。〔註37〕

～61。黃虞稷《明史藝文志稿》，不同於其後王鴻緒編訂之《明史稿‧藝文志》，《明史稿‧藝文志》（及《明史‧藝文志》）只收明一代之著述，將《明史藝文志稿》中宋、遼、金、元四代藝文志刪除，而引起多位學者不滿，亦是清代補志之風緣起之由。

〔註34〕〔清〕金門詔，《補三史藝文志》，在《叢書集成初編》，第13冊（北京：中華書局，民國74年）。

〔註35〕有關宋‧鄭樵《通志‧藝文略》、明‧焦竑《國史經籍志》，與清‧金門詔《補三史藝文志》、《集成‧經籍典》間之淵源關聯，詳見第六章註10所述。

〔註36〕同註33，頁63。

〔註37〕王餘光，〈清以來史志書目補輯研究〉，《圖書館學研究》，3期（民國91年），

　　再者，康熙時金門詔與修《集成》，以經籍、史志素所熟諳，獨任《集成‧經籍典》，書成凡五百卷。該典於〈經籍總部‧彙考二十一〉所收錄「遼金元三史補藝文志」，未署撰者姓名，實為門詔所自撰《補三史藝文志》。〔註38〕另則〈經籍總部〉「彙考──錄歷朝書目之體」（即彙考七至三十二）收錄者，即《古今經籍志》所採《漢志》等六部書目，唯《集成‧經籍典》係類書，於該六志均以原書照錄，未有如《古今經籍志》分部就班、自撰小序之編制。

　　爾後雍正時期門詔居明史館，就焦竑《國史經籍志》增其未備，復加參考，更訂敘錄，撰成《明史經籍志》。如《續修四庫全書總目提要》於金門詔著《金東山文集》一書之解題云：

> 《明史經籍志》係居明史館作。昔焦竑有《明史（按：國史）經籍志》，仿鄭樵《通志》之法，群分類別，秩然有條。門詔既任《明史經籍志》，因準焦竑舊例，增所未備，復加參考，更訂敘錄。時議者方以簡為貴，止存明朝一代著作，其內府所藏前代之書，槩從芟除，故未載入《明史》。門詔不忍就湮，遂為重輯，……僅存敘錄，載之卷首，尊官書也。〔註39〕

是時官修《明史‧藝文志》所採係僅紀有明一代著作之法，而門詔《明史經籍志》則秉以紀一代藏書之制，被擯而未用，今僅存〈敘錄〉一卷，收入《金東山文集》，載於卷首。

　　由是觀金門詔目錄著作之整體表現，包含《補三史藝文志》、《古今經籍志》、《集成‧經籍典》與《明史經籍志》等，諸目對於歷代經籍、藝文材料之補闕與會通，可藉以探究其辨章史志源流、考鏡典籍發展之學術關懷取向，而門詔對於古今經史典制之嫻熟程度與文獻目錄之掌握力度，〔註40〕蓋為《集

頁2。

〔註38〕部份學者以為金門詔《補三史藝文志》係乾隆時輯成（如註33，曹書杰之文），然就《集成》中收錄金氏此目而言，由於《集成》係定稿於康熙年間，其後雍正時基本已改動不大，可知《補三史藝文志》應於康熙時期便已輯成，方得收錄於《集成》中，而非乾隆時所作。

〔註39〕同註32，《續修四庫全書總目提要》，頁27-351～27-352。

〔註40〕辛平，〈補正史藝文志揭示文獻的方法〉，《圖書與情報》，4期（民國93年），頁27。一般書目之著錄依據大多來源於圖書本身，而補正史藝文志之著錄依據則主要來源於圖書本身以外之資料，如歷代官修、私家書目、史傳、文集、類書、地方志等，補撰者往往亦是從這些資料入手以認識並熟悉文獻，進而對文獻之內容和形式特徵加以揭示。即此而言，金門詔在進行補志工作之際，就各類材料廣泛覽觀，於諸家書目取法其編制，故對於典籍文獻之掌握、運

成‧經籍典》之編纂提供質量均佳之條件保證要素。本文即就編者學術意識
進行考探，藉此做爲瞭解《集成》暨《集成‧經籍典》體例編制內涵之研究
奚徑。

用亦將較爲周延，是有助於《集成‧經籍典》之編纂。

第四章　《集成》暨《集成・經籍典》通部形制與體式源流探討

第一節　《集成》通部形制

　　本節聚焦於《集成》通部形制框架之建構，由《集成》凡例規範鳥瞰全書之層次佈局，探究其典部編排之內在理路與關聯變通，復由《集成》縱橫錯綜之組織形式，揭示全書於「三經二緯」體式雛型下彈性設置經目緯目之法，尋繹各典部及緯目下資料收錄羅列之序，以闡揚《集成》既嚴密而富靈活性之類例結構特徵。

一、凡例規範

　　凡例之設置，可使全書內容、體例達整齊劃一之目的，係圖書編撰規範化之重要措施，若就類書而言，自唐《藝文類聚》、《初學記》及宋《冊府元龜》等已有凡例之撰；[註1] 而至清初《集成》凡例於全書彙編、典及緯目之命名編次，係就總體原則進行爬梳、擬訂，其詳贍精煉程度為類書發展史上所僅見。此處即由《集成》卷首〈凡例〉所明列四十七則纂輯規範，管窺全書六大彙編、三十二典之編排倫序思維，及十項緯目所呈現之形式作用、主次原則，又各典下相關文獻之揀擇收錄、各典間多面材料之關聯變通，悉可由〈凡例〉文字進行一番探賾索隱。如依各則凡例之涵蓋範圍分，大抵可區為四層次：第一層僅一則，以述六彙編為主；第二層共六則，以述三十二典

〔註1〕 曹之，《中國古籍編撰史》（武漢：武漢大學，民國 88 年），頁 551～557。

爲主；第三層共十則，以述十緯目爲主；第四層共三十則，述各典下內容、權變原則爲主。〔註2〕其層級、規範詳如下表所示（見表4-1）：

表4-1 《古今圖書集成》凡例層級規範表

層　次	則　次	凡　例　規　範　內　容
第一層	（1）	說明全書六大彙編之名稱、倫次及編排之理。
第二層	（2-7）	說明各彙編總括三十二典之名稱、倫次及編排之理。
第三層	（8-17）	說明各部下所設十項緯目之內容特點、取材標準。
第四層	（18-47）	說明各典中部份緯目之權變原則（詳本表下 18-47 則所述），部份典中設部或分合之由，及各典間之參照關聯。
第四層	18 乾象	【彙考】載天地日月星辰形體躔度之屬，無事編年。 【圖】國家新法曆書，凡海西人所考究造圖制器，多據之。 【外編】二氏所言過於怪異者，皆入外編。
第四層	19 歲功	【彙考】一歲中月令時政，歷代所行者，可入編年；其他五方風俗節令，但按經史子集分其先後。
第四層	20 曆法	【彙考】歷代治曆沿革，悉從編年。 【紀事】曆中事無關沿革者，則入紀事。 【雜錄】泛言曆法，非見於施行者，則入雜錄。
第四層	21 庶徵	【彙考】災異之事皆按年代立綱於前，其災傷大小及補救之實，皆詳於後。
第四層	22 坤輿	【彙考、藝文、紀事】土石沙水等，於彙考中分之，藝文、紀事以下則合之。
第四層	23 職方	【彙考】就各地沿革、山川、關隘驛傳、戶口財賦、風俗節序等，皆分各考，詳列於前。 【紀事】凡史傳所載，有關於地方利害者，入於紀事。 【雜錄】山川古蹟古今互異，或傳訛附會，地方大事之是非得失，或各有辨正，皆歸於雜錄。
第四層	24 山川	【圖】山則有圖，以志其形，並考其跨連地界，與他郡邑名同而實殊者。
第四層	25 邊裔	【彙考】諸國朝貢侵叛之詳，皆按代編年。 【紀事】史傳子集所載列國之事，無年月可紀者，入紀事。 【雜錄】泛論此國風俗土產，無關事實者，則入雜錄。 【外編】稗官所載外國之名，不見於正史，統歸於外編。

〔註2〕 裴芹，〈規模宏大　分類細密　縱橫交錯　次序井然——談《古今圖書集成》的結構體例〉，在《古今圖書集成研究》（北京市：北京圖書館，民國90年），頁46。

	26 皇極	【彙考】所紀帝王之事，凡正史本紀中一二語寥寥，今則必合諸史傳，詳採附見於後，則正始之大事著矣。
	27 宮闈	【彙考】宮闈制度皆按代編年，歷代之奢儉得失曉然矣。
	28 官常	【彙考】以我朝所設之官為主，而上溯秦漢以來，官名異而職掌同者則合之，官名同而職掌異者則分之，皆按代編年，而詳其因革異同之制。 【紀事】若歷此官而有事可紀，不以此官終者，但錄其一節之事於此官之紀事。 【雜錄】泛論此一官而無關事實者，則入於此官之雜錄。
〔第四層〕	29 家範	父子則象賢與敗類者並書，兄弟則既翕與不咸者俱列，夫婦則唱隨與反目者同載，作範垂規皆備矣。
	30 交誼	自師友以及里黨，其中或親或疏，從厚從薄，亦皆合記。
	31 氏族	【彙考】先考其得姓之由為彙考。 【列傳】次列某姓人物，約其本末及爵諡名號大節為列傳。
	32 人事	其目雖繁，大都不外身體、年齡、命運、感應之類。
	33 閨媛	與史冊列女傳稍異者，區其流品，貞淫不雜，庶為勸戒云。
	34 藝術	【彙考】所紀多民用所資，故每部彙考皆先詳其法。 【列傳】次列其人，此中不乏賢者，然藝成而下，故列傳但曰名流。 【紀事】名公鉅卿，賢士君子，雖兼此技，而他典已有列傳，則此可不入，入其事於紀事。
	35 神異	列諸祀典、鬼神兼二氏，衛道之儒、方外之士，各隨所取。
	36 禽蟲草木	【彙考、藝文、紀事】有同一物而稱謂各別、性味各殊者，雖於紀事、藝文合之，而於彙考仍分之。
	37 經籍	【彙考】凡事關帝王尊經者，至諸經傳注授受源流，皆仿編年之體，立綱於前，凡以尊經也。
	38 學行	【總論】先列經傳中道德性命之總論於前。 【列傳】名賢之列傳繼之，其或位不稱德，或功業不傳，而行誼表著者，皆列之名賢。 【紀事】居官卓然可紀者，已列於官常之名臣，但舉其一二事之可傳者，入於紀事。
	39 文學	【列傳】列傳總之為文學名家，不遽許之為聖賢。
	40 字學	【彙考】字體源流，既按代編年於前。 【總論】點畫音韻，皆合各家之議論於後。 【列傳】書法擅長者，則列之名家，與文學同。
	41 選舉銓衡	一事分為二典，選舉載取士之科，銓衡則官人之法。

42 食貨	所載皆有國家理財之事，而飲食貨幣之瑣屑皆附焉。
43 禮儀	以冠昏喪祭、朝會燕饗爲先後之次。
44 樂律	【彙考】按代編年，附以樂章，則一代樂之升降大概可知。
45 戎政	【彙考】歷代兵戰，有一事而南北所載各殊者，有一朝之史而各傳所紀互異者，今皆按代編年，合而觀之。 【總論】論兵之書多剿襲無當，擇古人之精者，入於總論。
46 祥刑	【彙考】律令皆按代編年，而輕重寬嚴之得失，一覽可知。
47 考工	【圖】農器、飲器、食器、臥器及什器，皆繪圖詳其制。

　　故〈凡例〉係於前三層次進行全書主軸框架之敘釋，包含《集成》一、二級經目及一級緯目設置之道，至於第四層關於各典編排之細部綱領中，該三十項大致說明編者依各典性質之不同而於部份緯目作出調整、權變，以及各典間如遇特殊問題之處理、變通情形。有關《集成》於收載、析分材料時所考慮之互攝關聯與適變辦法，由〈凡例〉可窺知主要係包含兩方面：其一爲《集成》典部與典部間之系統參照關係。如〈職方典〉與〈山川典〉間，「山川已載〈職方典〉中，然職方以各府分部，一二名山大川，連跨數十郡邑，非通志一二語可了，故別立一典」（〈凡例〉第 24 則），蓋〈職方典〉以人爲之行政區域彙集某地相關沿革史料，山川已爲其中專考，唯局限某府某邑，難以反映自然地理形勢全貌，故另立〈山川典〉以針對某山某川彙集有關資料。或如〈人事典〉與〈學行典〉間，「〈人事典〉其目雖繁，大都不外身體、年齡、命運、感應之類，至於人品學問，則皆入於學行，此不重載」（〈凡例〉第 32 則），則係人身命運與學問品行之區分。又如〈藝術典‧農部〉與〈食貨典‧農桑部〉間，「諸部以農爲首，然勸相之權在上，故凡關政治者入〈食貨‧農桑部〉中，此但農人細事已耳」（〈凡例〉第 34 則），係以農人細事入〈藝術典〉，農政大事則入〈食貨典〉。另如〈經籍典〉與〈文學典〉，〈選舉典〉與〈銓衡典〉，〈考工典〉與山川、樂律、字學、戎政各典間，亦有文獻內涵相涉而可互爲參照之情形，蓋以立典角度不同，典部間之資料輯錄焦點則各異。

　　其二則爲《集成》某典部與其他圖書體裁間之體例整飭關係。如〈職方典〉與方志間：「今獨立職方一典，亦一統志之規也。然一統志中，於沿革只記其代，山川只列其名，……今則於通志、府州縣志所已有者，皆分爲各考，詳列於前」（〈凡例〉第 23 則）。又如〈藝術典‧醫部〉與醫書間：「彙考中，統載內經及臟腑脈絡圖說於前，次則諸病分門，……醫書錯雜不倫，此則爲

之詳酌區分」（〈凡例〉第 34 則）。再如〈樂律典〉與律呂之書間：「律呂前人多有成書，而體例不一，卷帙煩而多相襲，故難全載，今擇一二可傳者，採其議論，去其重複，以便覽觀」（〈凡例〉第 44 則）。是鑑於群籍體例紛雜，故思重構、彙整，勒爲一編。

二、經緯層級

由類書之分目層次著眼，「經目」、「緯目」是爲類書體式結構中之基本組成項目。所謂「一級經目」，乃指最初始之分類觀念，即範圍最大、種類最少之分類層級；再往下分，即產生「二級經目」，此級類目通常是類書分類之主要觀念和基礎；再細分，則產生「三級經目」，此級類目是爲「子目」，係類書引領正文最主要之部分。所謂「緯目」，乃指每個子目下均固定臚列之項目，依文獻內容、形式體裁不同而區分正文資料，又可稱「細目」；若於「一級緯目」仍不足區別者，即再往下細分爲「二級緯目」。〔註3〕由是，「類分型」類書以縱向分類爲主幹，在縱向基礎部類下再橫向分設細目，其所收錄資料即安置於經線、緯線交織之各結點中，從而構成嚴密靈活之檢索系統，此於《集成》表現尤爲極致。〔註4〕

《集成》經目層級基本分爲「彙編——典——部」三級，全書統括六彙編、三十二典、六一一七部（見表 4-2）。此外，《集成》於三十二典中尚設有各典之「典總部」，如〈職方典〉設有〈職方總部〉，又〈考工典〉設有〈考工總部〉之類；而某些典之下屬部較多，部份屬部間又具有主題相近關係，故設「分析總部」以統率其下各相涉之部類，如〈職方典〉設有〈京畿總部〉、〈盛京總部〉、〈山東總部〉等十六部，又〈考工典〉設有〈宮室總部〉、〈器用總部〉二部（見圖 4-1、4-2）。〔註5〕《集成》中「總部」爲數六十三，其

〔註3〕 陳信利，「《藝文類聚》研究」（碩士論文，輔仁大學圖書資訊學系碩士班，民國 91 年 6 月），頁 13～15。

〔註4〕 林仲湘，〈訓詁與古籍索引——兼談《古今圖書集成》索引的編寫〉，《廣西大學學報（哲社）》，2 期（民國 77 年），頁 72。《集成》之「經緯交織」分類特點爲 1985 年廣西大學林仲湘等爲該書編製索引時之一大發現，其在把握《集成》「經緯交織」之特點基礎上制定該索引的總體編寫方案，乃分就縱向部名與橫向細目編製經線索引與緯線索引。而類書結構形式有所謂「經目」、「緯目」等專有名詞應是緣此而命其名。

〔註5〕 有關「典總部」、「分析總部」之設置情形，主要係參考裴芹之文：同註 2，頁 50～51。

下亦設有緯目以輯錄資料，各「總部」係平行或隸屬於典，對其他部類亦有領屬關係，故實際可起子目之作用，因此可將「總部」視為「部」之上一級類目，其經目層次則可循此擴大為四級。〔註6〕而此處僅就《集成》三級經目（或可視為四級）之基本層級簡列如下：

表4-2　《古今圖書集成》經目層級簡列表

一級經目	二級經目	（實屬二級）	三（四）級經目		總　　計	
彙　　編	典	部			部數	和
		典總部	分析總部	部		
曆象彙編	乾象典	天地總部	（無）	天部等20部	21	121
	歲功典	歲功總部	（無）	春部等42部	43	
	曆法典	曆法總部	（無）	儀象部等5部	6	
	庶徵典	庶徵總部	（無）	天變部等50部	51	
方輿彙編	坤輿典	坤輿總部	（無）	土部等20部	21	1187
	職方典	職方總部	京畿總部、盛京總部等16部	順天府部等206部	223	
	山川典	山川總部	山總部、五嶽總部等4部	長白山部等396部	401	
	邊裔典	邊裔總部	東方諸國總部等4部	朝鮮部等537部	542	
明倫彙編	皇極典	皇極總部	（無）	君父部等30部	31	2992
	宮闈典	宮闈總部	（無）	太皇太后部等14部	15	
	官常典	官常總部	（無）	宗藩部等64部	65	
	家範典	家範總部	（無）	祖孫部等30部	31	
	交誼典	交誼總部	（無）	師友部等39部	40	
	氏族典	氏族總部	（無）	東姓部等2695部	2696	
	人事典	人事總部	（無）	身體部等96部	97	
	閨媛典	閨媛總部	（無）	閨淑部等16部	17	
博物彙編	藝術典	藝術總部	（無）	農部等42部	43	1130
	神異典	神異總部	（無）	皇天上帝部等69部	70	
	禽蟲典	禽蟲總部	羽禽總部	鳳凰部等315部	317	
	草木典	草木總部	（無）	草部等699部	700	

〔註6〕　滕黎君，「論《古今圖書集成》及其索引的應用價值」（碩士論文，廣西大學漢語言文字學專業，民國92年5月），頁23。

理學彙編	經籍典	經籍總部	（無）	河圖洛書部等 65 部	66	236
	學行典	學行總部	（無）	理氣部等 96 部	97	
	文學典	文學總部	（無）	詔命部等 48 部	49	
	字學典	字學總部	（無）	音義部等 23 部	24	
經濟彙編	選舉典	選舉總部	（無）	學校部等 28 部	29	451
	銓衡典	銓衡總部	（無）	官制部等 11 部	12	
	食貨典	食貨總部	幣帛總部、寶貨總部	戶口部等 80 部	83	
	禮儀典	禮樂總部	禮儀總部	祀典總部	冠禮部等 67 部	70
	樂律典		樂律總部	（無）	律呂部等 45 部	46
	戎政典	戎政總部	（無）	兵制部等 29 部	30	
	祥刑典	祥刑總部	（無）	律令部等 25 部	26	
	考工典	考工總部	宮室總部、器用總部	工巧部等 152 部	155	
總　計	計 32 典	含典總部 33 部，分析總部 30 部		6054 部	計 6117 部	

資料來源：據鼎文版《集成》之簡目彙編自行編製（見鼎文版首冊）

圖 4-1　《古今圖書集成》部目層級圖解（一）：以〈職方典〉為例

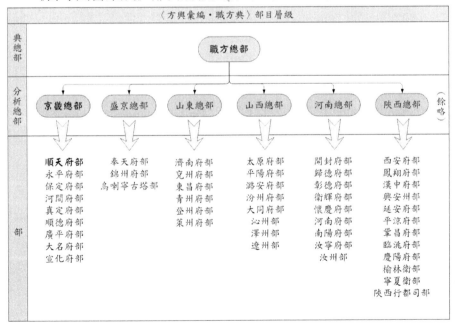

圖 4-2　《古今圖書集成》部目層級圖解（二）：以〈考工典〉為例

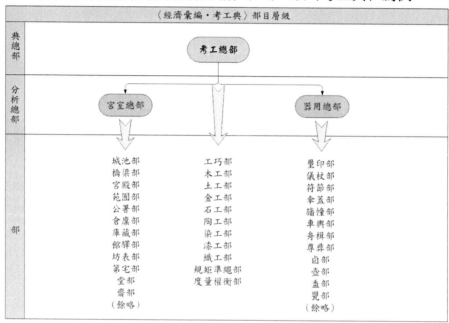

資料來源：此二圖係參酌鼎文版《集成》之簡目彙編自行繪製（見鼎文版首冊）

　　至若《集成》於「一級緯目」基本設有「彙考」至「外編」十項（見表
4-3），該十項緯目原則上於各部皆可具備，然以各部實際內容需求不同，尚可
彈性增減，有則列入、無者闕之。而緯目之設置運用，主要功能在於輔助類
書分類體系結構之不足，使其體系結構既簡煉，又可達到詳細分類之目的，
因此各項目不能脫離體系結構而單獨使用，就編製方法著眼，蓋可以「複分
項」、「複分法」稱之。〔註7〕茲將十項緯目之收錄內容範圍簡釋如下：

表 4-3　《古今圖書集成》緯目內容簡釋表

緯目名稱	資　料　收　錄　範　圍　、　擇　取　標　準
1. 彙考	大事有年月可紀者，仿《資治通鑑綱目》編年之體，立書法於前，詳錄諸書於後，茲為全書中最為宏鉅者；若大事無年月可稽，則以經史列前，子集參互於後，要以考其因革損益之源流。
2. 總論	主要取聖賢經傳中「純正可行」之議論，而子集中論得其當者次之；惟史傳、章奏名篇中涉及因革得失事由者收入彙考，此不複載。

〔註7〕　徐瑛、任寶禎，〈《古今圖書集成》的分類體系〉，《四川圖書館學報》，3 期（民
　　　　國 74 年 8 月），頁 50。

3. 圖	藉圖以顯義，諸如疆域山川、禽獸草木、器物形體等均存，以備覽觀。
4. 表	舉凡星躔、宮度、紀元等非表不能詳者，皆立為表。
5. 列傳	輯錄古書中人物傳記資料，依其身份、職業或事迹錄入相關部類。
6. 藝文	著重詩文詞賦之文藻可采者；大抵隋唐以前從詳，宋以後從略。
7. 選句	選錄儷詞偶句、佳言片語，近體古風均錄之。
8. 紀事	大事入於彙考，凡瑣細可傳者則入紀事；皆按時代列正史於前，而一代之稗史、子集附之。
9. 雜錄	聖經之言多入總論，亦有非正論此一事而旁引曲喻、偶爾相及者，則入於雜錄；或有考究未真、難入於彙考，議論偏駁、難入於總論，文藻未工、難收於藝文者，統入於雜錄。
10. 外編	收錄諸子百家及佛道書中所紀有荒唐難信、臆造之說；錄之則無稽，棄之又疑於掛漏，故入外編。

資料來源：據《集成》卷首〈凡例〉編製

其次，《集成》於絕大多數部類下僅設有「一級緯目」，而在少數典部因有詳分之特殊需求，方增立「二級緯目」以涵納眾材料。此情形係以一級緯目「彙考」下復立項目為主要例證，如〈職方典〉於各部彙考下設立專考，〈藝術典・醫部〉於彙考下詳分各疾門目，〈藝術典・術數部〉於彙考下亦加以細分，茲其例也；〔註8〕此外，於一級緯目「藝文」下乃據文類體裁而略分為文、詩、詞等項目，屬《集成》二級緯目之典型實例。故《集成》於各緯目及其下層級均可彈性設置，有例可循而又靈活通變是其分目特性。

綜觀上述，類書之經目、緯目均可根據概念間之所屬關係進行層級劃分，而《集成》於分目層次形式上大抵即屬「三經二緯」之「多目體類書」，〔註9〕係類書網絡式結構之深化發展，使文獻容納涵量益為擴增，而歸屬益為清晰。茲擇取〈職方典・順天府部〉、〈藝術典・醫部〉為例，就其經緯交織結構圖解如下（左為《集成》整體基礎結構，右舉〈順天府部〉、〈醫部〉為實例示之，見圖4-3、4-4）：

〔註8〕 楊家駱，〈鼎文版古今圖書集成序例〉，在鼎文版《古今圖書集成》，第1冊（臺北市：鼎文，民國66年），序例34～35。

〔註9〕 馮浩菲，《中國古籍整理體式研究》（北京：高等教育，民國92年），頁311～314。

圖 4-3　《古今圖書集成》經緯交織結構圖（一）：以〈順天府部〉為例

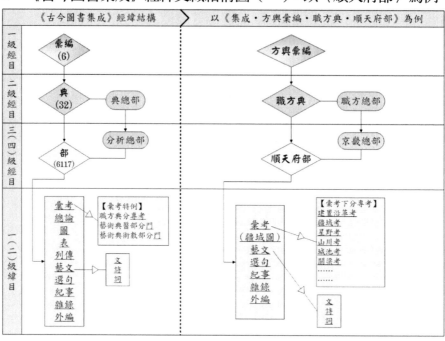

圖 4-4　《古今圖書集成》經緯交織結構圖（二）：以〈醫部〉為例

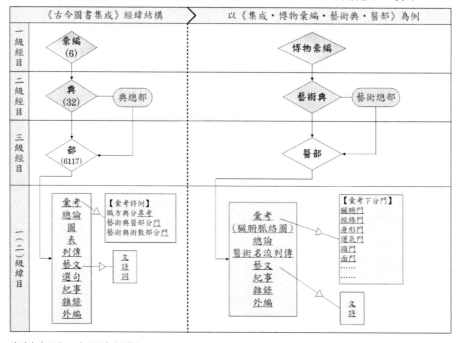

資料來源：本研究繪製

上二圖所舉〈職方典〉、〈藝術典・醫部〉，均於「彙考」下復立二級緯目，係《集成》中經緯分層詳密之典部代表。〔註 10〕首先，如以〈職方典〉中之〈順天府部〉爲例，其係隸屬於「分析總部」——〈京畿總部〉之下（清制度係以各行省下統轄各府），如是則擴增爲四級經目結構；又其一級緯目未設「總論」、「列傳」，而「彙考」下則就各行政區域再分設子項目，包含建置沿革、疆域、星野、山川、城池、關梁、封建、公署、學校等約百種之「專考」。此外，於〈藝術典・醫部〉「彙考」中，其對中醫典籍材料之編列原則係「統載內經及臟腑脈絡圖說於前，次則諸病分門，皆合諸家論此病之治法，次列方藥，末列鍼灸醫案」（〈凡例〉第 34 則），即由基礎理論至分科治療，各門病症下向設辨證、方藥、鍼灸等項。要言之，《集成》可隨典部性質而就經緯網絡靈活增減，具因類制宜之權變特性。

三、整序原則

《集成》於「三經二緯」體式下，交織出容納萬有文獻之網絡節點，建構起層層相攝、條理分明之部類系統，尤在緯目架構中透顯資料徵引間之主次地位、內容評價，更是編者於考量整序原則之關鍵要素。就《集成》各部下之組織內容言，其大抵形塑爲「事、論、文、圖表、傳合一」之文獻匯統體制，再就編者意識認定之或主、或次、或貶，則可推究如下表所示之次序關係（見表 4-4）：

表 4-4 《古今圖書集成》緯目主次整序表

緯目內容＼編者意識	主	次	貶
事	1. 彙考	8. 紀事	9. 雜錄 10. 外編
論	2. 總論	（9.雜錄）	
文	6. 藝文 7. 選句		
圖表	3. 圖 4. 表		
傳	5. 列傳		

資料來源：本研究編製（表中編號爲〈凡例〉所書次序）

表中顯示編者對《集成》收載材料之詮選、評價，凡大事入「彙考」、瑣事入「紀事」，正論入「總論」、非正論入「雜錄」（實則「雜錄」所載，係難

〔註10〕同註 2，頁 53～54。

入於「彙考」、「總論」、「藝文」者），而「外編」兼收釋道所記無稽之言；「圖」、「表」、「列傳」、「藝文」、「選句」則由體裁形式考量，少有主觀意識成份。即如滕黎君係就緯目進行編者主、客觀意識偏向之區分，論云：

> 「彙考」、「總論」、「紀事」、「雜錄」、「外編」……區分的依據爲所引用的文獻資料的重要程度如何及其內容是否「純正」。此五項較之「圖」、「表」、「列傳」、「藝文」、「選句」相對主觀，是編者的再加工。後人閱讀此書，實際上已是被置於編者的視網膜之後，透過編者之「審視」而「審視」「文獻」，於是，「文獻」就不再是「文獻」本身，而是被編者敍述的「文獻」，在此意義上，「文獻」被再次賦予了思想。〔註11〕

是則體現編者於既有文獻之整序重構下，所賦予《集成》另一層主次輕重之分判意義、「純正」與否之教化內涵。又大抵而言，其係以「彙考」等前七項爲文獻匯錄主軸，「紀事」、「雜錄」、「外編」則爲前七項之補充與拾遺，由此可窺知《集成》於立類設目方面用心至勤，「既要盡可能收錄文獻的齊全，又不是一律看待，而是兼顧兩個方面，以使所編之書保有最充分的檢索徵引功能」，〔註12〕是全書類例精善而巨細不遺，無論於收錄內容或設置形式上，均能展現文獻間之相攝、互補特性，誠富靈活、便檢之用。

第二節　《集成》暨《集成‧經籍典》體式源流

由《集成》緯目陳列資料之內容多元性，可知其全書係鎔鑄多方體例而成，故欲探其體式之源則須由緯目呈現形式著手。而經本研究探查，《集成》之緯目多承繼自前朝類書、史書體式，進而糾合爲一整體，至於《集成‧經籍典》之分類輯錄體式，則係前承自輯錄體解題目錄、過渡性之主題目錄爲主。以下即針對《集成》之類書體式及《集成‧經籍典》之書目體式進行淵源剖析，分別詳述如後。

一、《集成》類書體式之源

前已述及，《集成》以「事、論、文、圖表、傳」爲整序原則而匯合各部

〔註11〕同註6，頁6。
〔註12〕同註2，頁55。

文獻內容，其於緯目之間併採事文間出、事論分立之法，係於前朝類書或典制體史籍之體例上有所承紹；此外，緯目「彙考」之紀大事年月部份，乃源自史書體裁之「綱目體」；緯目「表」、「列傳」部份，則源自史書體裁之「紀傳體」；緯目「圖」或受圖像類書之影響，故其全書圖譜呈現甚爲豐富。茲就《集成》體式與前朝諸書之具體承繼關係說明於下：

（一）「事」（彙考、紀事）、「文」（藝文、選句）間出

中國古代類書之編制體例，自魏晉發端至清朝顛峰時期，歷經由簡單至全面、由粗略至完善之轉變發展過程，其中尤以唐・歐陽詢等奉敕撰《藝文類聚》採「事文合一」之法，改善以往類書偏重類事、不重採文之缺失，爲後代類書奠定輯錄資料之常規體制。《藝文類聚》序文即明言其書之體式及作用：

> 《流別》、《文選》，專取其文：《皇覽》、《遍略》，直書其事。文義既殊，尋檢難一。……其有事出於文者，便不破之爲事，故事居其前，文列於後，俾夫覽者易爲功，作者資其用，……。〔註13〕

可知在《藝文類聚》之前，「文」自爲總集（如《流別》、《文選》），「事」自爲類書（如《皇覽》、《遍略》），而造成尋檢不易之弊，歐陽詢於是新創體制，將「『事』與『文』兩條龍併成了一條龍」，即以各子目下所羅致之材料，採「事前、文後」原則，事與文兼，匯爲一書。〔註14〕其基本臚列資料之法，首錄經、史、子類圖書中有關事物之記載，後附詩、賦、頌、贊、書、表、志、箋之相關作品，《四庫全書總目》即稱其「事居於前，文列於後，……於諸類書中，體例最善」，〔註15〕此一變革影響後世至鉅。所影響者如唐・徐堅等奉敕撰《初學記》、宋・李昉等奉敕撰《太平御覽》、謝維新撰《古今合璧事類備要》、祝穆撰《古今事文類聚》、明・俞安期撰《唐類函》、清・張英等奉敕撰《淵鑑類函》等，均仿其體例；即使明代《永樂大典》與清代《集成》，大抵亦採用其「事與文兼」之方法編制。〔註16〕

《集成》雖承繼前朝類書「事與文兼」體式，然於實際編纂上又有所革

〔註13〕〔唐〕歐陽詢等奉敕撰，《藝文類聚》（臺北市：新興，民國58年），序文。

〔註14〕胡道靜，《中國古代的類書》，新1版（北京：中華書局，民國94年），頁107～108。

〔註15〕〔清〕紀昀、陸錫熊、孫士毅等原著；四庫全書研究所整理，《欽定四庫全書總目（整理本）》（北京：中華書局，民國86年），頁1771。

〔註16〕張國朝，〈《藝文類聚》的編輯技術成就及其價值〉，《圖書與情報》，4期（民國74年），頁59。

新，即在其「打破了嚴格按事前文後排比材料的體例，而獨出心裁地創制了以內容主次編次，事文間出的新體例」。〔註17〕此主要係指《集成》於經目下複分十項緯目，依編者意識區分爲主、次兩種類型，包含彙考、總論、圖、表、列傳、藝文、選句等主要項目，及紀事、雜錄、外編等補充項目；此外，其突破以往事前、文後之排比原則，而改採事、文間出方式，大抵以彙考、紀事屬「事」，藝文、選句屬「文」，又或其雜錄、外編各條材料羅列可謂事文相厠。如是，《集成》以主次分列、事文間出之體式設置複分項目，井然有序而富彈性，實更便於檢索利用。

（二）「事」（彙考、紀事）、「論」（總論、雜錄）分立

其次，於《集成》緯目編排中，尚可探得事、論分立之組織原則，此中係以彙考、紀事偏重於「事」，總論、雜錄偏重於「論」。其法頗受元‧馬端臨《文獻通考》編纂取材之影響，該書係以「文、獻」爲內容主次區分之依據，如馬端臨自序中釋「敘事」、「論事」之原則曰：

> 凡敘事，則本之經史，而參之以歷代會要以及百家傳記之書，信而有徵者從之，乖異傳疑者不錄，所謂文也。凡論事，則先取當時臣僚之奏疏，次及近代諸儒之評論，以至名流之燕談、稗官之記錄，凡一話一言可以訂典故之得失、證史傳之是非者，則采而錄之，所謂獻也。〔註18〕

有關《文獻通考》之取材，所謂「文」，係以經史、歷代會要、百家傳記等作爲主體性典籍；所謂「獻」，則取臣僚奏疏、諸儒評論、名流燕談、稗官紀錄等，以證典故、史傳之得失是非。故其書中載錄係以敘事之「文」爲主，並以論事之「獻」相證。至於《集成》基本遵循《文獻通考》敘事、論事之則，而在「事」、「論」相關緯目中亦有主次之區分，「凡屬大事和正論，則分別入『彙考』和『總論』；而凡屬瑣事和非正論，則分別入『紀事』和『雜錄』。」〔註19〕唯《文獻通考》對於「乖異傳疑者不錄」（見馬考自序），《集成》則係以百家及二氏等荒唐難信之說，「錄之則無稽，棄之又疑於掛漏，故另入於外

〔註17〕任寶楨、徐瑛，〈《古今圖書集成》編排體例簡析〉，《高校圖書館工作》，2 期（民國 72 年），頁 76～77。

〔註18〕〔元〕馬端臨，《文獻通考》（北京：中華書局，民國 75 年），自序。

〔註19〕崔文印，〈說《古今圖書集成》及其編者〉，《史學史研究》，2 期（民國 87 年 6 月），頁 63。

編」（見〈凡例〉），此乃二者於實際處理資料方式上略有不同處。

（三）綱目體（彙考──編年之體）

而在局部緯目體式方面，《集成》於一級緯目「彙考」下係根據大事之年月可紀與否而略分爲兩種形式，其中對於年月可紀者乃採編年之體著錄，《集成》卷首〈凡例〉云：

> 彙考之體有二：大事有年月可紀者，用編年之體，仿《綱目》，立書法於前，而以「按」某書、某史詳錄於後。事經年緯，而一事之始末沿革，展卷可知；立書法於前，詳錄諸書於後，則一事之異同疑誤，參伍可得。此典中之最宏鉅者也……。〔註20〕

乃由述及同一事之相關史籍材料中，先依其年月立大事之「綱」，即所謂「事目」（撰史筆法稱之「立書法」）；於各則「事目」後即詳列其相關引文材料，而各條材料均以大字之「按」起首，使各引文間有所區分，又能使敘述同一事之引文集中於同一則「事目」下，故「異同疑誤，參伍可得」。此係《集成》最爲精謹特出之部份，其所展現文獻考論功夫、史學編纂意識，楊家駱先生稱：

> 其各部彙考輒先編年繫事，事目皆夢雷所立，目下明引諸書以著所據，其功力亦不下於以文爲序，惟各部因內涵之不同，特不能皆有之耳。〔註21〕

故此編年繫事部份於《集成》各典部「彙考」中並非均有之，乃視典部性質而設，因類制宜，如《集成・經籍典》僅〈雜著部〉未有此一體式，或以歷代雜著之纂非爲大事，故闕之。

承前，緯目「彙考」之紀大事年月部份，乃採史書「綱目體」之作法。而所謂「綱目體」，爲南宋・朱熹《資治通鑑綱目》所創之史書體裁，係以編年形式記敘歷史大事，「綱」乃根據時間順序標立之史事提綱，猶《春秋》之經，「目」則是對「綱」之分注敘述，猶左氏之傳；此一史體著重於「綱」之撰述，撰者可藉助「綱」之書法而蘊寓其褒貶之意，闡明其作史目的。〔註22〕綱目體史書問世後，爲史籍編纂學之新體裁衍生做出貢獻，使編年體史書新

〔註20〕〔清〕陳夢雷原編；蔣廷錫等重校，《古今圖書集成》，第 1 冊（臺北市：鼎文，民國 66 年），凡例。

〔註21〕同註8，序例 6。

〔註22〕汪高鑫，〈朱熹和史學〉，《史學史研究》，3 期（民國 87 年），頁 44。

增一個分支流派，對後世元、明、清之史學具有一定影響。〔註23〕清初君主對於《資治通鑑》與《資治通鑑綱目》極為重視，而以「綱目體」史書之書法側重筆削臧否、立論著重道德教化，因此備受諸帝推崇；〔註24〕《集成》仿照「綱目體」作法，使各朝大事於「彙考」之編年體中綱舉目張，此乃汲取當時史體編纂風尚，有以致之也。

（四）紀傳體（表、列傳）

紀傳體文獻基本係採本紀、世家、史表、書志、列傳「五體合一」之史體結構編纂，此一重要體制框架之匯合，乃創始於漢‧司馬遷所撰通史——《史記》，其奠定《漢書》以後正史以紀傳體斷代史為準之格局；並影響至部份別史，最著者如宋‧鄭樵《通志》，其秉以「會通」思想考察整體歷史發展，以本紀、世家、列傳、載記、年譜、二十略統為一書（此中二十略為全帙精華）。故《史記》「五體」於後世紀傳體文獻之承續、流衍中，實則於體例上有因有革，以適應於歷朝史學、文化、思維各方面之變遷。〔註25〕

而《集成》採用「表」與「列傳」，以融入緯目體式之設置中，係歷朝類書取法、運用紀傳體結構之首創者。〔註26〕據其書〈凡例〉即言明「史之立表，始自史遷，蓋年月先後，列之表則易稽也」，可知編者係特意參酌《史記》立表之法，唯《集成》中凡政事已入彙考編年者，則相關年月表盡刪之，而以非表不能詳之星躔、宮度、紀元等，方立為表。至於列傳方面，《集成》係於緯目「列傳」與極少數之「彙考」中錄有人物傳記，其收錄人物範圍十分廣泛，或按職位、身份分，如帝紀部彙考、聖人部彙考、將帥部名臣列傳、縣令部名臣列傳、盜賊部雜傳等；或按職業分，如醫部醫術名流列傳、商賈部名流列傳、工巧部名流列傳等；或按事跡分，如忠烈部名臣列傳、孝弟部名賢列傳、閨烈部列傳等。其人物傳之取材種類亦十分豐富，除收有正史本傳外，尚從稗史、筆記、方志中酌情收錄其他傳記資料，尤以《集成》「搜集了各地方志中的零星材料，開闢了各類下層人物和特種人物的專傳，彌補了

〔註23〕陳秉才、高德合著，《中國古代的編年體史書》（北京：人民，民國76年），頁123。

〔註24〕葉高樹，《清朝前期的文化政策》（臺北縣板橋市：稻鄉，民國91年），頁158。

〔註25〕有關紀傳體之建立、因革情形，可詳參：王錦貴，《中國紀傳體文獻研究》（北京：北京大學，民國85年），頁17～60；181～192。

〔註26〕同註17，頁77。

正史和其他著述的不足」，〔註27〕更加提升其學術研究與參考利用之價值。

（五）圖像類書（圖）

明季以前之類書多重視文字而少錄圖譜，如胡道靜先生提出，古代類書自《皇覽》以下即缺乏載圖之傳統，至宋・陳元靚《事林廣記》方正式附有插圖，其云：

> 唐、宋數大類書，都只有文字而沒有插圖。……眞正有插圖的類書其實是陳元靚創造的。《事林廣記》中有譜表，有地圖，但也有很多的形象與動作的插圖，……。自後類書，如明官修之《永樂大典》、章潢輯的《圖書編》、王圻輯的《三才圖會》、清官修的《古今圖書集成》等，都很重視插圖，不能不說是受了《事林廣記》的良好影響。〔註28〕

受宋《事林廣記》之影響，至明初《永樂大典》始於綜合性類書中附列圖譜，而其後則出現專門彙集圖譜之《圖書編》與《三才圖會》。此外，孫永忠先生更進一步辨明，明・王圻《三才圖會》係歷朝第一部以圖像爲主體之類書：

> 明代之前的類書僅宋・陳元靚《事林廣記》中部份門類附有插圖。同時的章潢《圖書編》，雖亦收圖像，但文字說解較多，文圖比例差異極大，在編纂意旨上與《三才圖會》不同。所以《三才圖會》可稱爲中國圖書史上第一部以圖像爲主體的類書。……後世《古今圖書集成》亦收有大量圖譜，或許受《三才圖會》影響，至少曾以《三才圖會》爲參考依據，並引用或化用《三才圖會》的圖譜。〔註29〕

是以，《集成》即承續《事林廣記》及《三才圖會》等廣錄圖譜之類書體式，於茲大量收錄圖版，分編於相關典部之中。全書以方輿、博物、經濟彙編圖版最多，內容涉及天文、地理、軍事、考工、農藝、醫學、卜筮，以及園林建築、草木蟲獸、神怪仙佛等各方面，〔註30〕凡爲非圖不能明者，或諸家所傳互異者，皆併列之，以備參稽。

〔註27〕袁逸，〈《古今圖書集成》中的人物傳〉，《圖書館研究與工作》，1 期（民國 72 年 4 月），頁 55～56。

〔註28〕胡道靜，〈元至順刊本《事林廣記》解題〉，在《中國古代典籍十講》（上海：復旦大學，民國 93 年），頁 166～167。

〔註29〕孫永忠，「類書淵源與體例形成之研究」（博士論文，輔仁大學中國文學研究所，民國 94 年 6 月），頁 232～235。

〔註30〕翁連溪，《清代宮廷版畫》（北京：文物，民國 90 年），頁 12～13。

　　綜上所述，由《集成》事文間出、事論分立之緯目設置中，尚結合編者意識主與次、正與分、輕與重之別，從而構成複分項目之多元性；另圖、表與列傳之運用，係前朝類書所少見之編纂特色，此則更能彰顯《集成》之實用內涵。從中即可明察該書之輯錄文獻材料，係於「事」（彙考、紀事）、「論」（總論、雜錄）、「文」（藝文、選句）、「圖表」、「傳」五者間尋求有機之統合，又全書鎔鑄前朝事文、圖像類書，以及紀傳體、綱目體、典制體史籍之體式優長，創制為質量贍備、經緯細密之嶄新網絡結構。誠如趙含坤《中國類書》於歷朝類書之分期中，以清朝為「類書的逐漸屏棄舊軌」時期，其中又以「變革的標誌，集中體現於《古今圖書集成》一書，……創造了獨有的經緯目交織，……使中國類書的體例和分類方法邁上一個新的台階」，〔註31〕《集成》即是於前朝重要類書、史書體式之基礎上進行創改、縮合，而達致類書發展史上之巔峰高度。

二、《集成‧經籍典》書目體式之源

　　另一方面，《集成‧經籍典》為適應於類書大量排比資料之特性，其臚列各條引文之法，當與目錄體裁中「輯錄體解題」具密切關係，實亦取法自南宋時期編制性質較獨特之數部類書或目錄著作；此外，其區分部類之法，則受宋明以後傾向以主題法編製之過渡性「主題目錄」影響，從中獲致分類編目觀念之啟發。茲將相關說法分述如下：

（一）輯錄體解題目錄

　　在中國目錄學史上，有關輯錄體解題之發展，一說或萌芽於梁‧僧祐所編之佛經目錄《出三藏記集》，其以撰緣記、詮名錄、總經序、述列傳之法編製為目，而以該書目具有匯集序跋（即「總經序」）之體式特徵，往往被視為輯錄體解題之先驅。〔註32〕再一說則認為，「輯錄體解題目錄」係與「類書」依主題彙錄、排比文獻之體式較具承紹淵源，如陳仕華於〈類書與輯錄體解題〉即論其

〔註31〕趙含坤編著，《中國類書》（石家莊：河北人民，民國94年），頁366～367。
〔註32〕此論首為梁啟超提出，嗣後余嘉錫等目錄學者皆沿其說；陳仕華則以為不必強為附會，謂輯錄體解題取法於釋家目錄。詳見：陳仕華，〈類書與輯錄體解題〉，在《海峽兩岸古典文獻學學術研討會論文集》，上海市，民國91年6月22～23日，北京大學中國古文獻研究中心、淡江大學中國文學系、復旦大學中國古代文學研究中心編（上海：上海古籍，民國91年），頁35～38。

間之編輯、應用關聯云：

> 類書之體例，在於輯錄相關文獻，按類排比，附於相關編題中。而
> 其採摘相關文獻，本由隻字片語，轉而爲採摘片段甚或整篇文字。
> 本由書籍内文中取得，進而書籍之序跋題記，皆一併摘取。如此的
> 轉變，豐富了材料，也深化了對編題的文獻揭示。……如將類書之
> 體例，轉而應用在目錄解題上，即形成目錄解題之輯錄之體。〔註33〕

陳仕華並以爲輯錄體解題之源，實不必強附會於釋家目錄，其蓋取法自類書
廣泛摘錄文獻，以解釋、提示某主題之編輯意識；其尙以南宋・王應麟《玉
海・藝文部》作爲類書中具解題作用之代表，是該部雖爲類書，然與輯錄體
解題目錄之間實具有相通之編纂特質。〔註34〕其後至元・馬端臨《文獻通考・
經籍考》，一般共識係以該考爲首部正規之輯錄體解題目錄，如余嘉錫《目錄
學發微》於「目錄書體制」卷之中，論版本序跋一節云：

> 古者目錄家之書，論學術之源流者，自撰敍錄而已，未嘗移錄他人
> 之序跋也。……《文獻通考・經籍考》始全採前人之書，自爲之説
> 者甚少。自《崇文總目》、晁、陳書目外，時從文集及本書抄出序跋，
> 並於雜家筆記摘錄論辨，間有書亡而序存者，亦爲錄入，凡書名下
> 無卷數者，皆是也。……其體制極善，於學者深爲有益。〔註35〕

故《文獻通考・經籍考》對所著錄各書之解題，雖以迻錄成説爲主，然其將
輯錄範圍擴大至書目、序跋、議論等一切有關資料，如此則進一步發展劉向
原有之「敍錄」體式而爲「輯錄」體式，是無論於書目編纂、參考研究均頗
便運用。王重民於《中國目錄學史論叢》中，即就輯錄體解題之起源與發展
論云：

> 唐宋時代是提要目錄最發展的時代，在當時，「述列傳，總經序」的
> 方法雖説沒有繼續發展，但編出了極其豐富的解題或提要，這就爲這
> 一方法打下了極好的基礎。所以到了宋末，就有王應麟《玉海・藝文》
> 的出現，而馬端臨的《經籍考》就更突出地利用了這些資料，發展了
> 這一方法。〔註36〕

〔註33〕同前註，頁33～34。
〔註34〕同前註，頁31～33。
〔註35〕余嘉錫，《目錄學發微》（含《古書通例》）（北京：中國人民大學，民國93年），
　　　　頁80～81。
〔註36〕王重民，〈鄭樵的《通志・藝文略》、王應麟的《玉海・藝文》和馬端臨的《文

是以，《玉海‧藝文部》雖係「類書性質之目錄」，而《文獻通考‧經籍考》則爲「輯錄體解題目錄」之端緒，二者均受類書多方輯錄文獻之意識影響，形成後世所廣泛採用之目錄學編纂方法。

至於《集成‧經籍典》方面，其與《玉海‧藝文部》同爲「類書性質之目錄」，而配合《集成》經緯交織之體式，該典主要係以緯目「彙考」、「總論」、「藝文」、「紀事」、「雜錄」爲各部文獻輯錄內容，又「列傳」僅於〈經學部〉載有傳經名儒列傳，「圖（表）」、「選句」、「外編」亦只載於少數部類中。而其中「彙考」之編年、錄典籍序跋、錄歷朝書目等相關體式，更可體現該典爲類書《集成》內「書目」部居之要意，尤以《集成‧經籍典》「彙考」大量並集中載錄歷朝典籍序跋，即如姚名達謂：「廣義而論，文集中之序跋及書評，皆解題目錄之變態也，不可以其名目不備，體式不倫而輕棄之」；〔註37〕而徵引各書序跋與諸家論說以進行解題、敘釋，即爲輯錄體解題之主要體式特徵。《集成‧經籍典》當受此意識影響，〔註38〕故於「彙考」特意安排匯集序跋文之體式，又其雖非單就某一著錄之書作解題工作，然以該典擴大採錄各部「圖書主題」之沿革、序跋、書目、議論、傳記等相關文獻，或亦與輯錄體解題具異曲同工之輯錄特性。由是觀之，輯錄體解題於發展之初，係受類書體式影響；而至《集成‧經籍典》「類書性質目錄」之纂，則返取法自「輯錄體解題目錄」之文獻輯錄體式。而前述南宋時期所纂之《玉海‧藝文部》、《文獻通考‧經籍考》，殆與《集成‧經籍典》具有體例上之承傳、演變關係，其間類目沿革或輯錄特性之比勘情形，可參見第六章第二、三節所論。

再者，除前述正規體制之書目或類書之藝文部類外，《集成‧經籍典》之分類、輯錄體式，尚與南宋時期數部過渡性質之書目或類書有關，此係包含稍早於《玉海‧藝文部》之高似孫《史略》、《子略》，與章如愚之《山堂考索》。而其中高似孫《史略》係現存最早之史籍專科目錄，共爲六卷，其類目涵蓋內容大抵爲：前兩卷著錄《史記》、《漢書》等，自漢至五代歷朝紀傳體史書；

獻通考‧經籍考〉〉，在《中國目錄學史論叢》（北京：中華書局，民國73年），頁161～162。

〔註37〕姚名達，《中國目錄學史》（上海：上海古籍，民國94年），頁126。

〔註38〕雖唐宋以來類書如《北堂書鈔》、《藝文類聚》、《古今事文類聚》、《玉海》等亦有徵引序文以揭示各類目主題之現象，唯錄入序文篇數甚少，未有如《集成‧經籍典》大量而集中載錄序跋文者，故其當與輯錄體解題之擴大採錄各書序跋有關，應受此一意識影響較大。有關前朝類書載錄序跋之情形，詳見：同註32，頁28～31。

卷三多爲歷代史官所纂，以帝王爲中心之史書、政書；卷四則係有關歷史書籍之別本、節本、評論、目錄等；卷五爲霸史、雜史；卷六爲《山海經》、《世本》等古代歷史典籍。〔註 39〕其各類目下之說明文字，基本採用輯錄、敘錄等方法爲之，唯各類（或各書）著錄之項目、詳略不盡相同，故姚名達於《中國目錄學史》謂「其（按：《史略》）體例龐雜，有似書目者，有似提要者，有盡鈔名文者，有移錄舊事者，然其大體既近目錄。」〔註 40〕高似孫另一著作《子略》之內容，主要則包含目錄一卷與正文四卷，其目錄係依次綜探《漢志》、《隋志》、《唐志》及《子鈔》、《意林》、《通志・藝文略》中之有關諸子，裒輯羅列，然非原文照鈔，而是削其門類、擇要錄之；其正文則自前述目錄中選取《陰符經》至《老子》、《莊子》、《列子》及《文中子》、《元子》、《皮子隱書》等三十八種子書，而各書下之說明文字，有輯錄、亦多有評述創見，注重學術源流及考證辨僞係其主要特點。〔註 41〕雖《史略》、《子略》之體式略異，然基本而言，二者之材料彙錄方式甚具彈性，從中亦可考察其大致著錄原則，如戚培根總稱之爲「匯考式解題目錄」：

> 所謂匯考式解題目錄，就是著錄一書即運用敘錄、輯錄、傳錄、版錄（即版本的敘錄）等幾種體例的解題方式，從各個不同的角度，全面地揭示該書的全部內容。……高氏著錄的每一要籍，都體現他的「網羅散佚，稽輯見聞」、「各匯其書而品其指意」的理論和貫串「辨章學術，考鏡源流」的思想。所以在著錄的過程中，進行對該書有關著作的搜輯，有關研究成果的考訂，有關評論的掊摭以及版本的考證等一系列的工作。〔註 42〕

因此，高似孫將各種解題體例之運用融爲一體，根據某類（或某書）特性而有不同之著錄項目，即視需要而定，以不同體例之解題而解釋或表達其內容，係編制獨特之目錄著作。再者，與高氏約爲同期之章如愚《山堂考索》，亦並非總括萬象、彌所不載之一般性類書，其係對古代典籍與有關典章制

〔註 39〕劉子明，〈高似孫在我國目錄學史上的貢獻〉，《圖書館理論與實踐》，4 期（民國 78 年），頁 38。

〔註 40〕同註 37，頁 267。

〔註 41〕劉固盛，〈高似孫《子略》初探〉，《古籍整理研究學刊》，4 期（民國 85 年），頁 6〜10。

〔註 42〕戚培根，〈獨樹一幟的著錄體例——匯考式解題目錄：評高似孫《史略》中的圖書著錄〉，《圖書館論壇》，3 期（民國 80 年），頁 55：57。

度，進行較爲系統之考述，間有編者之見。章氏此書分前、後、續、別四集，其前集分爲六經、諸子百家、經史等十五門，後集分爲官制、官、士、兵等十一門，續集與別集則多與前、後集之類目相重；而該書之體例，基本係於門之下分類、類之下設子題，然後加以考釋，其子題之間脈絡井然，徵引材料具聯繫性，長於揭示某門類學術或研究之源流始末，亦非一般類書所能比擬。〔註43〕綜言之，《史略》、《子略》與《山堂考索》體制獨到，崔文印於〈高氏諸“略”與章氏《山堂考索》〉即論云：

> 無論高似孫的《史略》、《子略》，還是章如愚的《山堂考索》，都有一個「爲例不純」的特點。正如我們所指出的，高氏的諸「略」，既像書目，又有別於書目；同樣，章氏的《山堂考索》，既像類書，又有別於類書。它們都呈現了一種承前啓後的過渡式著述形態。……這種突破和創新的共同特點就是，它們分別在其所沿用的著述模式中，注入了對我國古代文獻考證與探索的内容。它們對我國古代的文獻，既考求其成書始末，時人或後人評論，又考求對其書的注釋、音注、考證之作，以及其書的刊刻流傳和真僞情況等等。這種考索，對單獨的一部書來説，無異是一專書研究書目。〔註44〕

是以，高氏與章氏此數部「承前啓後的過渡式著述形態」，係於舊有書目或類書體制中獲得突破與創新，主要體現爲分類、輯錄方式之變革，並以突顯文獻考訂、探索之實用特性爲主，故於歷史文獻學上別具意義。

日本學者内滕虎次郎於〈宋代史學的發展〉之目錄學一節中，即就高似孫之《史略》、《子略》與「類書性質之目錄」《玉海‧藝文部》間進行輯錄方法比勘：

> 不以目錄爲主，但在目錄學上甚爲重要者，是南宋時代的作品。此即高似孫的「史略」、「子略」，以及王應麟的「玉海」中之「藝文」。……「史略」之抄錄文法很高明，雖無創見，但關於古書之批評，皆擇其最適當之評語抄錄。如此，對所欲評論之書大體上可得一概略。……（《玉海》）藝文之中又分各部門，各部門中列舉古來重要書籍，與高似孫之方法幾乎相同，以古人所撰之書爲主，將其書之

〔註43〕崔文印，〈高氏諸“略”與章氏《山堂考索》〉，《史學史研究》，1期（民國83年），頁68～69。

〔註44〕同前註，頁70。

著作由來及撰成後之評論皆曾巧爲取材。〔註45〕

《史略》、《子略》有逕以書名作類目者，《玉海‧藝文部》各類下亦多有以一部或數部典籍爲編題者，形成一個以書爲中心，相映之考述、評論等材料彙集於一之體例。又陳仕華承前述日人之言曰：「逮乎有清，編纂古今圖書集成，其引文先後有序，採摭精詳，於一類之源流，敘述甚明，體制可謂大備矣。」〔註46〕是《集成》注重各部類沿革考索，蓋可自南宋此數書目探得其源。此外，戚培根以爲「輯錄體解題目錄」《文獻通考‧經籍考》，或亦取法自高似孫之《史略》、《子略》，其云：

> ……從元代馬端臨的《文獻通考‧經籍考》以至清康熙時的《古今圖書集成‧經籍典》等書的圖書著錄體例，無不與《史略》或《子略》的匯考式解題目錄結有不解之緣。〔註47〕

實際上，清初《集成‧經籍典》之類目設置（尤爲史學、子學相關部類），以及輯錄沿革、序跋、書目、議論、傳記相關材料之體式，實可遠紹自南宋‧高似孫《史略》、《子略》之匯考式解題作法。綜前所述，本節係探討《集成‧經籍典》與「輯錄體解題目錄」間之體例淵源、取法關係，其相承之脈絡主要發端自南宋時期《史略》、《子略》與《山堂考索》等過渡性質著作，以及正規體制之類書《玉海‧藝文部》與書目《通考‧經籍考》，是皆「輯錄體解題目錄」之正體或變例。

（二）主題目錄之過渡

考察古代書目之分類方法、解題形式，約於南宋時期發生初步之轉化、演變，而形成如前述文獻學史上多部「承前啓後的過渡式著述形態」。其中《玉海‧藝文部》係「類書性質之目錄」，該部下子目大抵仍維持傳統簿錄形式，然於子目下則採「編題」法組織材料，即以一個或數個主題詞、一部或一組圖書名稱作爲著錄單位，係反映著向主題目錄過渡之傾向。首先提出該部之主題目錄過渡性質者，係王重民於〈王應麟的《玉海‧藝文》〉所論：

> 一般圖書目錄的著錄在子目下都是以每一部圖書爲一著錄單位，《玉

〔註45〕內藤虎次郎著；蘇振申譯，〈宋代史學的發展〉，在《宋史研究集》，第六輯（臺北市：國立編譯館，民國60年），頁201～203。

〔註46〕陳仕華，《王伯厚及其玉海藝文部研究》（臺北市：臺灣商務，民國82年），頁139。

〔註47〕同註42，頁59。

海‧藝文》在它所分的四十四個子目下的著錄，不是以每一部圖書做爲一個著錄的單位，而是以每一個編題做爲一組圖書來著錄。總看全部〈藝文〉的編題，它的題目不是第三位類的標題，而僅只是一組圖書的主題。這樣的編輯方法是《玉海》的一般組織形式，用在《玉海‧藝文》的圖書著錄上，就是走向了主題目錄的組織形式，給我國編制目錄的方法，開闢了一個新的方向。〔註48〕

此外，將書目與歷史文獻資料結合編題，及採書名形式分類之特點（參見第六章第二節），亦反映《玉海‧藝文部》異於以往圖書分類目錄、而走向主題目錄之過渡趨向。嗣後多有從王重民「主題目錄過渡」之說者，如李致忠等述云：

> 王應麟《玉海》所附「藝文」二十八卷是一部專記書目資料的專題目錄，並且開創了類書中輯錄書目資料的先例。「藝文」不列四部之名，只以四部之序分爲四十四大類，每類之下以圖書目錄爲主，附入了一些與書目有關的文獻資料。一般典籍目錄都以書名、著者、版本爲項進行著錄，而「藝文」根據類書的需要，以一個或幾個主題詞作爲著錄單元，……這種著錄方法頗具主題目錄的雛型，可謂後世主題目錄的先行者。〔註49〕

故在主觀上，王應麟以編題爲單位而著錄書目資料，或爲適應《玉海》類書編纂之需要；但在客觀上，其的確將目錄編制帶向主題目錄之新路，對後世主題目錄發展實具相當程度之影響。至於《玉海‧藝文部》爲適應類書之性質，有據書名形式分部、隸類之情形，係與宋時學術背景頗具關聯，如趙宣於〈簡論《玉海‧藝文》中主題目錄的新方向〉論云：

> 放眼整個宋代的目錄學史，就會發現這個時代的四部分類法已經愈來愈趨向形式化了。如《玉海‧藝文》的集部部份，從總集文章開始，下分承紹撰述、類書、著書（附雜著）、別集、……論、序、贊、經、藝術等類別，基本上是以體裁和書名來分類的。其他部份也有這種情況。這種形式化的分類，既體現在標題上也體現在內容上，追根溯源乃是爲適應士子應試的需要而採取的編制方法。……而《通

〔註48〕王重民，〈王應麟的《玉海‧藝文》〉，在《冷廬文藪》（上海：上海古籍，民國81年），頁712。

〔註49〕李致忠、周少川、與張木早合著，《中國典籍史》（上海：上海人民，民國93年），頁418。

志・藝文略》的最後一大類「文類」，也採用此種形式化的分類且劃
分更細，可見這種方法在兩宋之際已經被廣泛使用，並非僅僅出於
學者的創造。〔註50〕

是以，《玉海・藝文部》爲切合當世博學鴻詞科應試之社會需求，故有此一兼及
圖書內容分類與書名形式分類之編纂方法，以備士子查驗、檢索之需。而早於
《玉海》之鄭樵《通志・藝文略》，係以「會通」思想纂輯之通史性綜合書目，
尤在該略所採十二分、三級類目之體制變革中，其大量臚列子目之作法，應可
視爲「在『分類法』的觀念尚未突破時，編目者不自覺的向『標題法』方向努
力的過渡時期產品」。〔註51〕對元、明以來目錄編制誠具啓發性之影響。

　　故就書目立類形式而言，其過渡特性之展現，大致係肇端於南宋時期。
若結合有宋以來之圖書事業與目錄學發展背景進行考察，如周彥文所提出，
由於宋代以後印刷術興起、書籍大量產出，以及人爲提倡等因素，〔註52〕此
時敘錄體例之書目已撰寫不易，故以敘錄爲主體之書目日漸式微，取而代之
者多係以分類爲主體之清冊性書目。周彥文並列舉自南宋・鄭樵《通志・藝
文略》至明官修《文淵閣書目》、焦竑《國史經籍志》、祁承爜《淡生堂藏書
目錄》、陳第《世善堂藏書目錄》以及清初・錢謙益《絳雲樓書目》等清冊式
書目，以說明南宋後之書目編制逐漸打破舊有格局，並就立類方式重新加以
改革之發展態勢：

　　　　自宋代至清初，幾乎所有的書目都採用這種方式編輯，都是清冊式
　　　　的。……這種方式編輯的書目，既然無法在敘錄上完成學術性的要
　　　　求，於是多將編輯的重點放在分類，所以這一個時期的書目在分類上

〔註50〕趙宣，〈簡論《玉海・藝文》中主題目錄的新方向〉，《圖書情報工作》，51 卷
　　　　8 期（民國 96 年 8 月），頁 91：100。

〔註51〕周彥文，〈論傳統目錄學中標題法觀念的出現〉，《中國書目季刊》，28 卷 1 期
　　　　（民國 83 年 6 月），頁 24。鄭樵《通志・藝文略》之立類方法，較當時通行
　　　　之四分法而言已有重大突破，即「不再受限於經、史、子、集的四分觀念，
　　　　而直接以學術主題爲考量重點。……我們不妨將鄭氏的〈藝文略〉視爲一部
　　　　全新思考方式的書目，他對於學術主題的重視，大於對傳統學術分類的考量。
　　　　尤其是鄭氏把一百五十五個小類再區分爲二百八十四個子目的做法，更是具
　　　　有高度的『標題目錄』的傾向，所以，儘管鄭氏使用的仍是分類法，但是已
　　　　具備了標題目錄的啓發性和暗示性。」

〔註52〕周彥文，《中國目錄學理論》（臺北市：臺灣學生，民國 84 年），頁 129～134。
　　　　所謂人爲因素，係指鄭樵「泛釋無義論」之提倡，致使不易撰寫之敘錄體例，
　　　　其學術性更不爲人所重視，詳見該文所述。

的變化都很大。從宋代鄭樵在其《通志‧藝文略》中創立第三級的子
目，一直到明代只用一級分類法的「標題目錄」的大盛，這其中所開
創出來的類目不知凡幾。我們固然可以說這是因爲書籍的數量大增，
以至於需要藉分類來釐清書籍之間的系統關係，但是書目編輯的思考
方向由撰寫敘錄轉而爲類別的建立，應爲主要原因之一。〔註53〕

此處云敘錄之撰作至南宋後已不易維持，故一方面書目編輯係轉向以分類爲
主要目標，以因應數量漸增、類別益繁之書籍擴展趨勢。另一方面，南宋至
元、明以來，雖係以書名、作者、卷數臚列之「清冊性書目」爲主要纂輯形
式，然而事實上，此時對於書目解題之作法尙有重大變革，即如前述《史略》、
《玉海‧藝文部》、《文獻通考‧經籍考》諸目之纂，係由「敘錄」而逐漸朝
「匯考」或「輯錄」體式過渡、演進，此種「輯錄體解題目錄」於文獻查檢、
考訂、研究上之價值極高，雖數量較「清冊性書目」爲少，唯亦應將之提出，
而以目錄學史上重要之體式轉化現象觀之。

　　承前，由南宋《通志‧藝文略》十二大類、一百五十五小類、二百八十四
個子目之創立，可知傳統四分法中之固有類別，已漸無法適應書籍在質與量上
之衍生、發展，周彥文先生即以「標題目錄」角度，詮釋南宋後（尤爲明朝至
清初）運用主題法觀念編目之變革現象。而有關「標題目錄」有別於一般分類
法目錄之處，主要係爲：

　　　「標題目錄」的最大優點，即在破除部略的限制，不再運用「縱向
　　　轄屬、橫向聯繫」的思考模式，而直接以研究主題爲「標題」，……
　　　只要是眾所周知、大家共同承認的名詞，都可以成爲一個標題。由
　　　於這些標題都是各自獨立的，並不隸屬在任何系統之下，所以在思
　　　考上不會造成屬性的干擾。也就是說，它並不被局限在經、史、子、
　　　集等任何一個部略的學術範疇之下，而是跨越部略，只以一個單一
　　　的學術研究主題爲對象的編目方法。〔註54〕

即說明「標題目錄」不受傳統四分法或七分法之限制，其係採用一級轄屬結構，
毋須如分類法目錄具部、類之上下隸屬關係，可視爲跨越經、史、子、集範疇
之研究主題而兀自獨立。周彥文並指出，在南宋《通志‧藝文略》尋求分類方

〔註53〕同前註，頁134～137。
〔註54〕同註51，頁23。有關分類法目錄「縱向轄屬、橫向聯繫」之編目觀念，參見
　　　　本文第六章註69。

式突破之啟發下，至明代方出現真正以標題法觀念編製之書目，而首先產生變化者厥爲官修之《文淵閣書目》，其共區分爲三十九類、僅有一級類目，異於歷代分類法目錄之正規形式；其作法對於明代中葉後大量不守四部成規之書目陸續出現，留下較深遠之影響。即如姚名達《中國目錄學史》云：

> 有明一代，……私家藏書，多援《文淵目》爲護符，任意新創部類，不復恪守四部成規。此在分類史中實爲一大解放，而摧鋒陷陣之功要不能不歸《文淵目》也。〔註55〕

於《文淵閣書目》之後，如明官修之《內閣藏書目錄》亦不守四部成法，另最需留意者爲私家書目，如明·陸深《江東藏書目》、晁瑮《寶文堂書目》至清康熙年間錢曾《述古堂藏書目》、王聞遠《孝慈堂書目》等多部書目均突破四部牢籠，採用未有縱向隸屬、橫向呼應關係之一級轄屬結構所編成，可見自明代中葉至清代初年，傾向以「標題法」編目者極爲盛行。然而清代康熙年以後，運用此特殊編目方法纂輯書目之現象則大幅遞減，其理由固無法全然推測，且歷朝未有「標題目錄」相關理論系統以詮釋、支持此編目方法，然以乾隆年間編纂《四庫全書》時，清高宗明白詔示經、史、子、集四分法「實古今不易之法」，應是其數量銳減之主要原因。〔註56〕

結合以上王重民、周彥文先生對「主題目錄」過渡性質之考察觀點，可窺知於傳統圖書「分類法」之外，另有一「主題法」書目之發展軌跡。而《集成·經籍典》爲類書中之書目部居，係將「圖書主題」立爲類目，且於形式上，各部之位類平等，實則可視爲一級轄屬結構之獨立書目。職是之故，類書因具有依主題集中文獻資料之特性，而其所列諸書引文內容，確能打破傳統四分或七分之部類限制，實亦具備「主題目錄」之內涵，即如姚名達先生論曰：

> 著者認類書爲主題目錄之擴大。蓋分類之道，有時而窮。惟以事物爲主題，匯列參考資料于各主題之下，使學者一目了然，盡獲其所欲見之書。此其功用較分類目錄爲又進一步。倘刪其繁文，僅存書目，即現代最進步之主題目錄也。〔註57〕

〔註55〕同註37，頁82～83。

〔註56〕同註51，頁24～28。周彥文尚澄清說明，終至清末民初西方編目觀念傳入中國以前，中國傳統目錄學中，始終未出現過「標題目錄」或「標題法」之相關名詞，甚至連類似之學說或理論均未曾出現過，故該文係直接由書目本身中某些特殊現象，而歸納明代中葉以來在目錄學上之實際演變情形。

〔註57〕同註37，頁50～51。

姚氏以「主題目錄之擴大」詮釋類書獨特之編制原則，甚有見地；而《集成‧經籍典》爲類書性質之書目，故所展現係經籍典制領域之有關主題，其「主題目錄」之立類、組織特徵亦愈加顯著。綜觀前述，以南宋至明末清初目錄學家力圖改革書目編輯方法，並受書目體質轉變之影響，至清康熙年間《集成‧經籍典》之纂，固以該典原即依循類書體例而建構各部文獻框架，然其書目編制當是明末清初於分類、編目思維重加調整之基礎下，或取法自「輯錄體解題目錄」多體併用之輯錄體式；又或該典採一級轄屬結構之立類原則，則與過渡性「主題目錄」〔註58〕具相當之關聯，從中蓋可溯《集成‧經籍典》體式之淵源脈絡。

〔註58〕 此處筆者以過渡性「主題目錄」稱之，係考量其與西方圖書館學中正式之「主題目錄」分編方式尚有一定差距。如王重民指出，正式之「主題目錄」係依主題順序排列，而《玉海‧藝文部》四十四子目基本仍以分類法纂輯，唯子目下以「編題」彙錄材料，是即已有「主題目錄」基層組織之形成（見王重民之文：同註48，頁715）。又如周彥文亦提出，所謂「主題目錄」係將任何研究主題均作爲標題而一一列舉，且要求越精細越好，如此方能達成藉標題法而彰顯研究主題之編目目的；至於明代中葉後大量出現之一級轄屬結構書目，仍無法跳脫分類法中「類」之觀念影響，其僅是在原有「類」之觀念上再詳加規劃而已，故就分類細密度而言仍極爲粗糙（見周彥文之文：同註51，頁27～28）。是可以「過渡」性質之書目體制視之。

第五章 《集成·經籍典》之體例編制探微

第一節 微觀框架

　　《集成》統括六大彙編、三十二典，〈經籍典〉居第二十一，於〈理學彙編〉則居首典地位，凡五百卷。據〈凡例〉所述，該典係以尊經大事、傳註授受爲重：

> 經籍所以垂教萬世，凡事關帝王尊經者，皆按代編年，詳其本末。
> 至諸經傳註，先儒授受各有源流，雖歲月無可稽，而時代有先後，
> 皆倣編年之體，立綱于前，述其授受源流，凡以尊經也。若諸子百
> 家紀述，則區其種類，紀其事蹟，兼及諸家評騭之語而已。〔註1〕

是關乎經籍政策典制悉立綱目於前，以詳其源流。又若蔣廷錫進表文所云：

> ……是書次列〈理學彙編〉，分爲四典，一曰〈經籍典〉：孔藏伏授，
> 並列行間；程定朱增，俱標簡末。漢疏多尊毛、鄭，豈韓嬰之屬可
> 勿研求；宋註尤重蔡、胡，豈張洽之流不資探討。至于漆園鄭圃，
> 玉塵頻揮，法緯元經，巾箱不廢。信諸家之畢備，爲後世之大觀。
> 〔註2〕

其以程朱理學爲宗，漢疏、宋註兼採之學術取向即此可見。而在體例編制方面，由於《集成·經籍典》本身即類書之一部居，爲適應類書纂析文獻內容

〔註1〕〔清〕陳夢雷原編；蔣廷錫等重校，《古今圖書集成》，第 1 冊（臺北市：鼎文，民國 66 年），凡例。

〔註2〕同前註，蔣廷錫進表文。

之性質，其編制方法自然迥異於一般圖書分類目錄體式，又該典循《集成》經緯交織特性，不唯網羅大量古今經籍藝文典制相關材料，尚可依其脈絡倫序使每條引文適得其所，展現此一書目博洽而便檢之涵負作用。職是，就《集成》全書宏載萬有知識面向之角度言，其《集成‧經籍典》實爲清初學術文化、典籍目錄之最佳綰合代表，故本章採取微觀視角對《集成‧經籍典》進行通盤觀照，首先將全典結構表格化，統計該典六十六部各緯目之分布概況，俾使其整體經目、緯目框架更爲具體明晰。詳如下表所示（見表5-1）：

表5-1　《古今圖書集成‧經籍典》經目、緯目框架列表

一級經目	二級經目	三級經目	緯目（卷次起迄）										總計（卷數）
			彙考	總論	圖	表	列傳	藝文	選句	紀事	雜錄	外編	
理學彙編	經籍典	1. 經籍總部	1-32	33-36				37-38		39-48	49-50		50
		2. 河圖洛書部	51-54	55-58	※			58		58	58		8
		3. 易經部（另：別傳95-110）	59-74	75-88	※	(※)		89-90		91-93	94	94	52
		4. 書經部	111-120	121-126				127-128	128	129-130	131-132	132	22
		5. 詩經部	133-148	149-156				157-159		160-162	163-166		34
		6. 春秋部	167-182	183-196				197-200		201-204	205-210		44
		7. 禮記部	211-218	219-222				223-224		225-226	227-228		18
		8. 儀禮部	229-233	234-235				236		236	236		8
		9. 周禮部	237-244	245-248				249		250	251-252		16
		10. 三禮部	253-259	260-261				262		263	264		12
		11. 論語部	265-267	267-272				273-274		275	276-278		14
		12. 大學部	279-280	281				282		282	282		4
		13. 中庸部	283-284	285				285		285	285-286		4
		14. 孟子部	287-288	288-289				290		290	291-292		6
		15. 四書部	293-296	297-298				299		300	300		8
		16. 孝經部	301-303	303				303		304	304		4

一級經目	二級經目	三級經目	緯目（卷次起迄）										總計（卷數）
			彙考	總論	圖	表	列傳	藝文	選句	紀事	雜錄	外編	
理學彙編	經籍典	17. 爾雅部	305	306				306		306	306		2
		18. 小學部	307-310	310						310			4
		19. 經學部	311-322	323-326			327-360	361-362		363-365	366	366	56
		20. 讖緯部	367	367				367		367	367		1
		21. 國語部	368	368-369				369		369	369		2
		22. 戰國策部	370	370				370		370	370		1
		23. 史記部	371-372	372				373		374	374		4
		24. 漢書部	375	376				377		377	377-378		4
		25. 後漢書部	379	379				380		380	380		2
		26. 三國志部	381	381				381		381	381		1
		27. 晉書部	382	382				382		382	382		1
		28. 宋書部	383	383				383		383	383		1
		29. 南齊書部	383	383						383	383		
		30. 梁書部	384	384						384	384		1
		31. 陳書部	384	384						384			
		32. 北魏書部	385	385				385		385	385		1
		33. 北齊書部	386							386			
		34. 北周書部	386					386		386	386		1
		35. 南北史部	386							386	386		
		36. 隋書部	386	386				386		386	386		1
		37. 唐書部	387	388				388		389	389		3
		38. 五代史部	390	390				390		390	390		
		39. 遼史部	390					390		390	390		1
		40. 宋史部	391-392	393				394		394	394		4
		41. 金史部	395	395				395		395	395		
		42. 遼金宋三史部	395	395				395		395	395		1
		43. 元史部	396					396		396	396		1
		44. 明史部	397	397				398		398	398		2
		45. 通鑑部	399	399-402				403		403	403		5
		46. 綱目部	404	404						404	404		1
		47. 史學部	405-413	414-416				417		418	418		14

一級經目	二級經目	三級經目	緯目（卷次起迄）										總計（卷數）
			彙考	總論	圖	表	列傳	藝文	選句	紀事	雜錄	外編	
理學彙編	經籍彙典	48. 地志部	419-428	429				429		429	429		11
		49. 山經部	430					430		430	430		1
		50. 老子部	431-432	433				433		434	434	434	4
		51. 莊子部	435	436-437				438		438	438	438	4
		52. 列子部	439	439				439		439	439		1
		53. 墨子部	440	440				440		440	440	440	1
		54. 管子部	441	441				441		441	441		
		55. 商子部	441	441									1
		56. 孫子部	442	442				442		442			
		57. 韓子部	442	442				442		442	442		1
		58. 荀子部	443	443				443		443	443		1
		59. 淮南子部	444	444				444		444	444		1
		60. 揚子部	445	445				445		445	445	445	1
		61. 文中子部	446	446						446			1
		62. 諸子部	447-468	469				470		470	470		24
		63. 集部	471-492	493				493		494-495	495		25
		64. 文選部	496	496				496		496	496		1
		65. 類書部	497-498					498		498	498		2
		66. 雜著部	499-500							500			2
總　計（66部中具該緯目之部數）			66部	58部	2部	無	1部	56部	1部	64部	60部	7部	計500卷

資料來源：本研究編製

表註：

（1）表中十項緯目下標示之數字為《集成・經籍典》之起迄卷次，末欄則為各部卷數總計。

（2）茲將其各部範疇之卷數，約略統計如下：經籍總部（部1）50卷，經學（部2-20）317卷，史學（部21-49）63卷，子學（部50-62）40卷。

（3）《集成・經籍典》中，〈易經部〉獨具緯目「別傳」；而在圖表方面，僅〈河

圖洛書部〉、〈易經部〉收錄之，又〈易經部〉部份標題呈現為「圖」者，則實為「表」。

　　《集成‧經籍典》首為典總部──〈經籍總部〉，輯錄有關該典總體範圍內之文獻材料，餘六十五部約以經學、史學、諸子、集、類書、雜著為序，其中以經學部類之卷帙涵量達六成以上為最；其次，就緯目而言，各部常有者大抵為「彙考」、「總論」、「藝文」、「紀事」、「雜錄」五項，此中以「彙考」載錄經史大事沿革、重要典籍序跋、歷代書目流別之史料文獻，其體制、內容極為宏富，是典六十六部均有之。其以經、緯目統攝全典，蓋可見其秩然有法之類書體式結構。

　　又該典於《集成》全書中之定位，可比之於史書中經籍、藝文相關門類。近人梁子涵所著通代書目考《中國歷代書目總錄》，將《集成‧經籍典》列於通紀古今之藝文志，與前代《通志‧藝文略》、《玉海‧藝文部》、《文獻通考‧經籍考》相厠；〔註3〕來新夏主編之斷代書目考《清代目錄提要》，則視該典為清前期最先行世，將歷代各正史及專史經籍、藝文志加以總匯之官修書目。〔註4〕由是則展現《集成‧經籍典》兼具傳統簿錄之特性，若自類書暨書目體式併同觀之，或可考得其詳。

第二節　著錄體式

　　就古籍書目之類例研究而言，一部書目之著錄格式與內容義例尤為重要之探討部份，而《集成‧經籍典》結合類書與書目之體式，其編制較為特殊，在著錄體式與引文義例方面主要乃依各緯目之形式內容而彰顯，易言之，即依據各緯目形式作用之不同，其著錄體式、引文義例亦隨之各異，故此部份勢須配合緯目架構進行探析，方能得其類例之要。以下即據《集成》十項緯目為次，依序進行其體式要項之釋例分析，並輔以原書圖版具體說明之：〔註5〕

〔註3〕　梁子涵編，《中國歷代書目總錄》（臺北市：中華文化出版事業，民國44年），頁24～27。
〔註4〕　來新夏主編，《清代目錄提要》（濟南：齊魯書社，民國86年），頁39～40。
〔註5〕　以下圖版係轉載自：得泓資訊規劃製作、大鐸資訊系統製作、鼎文書局授權出版，古今圖書集成全文電子版，民國92年10月6日，<http://140.136.208.7/book/index.htm>（民國96年12月）。又卷頁次之出處標註，係以中華書局之經籍典單行版本為據：中華書局編輯部輯訂，《中國歷代經籍典》（臺北市：中華書局，民國59年）。

一、「彙考」著錄體式

《集成‧經籍典》「彙考」係以編年之體、錄典籍序跋之體、錄歷朝書目之體三部份爲其基本體式內容，此三者並非各部皆有之，又或少數部類依其主題性質之不同而有其他內容之彙集呈現，謹就其各要項依序分述如下：

（一）編年之體

「彙考」編年之體爲全典最爲精謹宏鉅者，僅〈雜著部〉無之，茲以〈經學部‧彙考一〉原文圖版爲例述其體式結構（卷311，頁1498A）：

圖 5-1 「彙考」著錄體式圖解（一）：編年之體

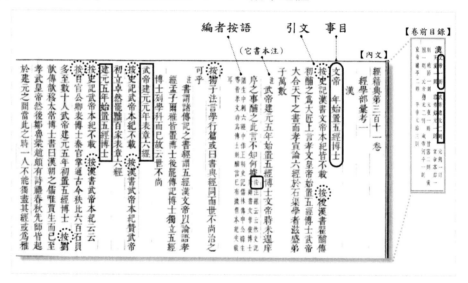

1. 以事繫年，事目以「則」定例：

事目者，即依據史籍錄事之年月順次立目於前，係大小事件之「綱」，亦爲繫縛《集成》「彙考」編年體之結構主軸。欲識其事目之所在，則需與卷前目錄所載則數併用參看（見圖 5-1）；如卷前目錄載「武帝建元二則」，觀其內文則係對應至「武帝建元元年表章六經」、「建元五年始置五經博士」事目二則。《集成》事目之著錄，大抵以帝號、年號領其事，同帝號之各年，帝號僅錄於首則事目，餘皆冠其年號、年歲，年歲未可詳考者，則闕其年月；一事目大抵總其事一則，若同年中有數月數事者，此數事亦統錄於該年歲之事目下。《集成‧經籍典》編年體之事目，基本依正史之本紀而立，本紀未載則以正史之志、傳或相關典制史料所記年月事跡爲主；今揣其纂輯之法，首或依正史本紀所記諸事立目，俟後則須將正史之志、傳及會要、典制、別

史所錄,皆依其年月添附於逐事下,若無可附則就其時序先後相廁,而就本紀所無者復另立各目。其於時間不詳或無月、無年之事件略加推敲,經由此不斷考訂、附入之纂輯程序,遂構成多則「事目」脈絡延展相續之編年體制,〔註6〕是體於史籍之考辨用力甚勤。

2. 引文錄後,諸條以「按」起首:

《集成》編年之體係「仿《綱目》立書法於前,而以『按』某書、某史詳錄於後」(見〈凡例〉),可知諸條引文係以「按」字起首,〔註7〕其下或僅錄書名,或併錄書名、篇名,同書之不同篇,書名僅錄於首條,餘亦以「按」字起首但錄篇名,或有於書、篇名前錄撰人姓名者,此係較罕見。其編年之各朝,周、秦前多引經為證,周、秦後至明朝則引文大抵皆以正史居前,由於《集成‧經籍典》「事目」基本即據正史本紀而立,本紀不載者方據其他史料立目,故多有書某本紀「不載」之例,是亦反映編者對正史本紀材料之倚重態度;又有書某本紀、某傳或某史「云云」例者,乃指其事目係錄自該一材料,於文字上無有二致,故省稱「云云」。

3. 一事數文,據理考異求是:

《集成‧經籍典》對事目下各引文之編製,係自正史與典制史籍中逐條而廣泛地蒐求,再以此為基礎而進行材料之辨審與鑑別工作。編者於詮選材料之際,極其注重證據事理,講求以多方說法相互比對、驗證,如本例中(見圖 5-1)依正史本紀之記載,據《漢書‧武帝本紀》而立事目「建元五年始置五經博士」,然此事亦有文帝時始置之說,故復於其前之事目「文帝□年始置五經博士」下錄《後漢書‧翟酺傳》云文帝始置五經博士事,又錄《後漢書》之本注云「武帝建元五年始置五經博士,文帝時未遑庠序之事,酺之此言不知何據」,如此將其訂立事目之所據與反面資料併陳,其後再附《集成》編者

〔註6〕 〈集成‧凡例〉雖云「彙考」編年之體係仿自朱子《資治通鑑綱目》,然今詳考之,此一體制及其纂輯之法應較近似於司馬光編製《資治通鑑》前之「長編」史料基礎,此法係以編寫「事目」後再以諸條史料附入而成「長編」,即訂立事件之簡目於前、錄其詳文於後,故《集成》編年體與之當有取法關係。關於長編法可詳參:裴汝誠,〈司馬光長編法與李燾《長編》〉,《東北師大學報(哲學社會科學版)》,5 期(民國 73 年),頁 56~62;曹之,《中國古籍編撰史》(武漢:武漢大學,民國 88 年),頁 196~198。

〔註7〕 此以大字之「按」為各條引文之領首用字,並非《集成》編者按語;編者按語係以雙行小注方式呈現,其大抵亦以小字「按」起首。然雙行小字處亦未必盡為編者己出之按語,其按注情況甚為複雜,詳見本章第四節所述。

之考辨按語曰：「按：注雖云云，然《史記‧封禪書》文帝使博士諸生中刺六經中作王制，《史記‧儒林傳》申公韓生等皆孝文時爲博士，則醮言已有據，但本紀失載耳。」係由反面材料之外，指出《史記》書、傳中所載相關肯定證據，說明編者支持此事目爲是之理，明確提出其對該事目之判斷，乃〈文帝本紀〉失載耳。《集成》編年體在強調驗證之基礎上進行事理判定，以考求各史料之異同是非，於事理可兩存者則併載之，又或對驗證無據之各異文亦予以併存，以待後世學者知所考證，誠能體現編者於歷史編纂之書法訂立與史料運用方面嚴謹而求全之態度。

（二）錄典籍序跋之體

茲以〈易經部‧彙考三〉爲例以述「彙考」錄典籍序跋之體（卷 61，頁 329A）：

圖 5-2 「彙考」著錄體式圖解（二）：錄典籍序跋之體

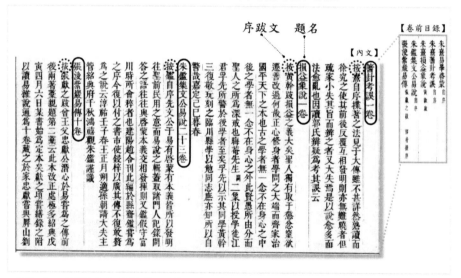

《集成‧經籍典》「彙考」於編年體後，常例係載有各部典籍序跋，此一體式收錄篇數於諸部類中亦顯有差異，大抵以史學、子學部類篇數較少，有至一部一篇者，如〈隋書部‧彙考二〉僅錄唐‧魏徵等《隋書‧後序》一篇；而以經學部類錄入篇數較多，有至一部數卷者，如〈易經部〉所錄爲彙考二至十二（總十一卷），又〈書經部〉總五卷、〈禮記部〉總三卷等，此中又多以錄入宋、元、明三朝著述之序跋文爲主。其次，該體大抵以原書著者或著述之時代編次，而非以作序時代爲次，同一著者之不同著述則相附排比。又

該體之著錄格式於卷前目錄與內文中略有小異，查其卷前目錄（見圖 5-2），朝代僅冠於各代首條，其後各條則依著者姓名、書名、某某序（跋、題）著錄，如「朱熹《著卦考誤》自序」；另於內文中，各條基本先列著者姓名、書名、卷數，再另行以「按」字起首，錄某某序（跋、題）併其序文內容，卷數未詳則闕之，同著者之不同著述並列時，著者姓名僅錄於首條，餘則省略，如「朱熹《易學啟蒙》三卷」、「《著卦考誤》一卷」、「《損益象說》一卷」。各條以一書一序者為多，亦常有一書數序者，則該條下之數篇序文皆各以「按」字起首；又或各條基本以錄一書為主，然亦有一條錄同著者之數書者，此數書之序文亦各領以「按」字，以示區分。

　　至若其所收序跋性質種類，則可就近人張舜徽所論序書之體，繫於《集成‧經籍典》該一體式中加以檢視：

> 序書之體，古有四科：《太史公自序》、班固《敘傳》，此作者之序也；《易》之序卦，《書》、《詩》之篇序，此述者之序也；劉向校理羣書，率有敘錄，此校讎家之序也；若夫鄭玄徧注羣經，皆為條別源流，釐析篇目，則傳注家之序也。〔註8〕

今察「彙考」錄典籍序跋之體，並舉隅為證，其以〈史記部‧彙考二〉錄漢‧司馬遷《史記‧太史公自序》、〈漢書部‧彙考二〉錄後漢‧班固《漢書‧敘傳》等，是謂作者之序；而〈書經部‧彙考二〉錄《尚書百篇古序》、〈詩經部‧彙考二〉錄周‧卜商《詩序》等，是謂述者之序；又〈詩經部‧彙考九〉錄後漢‧鄭玄《毛詩譜‧自序》、〈春秋部‧彙考二〉錄晉‧杜預《春秋左氏傳集解‧自序》等，是謂傳注家之序；唯校讎家之序，即目錄之總序或類序，則多入「彙考」——錄歷朝書目之體及「總論」中。由於《集成‧經籍典》以經學部類錄入序跋文篇數尤盛，其序跋原書又以注釋體典籍為主，故前述四項係以傳注家之序為豐；又或有未能盡以此四項涵蓋者，如〈地志部〉載前代地理輿圖志書及清朝敕修地方諸志之序，〈集部〉載有文集序跋、題詞，〔註9〕〈類書部〉載類書序跋等，蓋為編者之序也。是亦可覘該一體式於古籍序跋蒐求、輯錄之精要豐贍。

〔註8〕 張舜徽，《廣校讎略；漢書藝文志通釋》（武漢：華中師範大學，民國 93 年），頁 44～45。

〔註9〕 如〈集部〉彙考二至四所錄文集題詞係採自明‧張溥《漢魏六朝百三家集》，又彙考六、七所錄部份宋代題跋集，如蘇軾《東坡題跋》、秦觀《淮海題跋》、曾鞏《元豐題跋》等，其跋文蓋採自明‧毛晉刻《津逮秘書》。

（三）錄歷朝書目之體

茲以〈四書部‧彙考四〉爲例以述「彙考」錄歷朝書目之體（卷295，頁1426B）：

圖 5-3　「彙考」著錄體式圖解（三）：錄歷朝書目之體

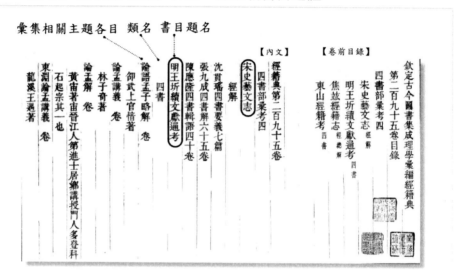

《集成‧經籍典》「彙考」錄歷朝書目之體大抵各部皆有，唯〈山經部〉、〈雜著部〉無之。其於各部「彙考」之編排次序，係以史志居前、私家目錄列後，所收載之歷朝書目，常見者凡《漢書‧藝文志》、《隋書‧經籍志》、《唐書‧藝文志》、《宋史‧藝文志》，以及宋‧鄭樵《通志‧藝文略》、元‧馬端臨《文獻通考‧經籍考》、明‧王圻《續文獻通考‧經籍考》、明‧焦竑《國史經籍志》，又於部份經學部類中係載有清初‧朱彝尊《經義考》。〔註10〕其體式基本於著錄朝代、著者姓名（私錄方標註之）、書目題名後，再則註其類名，並由該類下之諸書擇取與《集成‧經籍典》各部主題相關者，逐條摘出、彙集其中；如本例（見圖5-3）以《宋史‧藝文志》未將「四書」單獨立目，然該史志所錄諸書中，其題名關於「四書」者可見三條，〔註11〕該三條於《宋史‧藝文志》係錄入「經解」一類，故該史志下標註類名即爲「經解」。有關

〔註10〕 有關《集成‧經籍典》各部「彙考」對歷朝簿錄所載諸書及類別之析分，請參見表6-6。

〔註11〕 由於《集成‧經籍典》對論、孟、學、庸暨四書均單獨設部（即分設爲五部），故此處於《宋史‧藝文志》僅擇取題名爲「四書」者入〈四書部〉，餘以論、孟、學、庸相關者則各入本部。

其標註類名之情形，尚有未予標註者，如少數部類於所收《漢志》、《隋志》、《唐志》、《宋志》下均未標類名，蓋以各史志原即未標小類於前之故；或有《集成》編者所標類名與原書目未盡相合者，如元・馬端臨《文獻通考・經籍考》設「禮」爲一類，其收有三禮及學、庸相關著作，然《集成》於〈禮記部〉、〈儀禮部〉、〈周禮部〉該書目下之類名則逐標註爲「禮記」、「儀禮」、「周禮」，實則原書目之「禮」類並未有此細類之分；此外，尚有就某書目跨層屬之各級類目併錄者，如〈諸子部〉錄鄭樵《通志・藝文略》之諸子類、天文類、五行類、藝術類、醫方類著作，前兩類係以其二級類目做類名標註（即「儒術」至「兵家」等十一目、「天文」至「算術」等三目），後三類則係直接標註其一級類目（即「五行類」、「藝術類」、「醫方類」三目）。「彙考」此一體式之設置，將歷朝書目依《集成・經籍典》各部主題進行析分，突破傳統簿錄之學術分類形式，於目錄編製史上係有其獨特價值，詳見第六章第三節所述。

（四）它　例

　　《集成・經籍典》「彙考」大抵以前三項體式爲基本著錄常例，又或根據諸部類內容性質之不同，而錄有各部主題相關之稽考材料，如〈春秋部〉載宋・胡安國《春秋諸國興廢說》、《春秋提要》、《春秋十二公元年考》，及明・趙汸《春秋屬辭考》與閔光德《諸侯興廢考》、《春秋左傳異名考》，是皆關於《春秋》經傳中，國事、歷時、屬辭、異名等資考辨之文字；又如〈四書部〉載明・陳仁錫《四書考異》，及〈唐書部〉載宋・吳縝《新唐書糾謬》等，亦足作爲經史各書內容考論之用。再如〈經學部〉載《史記》之〈孔子世家〉、〈仲尼弟子列傳〉，與《孔子家語》之〈本姓解〉、〈終記解〉、〈七十二弟子解〉、〈弟子行〉等篇，係以孔子及其門人之事蹟傳記入〈經學部〉「彙考」中，以示尊孔門聖賢之意，蓋爲別於其後所錄「傳經名儒列傳」一目。〔註12〕又〈雜著部〉除錄雜纂、筆記、詩話、叢書之序跋文外，尚錄有元・陶宗儀輯《說郛》、明・程榮輯《漢魏叢書》、明・鍾人傑輯《唐宋叢書》等

〔註12〕此尊聖者之意，於《集成・學行典》中亦有例爲證，其全典中唯〈聖人部〉有「彙考」一目，實爲上古伏羲、神農至周朝孔子等先聖事蹟材料之彙錄，其卷前按語云：「按是典（按：即〈學行典〉）有總論、列傳，而無彙考；茲部（按：即〈聖人部〉）獨立彙考，不稱列傳，尊聖人也。」（鼎文版〈學行典〉，卷一四一，頁 1346）以尊聖人故，而將之入「彙考」，不稱「列傳」。

數部叢書之子目，以使讀者覘其所收諸書之概。而〈河圖洛書部〉錄易圖象數諸說及其圖解於「彙考」中，就相關圖式博採併收以備參考，此部份詳見後文「圖」、「表」著錄體式所述。

二、「總論」著錄體式

茲以〈詩經部・總論一〉爲例以述「總論」之體式結構（卷 149，頁 767B）：

圖 5-4　「總論」著錄體式圖解

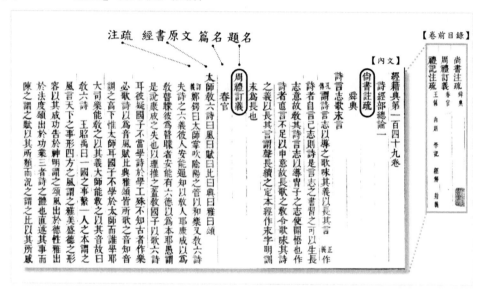

《集成・經籍典》「總論」之所取，凡聖賢經傳之精論正見，正史傳、志之敘釋，史志、簿錄之類序，及子書、文集之論得其當者，皆在所錄文獻之列。至其編次係以時代先後爲序，經學部類收錄材料大抵以經史列前、子集居後，而史學、子學部類則以錄史子集爲主。再述著錄形式，其首標朝代（僅標於各朝首條，或有漢前諸書不予標註者），次標註著者姓名，對於習見之經史諸書、先秦諸子，或觀書名即知著者之別集，則往往略其姓名，唯基本著錄項目必有書名與篇名兩項，其篇名多爲原書即有者，又部份篇題或爲《集成》編者視各段內容之旨而自行標註者，故須審愼查覈之。有關文獻錄入原則，〈凡例〉述「總論」之擇錄常例爲「必擇其純正可行者，聖經中單詞片句併注疏，皆錄於前，蓋立論要以聖經賢傳爲主」，如本例（見圖 5-4）於〈詩經部〉「總論」首錄《尚書・虞書・舜典》：「詩言志，歌永言」併漢・孔安國傳、唐・孔穎達正義，次錄《周禮・春官・太師》：「教六詩，曰風，曰賦，曰比，曰興，曰雅，曰頌，

以六德為之本，以六律為之音」併宋‧王與之訂義，又採《禮記》之〈王制〉、
〈內則〉數篇相關語併其注疏，故「總論」各條之錄於前者，乃諸經中關乎《集
成》各部主題、要旨之單詞片句併後世注疏。〈凡例〉又云：「至子集中，有全
篇語此一事，必擇其議論之當者，……即一篇中，所論不一事，而數語有關，
亦節取之」，如〈詩經部〉「總論」又錄宋‧程大昌《詩議》及鄭樵《詩辯妄》，
所載諸篇均係《詩經》篇什、詩序、六義、四始、正變問題之辯難論證，即可
謂全篇語此一事者；再如錄隋‧王通《中說》之〈王道〉、〈周公〉、〈述史〉，及
唐‧韓愈《韓昌黎集》之〈上宰相書〉，其一篇中所論不止一事，故節取篇中論
《詩》之數語，擇其議論得當者臚列之。

三、「圖」、「表」著錄體式

　　《集成》圖版宏富、題材廣泛，〈凡例〉謂「一物而諸家之圖所傳互異，
亦並列之，以備參考」，舉凡疆域、山川、禽獸、草木、器用之形體，諸家圖
式暨圖解悉薈萃書中，此率多集中於〈方輿彙編〉、〈博物彙編〉諸典部內；
至於立表者數量較少，若星躔、宮度、紀元等，非表不能詳者則列表，係多
見於〈曆象彙編〉與〈經濟彙編〉中。而《集成‧經籍典》以其典部性質未
能廣設圖表，其具「圖」之體式者唯〈河圖洛書部〉與〈易經部〉，又〈易經
部〉中雖有標為「圖」者，實則具表格形式；緯目「圖」、「表」於《集成‧
經籍典》中並未單獨立目，係隨所錄原書材料而入「彙考」或它目之中，如
〈河圖洛書部〉各幅河洛圖式係載於「彙考」三至六，又〈易經部〉有零星
載於「總論」、「易學別傳」者。各圖均有一標題置於該圖上方，並於卷前目
錄將之與諸書篇名併錄，如〈河圖洛書部‧彙考三〉錄宋‧劉牧《易數鉤隱
圖》，除錄該書〈序〉外，另僅節錄其「河圖」、「洛書五行生數圖」、「洛書五
行成數圖」三圖（卷 51，頁 274B），於卷前則一併著錄於該書名下；圖解多
附圖後，部份編者按語尚能說明錄某圖之因（詳見本章第四節），著重源流且
諸派併錄，係該部收載文獻暨相關圖式之主要特點。

四、「列傳」著錄體式

　　茲以〈經學部‧傳經名儒列傳二〉為例以述「列傳」體式（卷 328，頁
1596A）：

圖 5-5　「列傳」著錄體式圖解

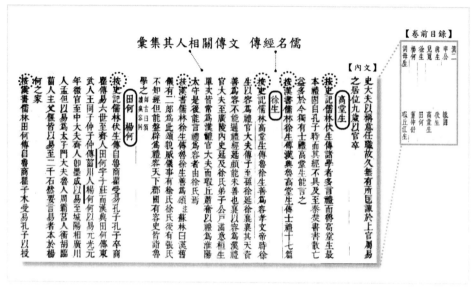

　　《集成·經籍典》唯〈經學部〉具緯目「列傳」，是名「傳經名儒列傳」，所錄儒者自周秦時期左丘明、孔鮒等為始（孔門名儒傳記已入「彙考」），下迄明末清初孫奇逢、黃道周、萬斯大等名彥儒士，其所錄人物之傳經事蹟多自正史列傳、儒林中取材，尚有部份朝代錄自它史者，如五代人物錄自宋·尹洙《五代春秋》，又明代於錄《明外史》（即《明史稿》之一版本）後，大量彙錄各地之方志史料，蓋以正史未有傳，或傳中所記不及傳經之事，故自它史錄之。至其著錄形式，於卷前目錄中所錄諸儒係以朝代繫之，後就其姓名一一錄之，或有以小字註其傳中子嗣姓名者；在引文方面，則一如「彙考」編年體各條以「按」字起首，如本例（見圖 5-5）錄漢·徐生事，兩條引文係分別錄自《史記》與《漢書》〈儒林傳〉中關乎該人物傳經之部份，又若遇各段落之數人物具學術傳授或師承關係者，則一併立其名目於前，如將「田何」、「楊何」二人併立，以示授受淵源。此係以個別人物之傳經事蹟為突顯焦點，不拘於自本史、本傳中蒐羅材料，充分呈現其以傳記文獻主題內容為著錄對象之類書特性。

五、「藝文」、「選句」著錄體式

　　茲以〈三禮部·藝文二〉為例以述「藝文」之體式結構（卷 262，頁 1274B）：

圖 5-6　「藝文」著錄體式圖解

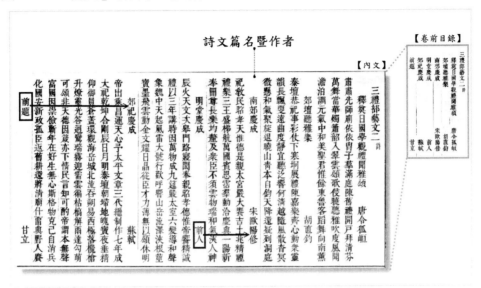

據〈凡例〉言「藝文」錄入標準係「以詞爲主，議論雖偏，而詞藻可採，皆在所錄」，其以文辭藻麗、呈情達旨之屬，就《集成・經籍典》諸部典籍主題進行載錄，所收各式文體包含詔、疏、書、表、記、賦、傳贊、序跋、策問、箴銘、詩、詞等，「篇多則擇其精，篇少則瑕瑜皆所不棄」，其編次約以散文與賦文居前、詩詞錄後，前後二者亦各依時代排序，「大抵隋唐以前從詳，宋以後從略」。至其著錄形式，於卷前目錄係標各詩文篇名於上，再於其下標註朝代及作者（朝代僅標於各朝首條），尚以篇名或作者相同者先後並列，如本例（見圖 5-6）錄宋・歐陽修二詩，第二首作者即著錄爲「前人」，又錄蘇軾與甘立同篇名之詩作，後者篇名則以「前題」著之；其內文亦如目錄各條，一一著錄篇名、作者於前，唯可見於篇名下附有編者小注，如某詔文頒發於何年、某賦以何爲韻、某文內容係關於何典籍篇章、某組詩所錄爲何首，均是其例。此外，緯目「選句」爲儷詞偶句之錄，該典僅〈書經部〉有之，係於內文中標註作者、篇名後錄其句，體式甚簡。

六、「紀事」、「雜錄」、「外編」著錄體式

茲以〈老子部・紀事〉爲例以述「紀事」之體式結構（卷 434，頁 2189A）：

圖 5-7　「紀事」著錄體式圖解

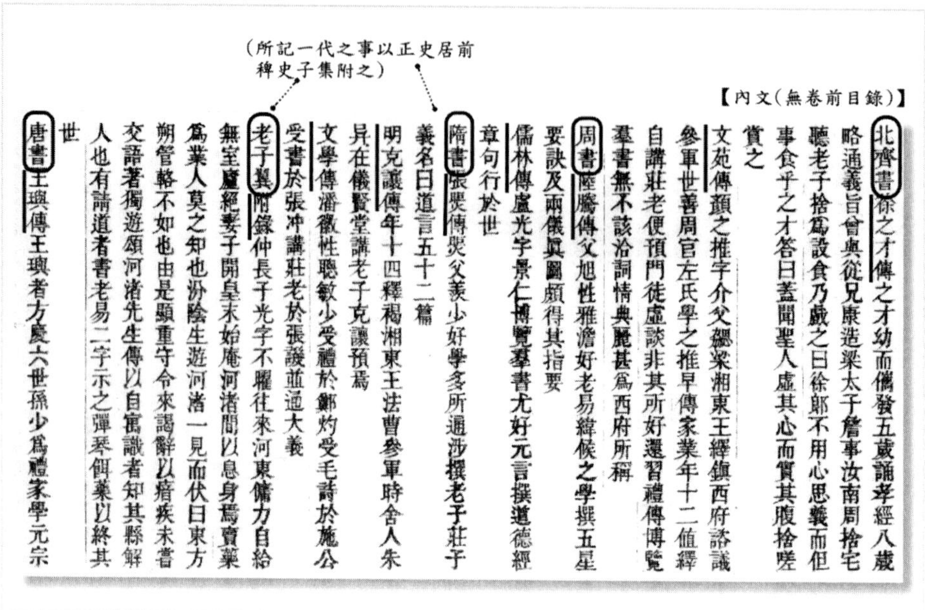

於《集成‧經籍典》中，凡無關諸經傳授、史籍纂修、文藝政策之瑣聞細事皆錄於「紀事」，依〈凡例〉所述，緯目「紀事」係於「彙考」記政典大事、制度沿革而外，另就其「瑣細亦有可傳者，皆按時代，列正史於前，而一代之稗史子集附之」。各條引文基本僅著錄書名、篇名，同書名之不同篇則另起行，並僅錄篇名，書名不複著錄，如本例（見圖 5-7）錄《隋書‧張瞻傳》等三條，後二條僅錄其傳篇名；又有同書名、同篇名，然為不同段落者，亦另起行，此則書名、篇名均不錄。其引文編次係依各段所述人事之時代為序，並以正史居前、稗史子集附之，如本例明‧焦竑《老子翼》該一引文所錄係隋文帝開皇時事，故附於正史《隋書》之後；〈凡例〉亦言明所謂時代先後之標準為「亦有後人雜記，而及數代以前之事者，若按其著書之世代，則疑於顛倒，故仍採附於前」，因其並非以著書時代編次，故明朝《老子翼》之所以列於《唐書》之前，自是即可知其緣由。此外，緯目「雜錄」所載乃非正論某事之材料，其引文多自子書、雜著筆記、類書中取材，而「外編」多以釋道、小說之類，有荒唐難信之事則入之，此二者著錄形式較簡，多數僅錄書名一項，同一書之不同段落亦另起行，書名不複錄。

七、「易學別傳」特例

《集成‧經籍典》除前述各緯目，尚於〈易經部〉置有「易學別傳」目，所載文獻包含漢‧焦贛《易林》、京房《易傳》、揚雄《太玄經》、晉‧郭璞《洞林》、北魏‧關朗《洞極真經》及《關氏易傳》、北周‧衛元嵩《元包經傳》、五代‧麻衣道者《正易心法》、宋‧司馬光《潛虛》，蓋屬易之支流。所謂「別傳」，乃相對正傳而言。正傳所指為正宗易學，傳統上係以儒家易為本；而涉入丹道與方技合流，即屬別傳之易學。二程、朱熹在兩宋學術界係儒家易之正統，居領導地位，故傳程朱易者為正傳；而不同於程朱，或流入方技術數之易學，即為別傳。〔註13〕

第三節 引文義例

本節論《集成‧經籍典》引文之內容義例，該典係一部具類書性質之書目，將歷朝經籍藝文材料鎔鑄其中，頗富辨章典籍源流之書目特性，亦具輯錄體解題涵納眾說、以資考訂之優長。然其主要與傳統書目不同之處，即在書目著錄係以一書為單位，或以該書為核心從而蒐求諸家論述材料；《集成‧經籍典》本係類書，故其引文基本依據各部類主題，而詳加蒐羅與該主題相合之文獻內容段落，逐條涵負、編排於諸緯目之中，其範圍作用、蘊含內容實較一般書目更為廣泛。以下即就該典之引文述其內容義例：〔註14〕

一、匯合官方尊經政策

《集成‧經籍典》藉編年體裁之梳理、排比，將取材自正史紀、傳、志

〔註13〕孫劍秋，〈俞琰易學思想探微〉，《國立台北師範學院學報》，14期（90年9月），頁354。該文論及宋‧俞琰之道教易學，以為其所著《易外別傳》係易學與道教相結合之產物，文中並提及詹石窗先生首先以「正傳別傳二重化」來說明俞琰易學，以表彰俞琰於道教易學上之成就，故另可詳見：詹石窗，〈正傳別傳二重化──俞琰《易》說淺析〉，《福建師範大學學報（哲學社會科學版）》，1期（民國77年），頁66～72。

〔註14〕前一節係討論引文著錄之外在「格式」，本節則著重在引文「內涵」之探討，而基本仍依前述之緯目架構作為內在敘述脈絡，唯不在標題上就各緯目詳加區分，又同一標題下所舉之例證將不限專自某緯目中錄入，易言之，本節欲以實際載錄之文獻內容為主要探討對象，較少受到緯目性質制約。此外，各例證之引文係以《集成‧經籍典》所錄文字為主，其刪改錯漏之處或多，茲不就原書文字逐一進行校勘、考論。

及政典會要、傳注、類書之史料連貫匯合，凡歷朝經史政要大事、文化政策施行，俱昭然揭諸是典之中，〈凡例〉即謂「經籍所以垂教萬世，凡事關帝王尊經者，皆按代編年，詳其本末」，故其「彙考」編年體所錄尤重帝王尊經、表彰儒學之事。以〈書經部〉為例，該部編年自周敬王時孔子刪書為始，再後於漢代錄有：〔註15〕文帝時詔鼂錯從伏生受《尚書》事，武帝建元年間置歐陽生、孔安國、孔延年為尚書博士，又天漢年間孔安國得古文尚書獻之，太始年間詔孔安國作古文尚書傳，昭帝以《尚書》未明而詔舉賢良、文學高第，宣帝本始年間河內女子得〈泰誓〉一篇獻之，又甘露年間詔立大小夏侯尚書博士，元帝時歐陽地餘及孔霸俱以《尚書》授帝，成帝時劉向校中祕、《尚書》以中古文校歐陽大小夏侯三家，哀帝時劉歆請立古文尚書於學官、詔與博士講論其義，平帝立古文尚書博士、以蘇竟為講《尚書》祭酒（卷111，頁598A～599A）；以上諸事係關乎《尚書》之經學傳承、博士建置、獻書朝廷、詔舉儒士、經義講論、校讎刊正，由各「事目」所述與「引文」所錄，斯可藉以考察官方尊經政策與經學發展之關係。

再就其引錄文獻細查，如前述〈書經部‧彙考一〉事目「〔漢武帝〕天漢□年孔安國得古文尚書獻之」後引《漢書》〈藝文志〉、〈魯恭王傳〉、〈劉歆傳〉與孔安國〈尚書傳序〉，各條材料所述時間不同，或云武帝時事、或云景帝時事，編者考訂之，即以古文尚書係景帝時魯恭王始得之、武帝時孔安國始獻之，是其將諸說併存，亦能提出事目論斷之理，讀者觀其引文尚能得一事所載之異同關聯。又「彙考」編年體之引文，僅擇取與事目相關之段落，然就某一經之經學發展而言，針對部份至關重要之文獻，或有存其詳文於它目者，如前引《漢書‧劉歆傳》，僅錄該傳中〈移讓太常博士書〉所述孔安國獻尚書事，由於劉歆作該文而引發經學上今、古文之爭，其全文則另收載於〈書經部‧藝文一〉（卷127，頁670B），又如前引孔安國〈尚書傳序〉，僅錄魯恭王得書及其篇卷異同事，其傳序全文併孔穎達正義則另收載於〈書經部‧彙考三〉（卷113，頁606B）。反之，或可由它目所載之文，於「彙考」編年體中查得其事，如〈書經部‧藝文一〉錄漢昭帝〈舉賢良文學詔〉及後漢章帝〈選高才生受學詔〉，其事則分別

〔註15〕以下所述諸事係參酌自〈書經部‧彙考一〉漢代部份，其事目包含文帝一則、武帝六則、昭帝二則、宣帝三則、元帝二則、成帝三則、哀帝一則、平帝一則，茲於下文舉其事目之大略，或有省去未述之部份，即不一一詳列（此後數項尚有舉例說明事目內容者，亦以此法處理之）。

見於〈書經部‧彙考一〉「〔漢〕昭帝始元五年六月詔以《尚書》未明，令舉賢良、文學高第」、「〔後漢章帝〕建初八年十二月戊申詔令羣儒，選高才生受古文尚書」（卷 111，頁 598B、599B）。其因資料性質或錄入角度不同而分置諸緯目中，若能得其聯繫進而配合參看，則於考察帝王尊經史事與經學政策要文之際，蓋可見其法互見、匯合之意。

二、述明典籍編修原委

　　《集成‧經籍典》雖以呈現帝王尊經事爲首要之旨，其「彙考」編年體於歷代典籍之徵求、整理、流傳情形蒐羅亦豐，經學部類多有經書傳注校勘、刻板印行大事之輯，除此而外，該典於史學部類收載官方史籍編修材料亦甚翔實。以〈漢書部〉編年之體爲例，該部自後漢一代始錄，包含明帝時使班固敍《漢書》事，和帝時詔班昭就東觀成《漢書》，安帝時命劉珍、劉騊駼、張衡等作《漢記》，〔註16〕又唐代太宗時顏師古注《漢書》上之，宋代太宗時詔陳充等校《漢書》、付有司摹印，以及眞宗、仁宗年間覆校與刊誤摹板事，寧宗時徐天麟表進所編《西漢會要》事（卷 375，頁 1835B～1836A）。再如〈宋史部〉自宋代修本朝史之事始錄，包含各帝修纂實錄、起居注、日曆、國史志、國朝會要、寶訓、玉牒等諸項史料，其後則錄元代修前朝史《宋史》之事，包含世祖時收宋史及諸傳記歸之國史院，成宗時袁桷請購求宋史遺書，順帝時詔脫脫等修《宋史》，以及明代英宗時詔周敍重修《宋史》事（卷 391、392，頁 1936A～1943B）。《集成‧經籍典》自〈史記部〉至〈明史部〉雖以各正史之名稱立部，而觀其所錄諸事非限於該廿一史，係以本朝修當世之國史、及後代爲該朝編修正史典制之事爲主，並間及立院修史、置官預事、重修覆校、進講注疏等要事，故藉由史學部類各事目與引文之錄，攸關歷朝史籍積累傳承、纂修整輯之大要，均於是編中有一詳悉之體現。

〔註16〕是書即《東觀漢記》，係紀傳體史書。後漢明帝至靈帝間，班固、劉珍、崔寔、馬日磾、蔡邕、楊彪、盧植等先後與修，因董卓、李傕之亂，書未定稿，時稱《漢記》。因修於洛陽南宮之東觀，遂用今名。所記爲後漢光武帝至靈帝時事，爲後來十餘家後漢史著所依據，晉時與《史記》、《漢書》併稱三史。（見趙國璋、潘樹廣主編，《文獻學大辭典》（揚州：廣陵書社，民國 94 年），頁 300。）此係後漢朝修其本朝史之事，故《集成‧經籍典》將事目「〔後漢〕安帝永初□年命劉珍、劉騊駼、張衡等作《漢記》」置於〈漢書部〉似未甚恰當，以置於〈後漢書部〉應較爲宜。

此外，《集成‧經籍典》雖未就歷代「藏書」或「書目」校讎之業特立爲一部，實則其內容多彙集於〈經籍總部〉中，茲以其編年體——魏晉時期爲例，相關之事包含魏文帝時改祕書令爲監、採掇遺亡藏在祕書中外三閣，元帝時祕書郎鄭默始制《中經》，晉武帝泰始年間祕書監荀勗與中書令張華依劉向《別錄》整理記籍，又咸寧年間汲郡人得竹簡古書、詔祕書監荀勗與著作郎束皙等撰次以爲《中經》，其後荀勗又因《中經》更著《新簿》，分爲四部總括群書（卷2，頁8A～9A）；由此既可查明魏晉時官簿編修源流與四部法之創制，又透過歷朝圖書徵集來源、管理機構沿革、編撰人員司職等史料之彙錄，則大抵可探知中央政府典籍校讎工作之發展及其歷程。再如〈集部〉編年體自晉武帝時陳壽上《諸葛亮集》之事始載，後於唐代錄玄宗開元年間令王灣、劉仲丘等治集部書，天寶年間更造四庫書目、集庫一萬五千七百二十二卷，又宋代太宗時李昉、宋白等纂《文苑英華》上之，眞宗大中祥符年間置龍圖閣奉安太宗御書、御製文集，詔纂歷代帝王集、帝作序而賜名《宸章集》，天禧年間姚嗣復上其父所撰《唐文粹》，以及孝宗時命呂祖謙彙次《宋文鑑》等，有宋一代所錄係以各帝置書閣、藏御集之事爲豐（卷471，頁2369A～2371A）。或如〈類書部〉始自魏文帝使諸儒撰集經傳、隨類相從、號曰《皇覽》一事，至唐代錄高祖時詔歐陽詢等撰《藝文類聚》事，太宗時敕高士廉等撰《文思博要》，玄宗時詔徐堅等撰《初學記》，又宋代載太宗時《太平廣記》書成、鏤板事，及眞宗時詔楊億、王欽若等修《冊府元龜》，高宗時命鄭樵進《通志》，元代則錄文宗時命儒臣纂修《經世大典》，明代錄成祖時《永樂大典》書成事（卷497，頁2530A～2531B）。是則《集成‧經籍典》編年體中涉及典籍整理之相關部類，係以御製或敕纂羣籍之編修概況爲呈現主軸，蓋爲官府書業之歷史發展而言，提供較爲周遍通貫、條理明晰之引文材料。

三、考察學術流變脈絡

《集成‧經籍典》「彙考」編年體既以正史紀、傳爲其事目著錄之主要依據，故其所載情事多係各代中央政府施行經籍、藝文政策之事蹟，從中亦可窺知部份學術流派於歷朝之興衰發展情形。以諸子相關部類中之〈老子部〉編年體爲例，該部首載周時老子著書上下篇以言道德之意，其後則載漢景帝時改《老子》爲經、始立道學，後又於武帝時罷黜黃老之學，至南朝梁武帝時造制旨老子講疏，簡文帝時御製《老子義》二十卷，北魏時道武帝召諸王及朝臣、親爲說《老

子》，唐代高祖時嘗廢老子法、旋又復老子法，又高宗詔以《道德經》爲上經、貢舉人皆須兼通，玄宗時御注《道德經》詔天下藏之，又有置崇玄學、設玄元廟、御書經文之舉，宋代眞宗時命杜鎬等校《道德經》，神宗時呂惠卿《道德經傳》成、表上之，欽宗時詔取士禁用《老子》，明代太祖時上御注《道德經》（卷431，頁 2170A～2173A）；老子係道家學術之代表，其思想流略於歷朝發展或迭或興，斯可就官方採納政策做一側面考察。

　　《集成》編年體「事目」所立係以帝王政策爲主，「事目」乃編者對諸條「引文」考辨後所摘錄出之官方大事要目，然諸經授受各有其學術體系源流，此於「事目」帝王尊經大事中無以明之，欲察其師法承傳情形，則須自「引文」觀之。以〈詩經部〉爲例，漢初傳詩者有魯、齊、韓三家今文，及毛公一家古文，後鄭玄爲毛詩作箋，今唯毛詩獨存，而〈詩經部・彙考一〉關乎毛詩之首則事目，係據《漢書・儒林傳》所立「〔漢〕平帝元始五年立毛詩博士」，此爲毛詩立於官學之大事，而有關毛詩授受源流則呈現於引文中，如其引《隋書・經籍志》一條：

> 漢初又有趙人毛萇善詩，自云子夏所傳，作詁訓傳，是爲毛詩古學，而未得立。〔註17〕後漢有九江謝曼卿善毛詩，爲之訓。東海衛敬仲，受學于曼卿，先儒相承，謂之毛詩。序，子夏所創，毛公及敬仲又加潤益。鄭眾、賈逵、馬融，並作毛詩傳，鄭玄作毛詩箋。（卷133，頁 700B）

故知後漢・謝曼卿、衛敬仲（衛宏）爲傳毛詩之一系，鄭眾、賈逵、馬融、鄭玄則爲毛詩作傳、箋。其後又錄《玉海》一條：

> 毛公，趙人，治《詩》，爲河間獻王博士。獻王修學好古，舉六藝，立毛氏，學左氏春秋。博士毛公授同國貫長卿，長卿授解延年，延年授徐敖，敖授陳俠，由是言毛詩本之徐敖。贊：平帝立毛詩。（卷133，頁 700B）

此係說明毛詩於西漢之直傳，自毛公授貫長卿，又傳解延年、徐敖、陳俠。既曉兩漢毛詩師法之傳，則尚可於〈詩經部・紀事〉人物傳記中詳查治毛詩者之相關學術事蹟，如其錄《後漢書》鄭玄、賈逵、衛宏等學者之師承及著

〔註17〕編者於該則事目時代之斷，係以《漢書・儒林傳》所述爲據，而此處《隋志》云毛詩未立，該條下之編者按注即謂：「按《隋志》敘毛詩甚詳，竟未及平帝時立毛詩事，豈未暇考漢〈儒林傳贊〉耶？今並列于此，以備參考。」

述（卷160，頁813A、814A），亦可作爲考察一家、一派學術發展脈絡之參酌材料。

四、輯錄序跋敘釋文字

　　序跋於古籍文獻中通常用於說明某書之著作與刊行意旨、編排體例、作者生平及其學術淵源，亦包含對該書之評論及相關問題之研究闡發，故序跋文字向爲「輯錄體解題」引文擇錄所重視。而《集成‧經籍典》爲類書體式，其於「彙考」編年體之後，大量而集中彙錄各部主題相關之典籍序跋，是亦可展現其述明撰作原委、論定卷帙編次、詮解學術思想之解題內涵，如〈中庸部‧彙考二〉於「朱熹《中庸輯略》二卷」引明‧唐順之序文曰：

> 《中庸輯略》凡二卷，初宋儒新昌石塾子重，采兩程先生與其高第弟子游、楊、謝、侯諸家之說《中庸》者，爲《集解》凡幾卷，朱子因而芟之爲《輯略》，其後朱子既自采兩程先生語入《章句》中，其於諸家則又著爲《或問》以辨之。自《章句》、《或問》行，而《輯略》、《集解》兩書因以不著於世。友人御史新昌呂信卿，宿有志於古人之學，且謂子重其鄉人也，因購求此兩書，而余以所藏宋板《輯略》本授之。已而呂子巡按江南，則屬武進李令板焉，而《集解》則不可復見矣……。（卷283，頁1368B）

此乃說明朱熹《中庸輯略》係節略自石塾《中庸集解》，並揭示《中庸輯略》與朱子所著《章句》、《或問》間之承遞、互異關係，要以載明該書之編撰概況與刊行緣由，中亦反映其書版刻情形。〔註18〕「彙考」除引一般圖書之序跋、題跋，又或錄有書目之敘錄解題文字，如〈爾雅部‧彙考二〉於「張揖《博雅》十卷」引陳振孫解題曰：

> 《博雅》十卷，魏博士張揖撰，凡不在《爾雅》者著于篇，仍用《爾雅》舊目。《館閣書目》云今逸，但存音三卷，今書十卷，而音附逐篇句下，不別行。揖又有《埤蒼》、《三蒼》、《訓詁雜字》、《古文字訓》，凡四書見《唐志》，今皆不傳。（卷305，頁1470A）

乃釋該書與《爾雅》之沿襲關係，並著其篇卷及撰者著述概況。除一書之序

〔註18〕〈中庸部‧彙考二〉尚錄有「石塾《中庸集解》二卷」朱熹序、張栻跋，及「朱熹《中庸章句》一卷」朱熹自序（卷283，頁1368A），以此數篇序跋文互參，蓋可見其成書之原委關聯。

跋、敘錄文字,有關群書概略及學術發展之書目類序材料,多載於「彙考」錄歷朝書目之體及「總論」中,如〈經學部‧彙考五〉於《漢志》錄其六藝序,於《隋志》附載其經部大序,又焦竑《國史經籍志》附載其經解類小序(卷315);再則於〈經學部‧總論〉中,於《漢書》除覆錄六藝序,並載有儒家類小序、儒林傳序,於《隋書》亦覆錄經部大序、併儒林傳序,又載有《崇文總目》之儒家類小序,此外,尚集中載錄各正史之儒林或文藝傳序(卷323、324)。正史傳、志中之敘釋性文字係多載於「總論」,如〈地志部‧總論〉錄有各正史之地理志序,此中引《宋書‧州郡志序》:

> ……地理參差,其詳難舉,實由名號驟易,境土屢分,或一郡一縣,割成四五;四五之中,亙有離合,千回百改,巧曆不算,尋校推求,未易精悉。今以班固馬彪二志、太康元年定戶、王隱《地道》、晉世《起居》、《永初郡國》、與徐《州郡》及地理雜書,互相考覆。且三國無志,事出帝紀,雖立郡時見,而置縣不書。今唯以《續漢郡國》校《太康地志》,參伍異同,用相徵驗。自漢至宋(按:南朝宋),郡縣無移改者,則注云「漢舊」,其有回徙,隨源甄別。若唯云「某無」者,則此前皆有也。若不注置立,史闕也。(卷429,頁2157B)

係說明《宋書‧州郡志》參校漢晉地理諸志及相關材料之徵驗情形,其補三國無志之闕,並就郡縣之沿革變遷詳注其流別。此類正史或書目之敘釋文字尚多呈現於〈史學部〉、〈諸子部〉、〈集部〉「總論」中,從中蓋可統察各類經籍流變概況。

五、逐收相關書目著述

《集成‧經籍典》具「彙考」——錄歷朝書目之體者凡六十四部,由於該典約以個別圖書為主題而立部,故於「彙考」該一體式所載諸書,係自傳統簿錄之各學術類別下逐條篩揀、羅致《集成‧經籍典》各部主題相關書目。如〈戰國策部‧彙考三〉擇錄《漢志‧六藝略‧春秋類》「戰國策三十三篇」一條,及《隋志‧史部‧雜史類》「戰國策三十二卷」等三條,《宋志‧子部‧縱橫家類》「高誘注戰國策三十三卷」等二條,宋‧鄭樵《通志藝文略‧史類‧古雜史》「戰國策三十四卷」等三條,元‧馬端臨《文獻通考經籍考‧子部‧縱橫家類》「戰國策十三卷」等二條,明‧王圻《續文獻通考經籍考‧雜家考》「姚氏戰國策」等四條(卷370,頁1812A~B);此係就該部圖書主題——「戰國策」為

蒐羅主軸，於歷朝史志或政書目錄中逐一揀擇與之相關諸條書目，從中亦可考察各目歸類之沿革異同。另一方面，或可由某書目、某學術類別而探查該類於《集成‧經籍典》之分佈，如以《漢志‧六藝略‧春秋類》為例，其所收諸目除全數錄於〈春秋部‧彙考六〉之外（卷 172，頁 859B），另則為前述〈戰國策部〉載有一條，並於〈國語部‧彙考三〉載有「國語二十一篇」等二條（卷 368，頁 1802B），〈史記部‧彙考四〉則載有「太史公百三十篇」等二條（卷 372，頁 1820B），由是可知除《春秋》及其三傳外，關乎《國語》、《戰國策》、《史記》諸史書，於《漢志》中係附載於春秋類之下，是亦展現歷朝書目於《集成‧經籍典》之析分概況。

前述「彙考」係就歷朝書目逐條闌入《集成‧經籍典》各相關部類中，故係以各「書」及其類別為區分主軸；此外，於「紀事」一目中，尚有呈現正史或方志傳記所載學術論著材料者，此蓋以某「人」及其著述為錄入要項。如〈春秋部‧紀事四〉載《宋史‧文苑傳》：

> 江休復，字鄰幾，陳留人。進士起家，獻其所著書，為集賢校理。
> 著《春秋世論》三十卷。（卷 204，頁 1011A）

江休復所著《春秋世論》僅載其傳之中，於《宋史‧藝文志》並未著錄，故此條錄於「紀事」，亦可補史志之闕；該部於宋一代又載志書《福清縣志》：

> 林栗，紹興壬戌進士。淳熙間起直寶文閣，以《春秋直解》進呈，
> 詔以書藏祕府，除祕閣修撰。（卷 204，頁 1011B）

林栗於南宋孝宗淳熙年間進其所著《春秋直解》，此事亦為正史所未載。〔註19〕而以《集成‧經籍典》「紀事」摘錄自方志之各條內容，係多以某人學術行蹟及其相關著述為主，蓋可與「彙考」之書目析分體式達相輔相承之用。

六、揭示評議辨駁之論

《集成》中「總論」之所錄，蓋擇取自各文獻中純正可行、議論精當之段落或篇章，以〈三禮部‧總論一〉為例，如其錄經書《易經》〈繫辭〉、〈序卦傳〉，及《書經》〈舜典〉、〈皋陶謨〉，《孝經》〈三才章〉、〈聖治章〉諸篇中

〔註19〕〈春秋部‧彙考一〉事目「〔宋孝宗〕淳熙十一年十二月，林栗上《春秋經傳集解》，付祕書省」，其下云《宋史‧孝宗本紀》不載，而引《玉海》：「淳熙十年六月二十二日，知潭州林栗著《春秋經傳集解》三十三卷，乞投進。十一年十二月四日，上之付祕書省。」（卷 167，頁 842B）故林栗所呈係「春秋經傳集解」，此處所云與《福清縣志》所載「春秋直解」稍異。

釋禮、論禮之句，其「立論要以聖經賢傳爲主」（見〈凡例〉）；而針對三禮之較論，其載有宋‧鄭樵《六經奧論‧三禮總辨》：

> 《儀禮》者，述冠婚、喪祭、朝聘、饗射、咸儀之事。《周禮》者，周官政典之書，述官府職掌之禮。《禮記》者，乃古經十七篇之外，諸儒雜記合爲一書。三禮並是鄭註，北朝徐道明兼通之，以授熊安生，孔穎達采取其說，以爲正義……。（卷260，頁1264A）

此乃就《儀禮》、《周禮》與《禮記》辨析三者經說內容之別。再如〈漢書部‧總論〉錄唐‧劉知幾《史通‧漢書家》：

> 漢書家者，其先出於班固。馬遷撰《史記》終于今，上自太初，已下闕而不錄。班彪因之演成《后記》，以續前篇。至子固乃斷自高祖，盡于王莽，爲十二紀、十志、八表、七十列傳，勒成一史，目爲《漢書》。昔虞夏之典，商周之誥，孔氏所撰，皆謂之書。夫以書爲名，亦稽古之偉稱，尋其創造，皆準子長，但不爲世家，改書曰志而已。自東漢巳后，作者相仍，皆襲其名號，無所變革。唯《東觀》曰記，《三國》曰志。然稱謂雖別，而體制皆同……。（卷376，頁1842A、B）

此係劉知幾就史書源頭論六家、二體之說，該段係論「漢書家」之流。此外，據〈凡例〉云「聖經之言，多入總論；亦有非正論此一事，而旁引曲喻、偶及之者，則入於雜錄」，故《集成》中係以正論一事者入「總論」，若議論偏駁、旁引曲喻者，則入於「雜錄」，如〈易經部‧雜錄〉載南朝宋‧劉勰《文心雕龍‧宗經篇》：

> 皇世三墳，帝代五典，重以八索，申以九丘。歲歷綿曖，條流紛糅。自夫子刪述，而大寶咸耀。於是易張十翼，易惟談天人神致用。故繫稱旨遠辭文，言中事隱，章編三絕，固哲人之驪淵也。（卷94，頁512B）

此主要述經書遠源並及於《易》，蓋因其非正論一事，故入於「雜錄」。

七、廣納人物事蹟傳記

《集成‧經籍典》唯〈經學部〉有「列傳」一目，其係以個別人物傳經事蹟爲主要之芟裁、載錄內容，如〈經學部‧傳經名儒列傳三〉錄《漢書‧京房傳》中焦延壽附傳：

> 梁人焦延壽，字贛。贛貧賤，以好學得幸梁王，王共其資用，令極
> 意學。既成，爲郡史，察舉補小黃令。以候司先知姦邪，盜賊不得
> 發。愛養吏民，化行縣中。舉最當遷，三老官屬上書願留贛，有詔
> 許增秩留，卒於小黃。贛常曰：得我道以亡身者，必京生也。其說
> 長於災變，分六十四卦，更直日用事，以風雨寒溫爲候，各有占驗。
> 房用之尤精。（卷 329，頁 1603A）

西漢易學家焦贛與京房併稱，二人具師承關係，而以焦贛於正史《漢書》中
並無專傳，故自〈京房傳〉中擷取焦贛相關事蹟；再如〈經學部・傳經名儒
列傳二十五〉錄《宋史・隱逸・陳摶傳》：

> 摶字圖南，亳州眞源人。讀經史百家之言，一見成誦，悉無遺忘，
> 頗以詩名。後唐長興中，舉進士不第，遂不求祿仕。周世宗命爲諫
> 議大夫，固辭不受。太平興國中來朝，太宗待之甚厚。賜號希夷先
> 生，仍賜紫衣一襲。摶好讀《易》，手不釋卷，常自號扶搖子。（卷
> 351，頁 1722B）

有關名儒之傳經事蹟，率多引自正史專傳或〈儒林傳〉，然亦非僅限於此，以
此處錄〈隱逸傳〉爲例，係取隱逸人士之傳經相關要事爲著錄內容。此外，《集
成・經籍典》關於撰著、編述或研讀某典籍之人物學術事蹟，主要尚錄於各
部「紀事」中，如〈唐書部・紀事〉錄有《五代史・劉昫傳》，乃因劉昫作《舊
唐書》而本傳不及一語，故錄其全傳以知其人（卷 389，頁 1921A）；又如該
部載有《宋史・孫甫傳》：

> 著《唐史記》七十五卷。每言唐君臣行事，以推見當時治亂，若身
> 履其間，而聽者曉然，如目見之。時人言：終日讀史，不如一日聽
> 孫論也。《唐史》藏祕閣。（卷 389，頁 1922A）

宋・孫甫著《唐史記》，此錄自該人物之正史本傳，係爲後代編著其前代史之
事；又該部錄志書《休寧縣志》：

> 宋松年，字德操，登紹興進士第，耽嗜史學，於唐尤力。爲信州錄
> 參，即官所結閣，網羅百氏關于唐者萃焉。公退校讎，寒暑不倦。
> 名其閣曰紬書。（卷 389，頁 1923B）

宋・宋松年收藏唐代史籍甚豐，治唐史尤力，然以正史中未列其傳，故自方
志中摘錄其人相關事蹟。

八、薈萃佳文錦言之句

《集成》「藝文」一目係載錄詞藻見工之詩文材料,各部涵蓋之文體甚富,而以傳贊、策問、詔疏、表狀、題跋、賦、詩等爲諸部所常見。以〈論語部〉「藝文」爲例,其載有漢・司馬遷〈孔子世家贊〉、〈仲尼弟子列傳贊〉,及梁・江淹〈鏡論語〉,唐・韓愈〈省試顏子不貳過論〉、〈答侯生問論語書〉,宋・尹焞〈進論語狀〉、朱熹〈論語課會說〉、眞德秀〈跋孔從龍洙泗言學〉、魏了翁〈題李肩吾所書鄉黨〉等文,爲關於孔門師生、《論語》篇章記載之論贊題跋文字,所載係「以詞爲主,議論雖偏,而詞藻可採,皆在所錄」(見〈凡例〉),如其引唐・權德輿〈進士策問〉:

> 問孔門達者,列在四科,顏子不幸,伯牛惡疾,命之所賦?誠不可問。至若攻冉求以鳴鼓,比宰我於朽木,言語、政事何補於斯?七年可以即戎,百年可以去殺,固弛張之有異,曷遲速之相懸。爲仁由己,無信不立。拜陽貨則時其亡也,辭孺悲則歌使聞之。聖人之心固當有爲,鄙則未達子其辯歟。(卷273,頁1320B)

就編者意識而言,此段策問內容蓋以詞藻重於議論,故入於「藝文」。再者,除前述單篇散文之作,在韻文方面則主要爲賦、詩之體,如其引唐・白居易〈君子不器賦〉、張仲素〈繪事後素賦〉、獨孤授〈韞玉求價賦〉、裴度〈歲寒知松柏後凋賦〉、羅立言〈風偃草賦〉諸作;詩作則載於〈論語部・藝文三〉,如錄宋・黃庭堅〈歲寒知松柏〉一詩:

> 群陰彫品物,松柏尚桓桓。老去惟心在,相依到歲寒。霜嚴御史府,雨立大夫官。犧象溝中斷,徽絃篋下殘。光陰一鳥過,斬伐萬年難。春日輝桃李,蒼頭亦預觀。(卷274,頁1328A)

該部詩賦之作,多係藉由《論語》所載錦句而抒發爲文。至若《集成》「選句」之錄,係採儷詞偶句之佳者,如〈書經部・選句〉載明・楊維楨〈伏生授經圖詩〉:「挾書嚴禁禁未開,盤誥誰能禁齊語。」與文翔鳳〈伏生墓詩〉:「秦焚不到書生腹,孔壁重歸女史環。」(卷128,頁678B)均是其例。

九、泛採瑣聞雜篇異事

《集成》「紀事」一目係載瑣細可傳之事,除以相關人物之學術事蹟與著述概況爲主要錄入內容,部份條目尚錄有稗史子集所記遺聞軼事,如〈易經部・紀事三〉引明・鄭曉《吾學編》:

雪庵和尚傳曰和尚名，暨不知其姓。靖難初，落髮爲僧，走重慶。
有隱士杜景賢，知和尚非常人，與之游，往來白龍諸山。山旁有松
柏灘，爲寺居之，昕夕誦經。山中人不知書，且謂誦佛經，乃不知
其誦《易》乾卦也。（卷 93，頁 511A）

《吾學編》爲明代中後期私修國史之發端者，此處雪庵和尚事，亦即清初所
修明史稿本——《明外史》中〈葉希賢傳〉所載之事，其間或有參酌關聯，
故併存以使後人知所考證。〔註20〕其次，針對考究未確、議論旁雜之事則入
於「雜錄」，如〈易經部・雜錄〉引清・顧炎武《日知錄》：

《易林》疑是東漢以後人撰，而託之焦延壽者。延壽在昭宣之世，
其時左氏未立學官。今《易林》引左氏語甚多，又往往用《漢書》
中事，如所云：彭離濟東遷之上庸，事在武帝元鼎元年……。（卷
94，頁 521A）

此段係疑《易林》之時代作者，其考論雖可供參稽，然引證仍甚旁雜，故入
「雜錄」。此外，若「百家及二氏之書所紀，有荒唐難信及寄寓譬託之辭、臆
造之說」（見〈凡例〉），則置於「外編」，如〈易經部・外編〉錄晉・葛洪《神
仙傳》：

孔子讀書，老子見而問之曰：「何書？」曰：「《易》也。聖人亦讀之。」
老子曰：「聖人讀之，可也。汝曷爲讀之，其要何說？」孔子曰：「要
在仁義。」老子曰：「今仁義慘然而汨，人心亂莫大焉，又何用仁義。」
（卷 94，頁 521A）

此段所述顯爲臆造之說，而以「外編」所錄多係佛道神仙異事，「錄之則無稽，
棄之又疑於掛漏」（見〈凡例〉），實具貶斥意涵。

第四節　按注作用

　　類書對於收錄資料之揀擇、編排、參照運用諸原則，多以按注文字補充
說明，係編者纂輯思想、考辨工夫之主要表達形式，而《集成・經籍典》按

〔註20〕〈易經部・紀事〉亦載有《明外史・葉希賢傳》：「希賢，松陽人，以進士爲
御史。燕王稱帝，去爲僧，改名暨，號雪菴和尚。走蜀之重慶大竹善慶里，
山水奇絕，處棲焉。隱者杜景賢，知其非常人，即其地爲築菴，與其徒數人
居之。晨夕誦《周易》。景賢曰：僧宜誦佛經，暨即讀佛書。」（卷93，頁510B）
可與《吾學編》所載雪庵和尚事相互參看。

注數量豐富，其分布位置、涵蓋範圍及形式作用可資探討者頗夥，係爲本節之研究重點。而有關《集成》按語之研究專論篇章，唯可見裴芹所作兩篇，其一爲〈論《古今圖書集成》的"參見"〉，主要探查《集成》之〈凡例〉與按注中所運用之目錄學參見系統，初步揭示典、部與條目間之聯繫及其方法。〔註21〕其二爲〈《古今圖書集成》的按注研究〉，進一步於前文之基礎上，著眼於《集成》整體之按注內容分析，並就實例舉證以闡釋其體系、作用，分別可歸納爲：1. 說明立部分類；2. 說明參見互見；3. 說明體例變通；4. 說明文字段落的調整與刪節；5. 勘校；6. 說明引文的版本；7. 補充與注釋；8. 說明一些條目的收錄理由。〔註22〕該二文之研究範圍係以《集成》整體爲考量，本文則聚焦於《集成‧經籍典》，欲就該典中按注內容及作用進行考察，要以深刻爬梳其編例原則，藉此補充、歸納〈凡例〉所未及之條目編排、文獻考訂、變通處理等各項相關細則。

　　據本研究查檢之結果，若限於筆者所設定之統計原則，《集成‧經籍典》中編者按語約達四百四十餘次。〔註23〕此中依其頻率次序，係以〈經籍總部〉、〈諸子部〉、〈經學部〉等總類之數量爲豐，而又多集中於經學相關部類，依序爲〈書經部〉、〈易經部〉、〈春秋部〉之中，按注數量大致係與各部類卷帙之比例相稱；另一方面，在緯目「彙考」及「紀事」中，按注之分佈較廣、數量較多，尤以「彙考」所佔將近四分之三爲眾，蓋與此目之輯錄內容多係史事之要者，故按注多以史料文獻之考論、覈訂爲主。其分佈統計詳如下表所示（見表5-2）：

〔註21〕裴芹，〈談《古今圖書集成》的"參見"〉，《內蒙古民族師院學報（哲社版）》，2 期（民國 83 年），頁 59～61。

〔註22〕裴芹，〈《古今圖書集成》的按注研究〉，在《古今圖書集成研究》（北京市：北京圖書館，民國 90 年），頁 64～86。

〔註23〕本節對於《集成‧經籍典》按注之判定及統計原則大致如下：1. 本按注統計之所取，係以「按」字起首之雙行小字爲主；2. 部份雙行小字雖未以「按」字起首，然其涉及典、部或條目編排者，亦視爲編者按注；3. 部份或爲編者迻錄自它書文字，襲用之而充爲己之按語者（參見註37），本文未及詳考，仍取之爲編者按注；4. 部份雙行小字處，顯爲它書原有之小注（此係以錄歷朝書目之體所佔較爲多數），即不計入編者按注中；5. 部份或爲編者就所錄文獻段落進行簡要之注解，如釋字、釋音、注篇章名、注賦文用韻等，或有「已另載，茲不重錄」之參見指示（參見註32），由於此類按注爲數頗眾，即不一一條計之。若以前述各項作爲統計條件之限定，《集成‧經籍典》按注數量係約在四、五百條之間，實則應在四、五百條以上。

表 5-2　《古今圖書集成‧經籍典》按注分佈統計表

經目＼緯目	彙考	總論	藝文	紀事	雜錄	其他	總計	經目＼緯目	彙考	總論	藝文	紀事	雜錄	其他	總計
1.經籍總部	44		3	13	3		63	34.北周書部	2						2
2.河圖洛書部	7		1				8	35.南北史部	1						1
3.易經部	16	1		4	1	5*	27	36.隋書部	1			1			2
4.書經部	22		1	4	1		28	37.唐書部	3			2			5
5.詩經部	10		2	3	1		16	38.五代史部	1			1			2
6.春秋部	12	2	2	1	2		19	39.遼史部							0
7.禮記部	14				2		16	40.宋史部	4			1			5
8.儀禮部	6						6	41.金史部				1			1
9.周禮部	5	1			2		8	42.遼金宋三史部				1			1
10.三禮部	7			4			11	43.元史部	2						2
11.論語部	5				1		6	44.明史部	2						2
12.大學部	3						3	45.通鑑部			2				2
13.中庸部	1			1			2	46.綱目部							0
14.孟子部	2			2			4	47.史學部	21			2			23
15.四書部	2			1			3	48.地志部	4						4
16.孝經部	12			4			16	49.山經部					1		1
17.爾雅部	2			1			3	50.老子部	12	1		1			14
18.小學部	7			1			8	51.莊子部	2	1					3
19.經學部	14		1	2	2	16*	35	52.列子部	1						1
20.讖緯部							0	53.墨子部				1			1
21.國語部							0	54.管子部	1						1
22.戰國策部	1						1	55.商子部							0
23.史記部	3			1	1		5	56.孫子部							0
24.漢書部	1			3			4	57.韓子部	1						1
25.後漢書部	3			1			4	58.荀子部							0
26.三國志部							0	59.淮南子部	1						1
27.晉書部				1			1	60.揚子部	1	1					2
28.宋書部	2						2	61.文中子部							0
29.南齊書部	1						1	62.諸子部	45						45
30.梁書部	1			1			2	63.集部	8		1	2			11
31.陳書部				1			1	64.文選部				1			1
32.北魏書部	1			1			2	65.類書部	2						2
33.北齊書部	2						2	66.雜著部	2			1			3
								部 1～66 總計	323	8	12	62	20	21	446

表註：「其他」為〈易經部〉別傳 5 條、〈經學部〉列傳 16 條

茲將《集成・經籍典》按語內容及其編輯作用，引證說明如下：〔註24〕

一、考辨事目原委，始末展卷可知

《集成》「彙考」於年月可紀之事，係仿「綱目體」進行史料彙編，藉由「事目」併「引文」之編年與臚列，使一事之始末沿革、異同疑誤昭然若揭。而編纂者於實際從事「事目」之編寫與各事件「引文」之揀擇工作時，必須針對各史之紀、志、傳及典制、會要、別史等相關材料加以審訂去取，方得以確立「事目」所繫年月、事件前後倫序、諸史料所屬事件，至於諸「引文」所載一事詳略異同，甚或年月事跡相有違戾者，亦須透過繁複比對與嚴密考辨而得以定。故於此編年體之纂輯過程中，編者欲揭示其「事目」之所斷與「引文」之所取，其纂輯原委係以按注形式為之，茲將是一按注情況引證如下：

（一）斷大事之始

《集成・經籍典》著重載錄歷朝經史文化流變軌跡，其揭櫫文化發展源頭，首則事目係以「太昊伏羲氏始作八卦、造書契」為端緒，又次則事目「炎帝神農氏演八卦，作連山，著神農諸篇」乃著後世經籍之始，於〈經籍總部・彙考一〉上古神農氏該則事目後，錄《漢書・藝文志》引文一條，其下按注云：

> 按上古之書，真贋莫辨，雖前史載之，亦多疑其為後人假託之言，然觀《連山》、《本草》、《方書》等皆有左驗，則當時之著書信矣，特後世所傳多非其舊爾；姑存其概，以著經籍之始。至《路史》稱天皇氏有靈書八會，注引《真誥》：「八會文章之祖，為龍鳳之章、雲篆之跡」，其說尤荒誕不足據，入於外編；今但以伏羲氏有書契之後為斷。（卷1，頁1A）

斯可蠡測編者對諸史料之錄入，猶史家重褒貶之意，其取捨嚴明，大抵依足據之文獻為斷，或有真偽未確然可以它書左驗者，姑錄之以存其概，若未足據者則入於外編。〔註25〕又如〈書經部・彙考一〉於首則事目「〔周〕敬王

〔註24〕以下所述按語情況及相應之編例，可與附錄三「《集成・經籍典》按注引證釋例表」相互參看。

〔註25〕今查〈經籍典・經籍總部〉未見「外編」一目，然考〈字學典・字學總部〉「外編」中係錄有一段《真誥》述八會之相關引文（詳見鼎文版〈字學典〉，卷十，頁104）。《真誥》為南朝梁・陶宏景所撰道教典籍，故就《集成》編者之纂輯意識言，其以為釋道二氏之書所紀多有臆造之說，錄之無稽，棄之又疑於掛漏，乃另入於外編。

三十一年孔子刪書定爲百篇」下之按語，述及該部之編年始於孔子之由：

> 按刪書斷自唐虞，今編年不始于唐虞，而始於孔子者，蓋未刪以前
> 篇帙尚多，無從詳考，故編年止自孔子始……。（卷 111，頁 598A）

故知編年係自可考者爲始，無從詳考者雖略之，然於按注中亦加以補充申明，足見編者對史事考察之愼重，善盡告知其編纂處理方式之責，爲古類書中所僅見。

（二）事目年代考證

關乎歷朝經籍文化政策之實施舉措，藉由編年之體得以先後相續，而各則事目所繫年月，於編纂過程中即爲史事考證首要之務。〈經籍總部・彙考一〉於事目「〔漢〕景帝□年得古文經傳于孔子舊宅壁中」後，諸條引文下置一按注云：

> 按本傳恭王於景帝三年即徙王魯，好治宮室，則壞宅必景帝時事；
> 至元朔元年其子安王已嗣位，年表可稽，〈藝文志〉以爲武帝末始壞
> 孔子宅，武帝在位五十四年，計元朔元年武帝始在位十三年，安得
> 謂武帝末乎？自以本傳景帝時爲正……。（卷 1，頁 3B）

此係考辨孔壁古文所得之時，經學自是有今古文之分，蓋大事宜詳考之，故此處併列諸說，考其所記年代何以互歧，並引證相關史料辨明此係景帝時事，以作爲事目年代論定依據。或有某事未知其確切年號，如〈春秋部・彙考一〉事目「〔漢宣帝〕元康□年以嚴彭祖爲公羊春秋博士」後，引《漢書・儒林傳》條下按注云：

> 按甘露時嚴彭祖已爲公羊博士，故附此條于元康之後、甘露之前。（卷
> 167，頁 838B）

由於《漢書・儒林傳》僅載其爲宣帝時事，未詳其年號，故乃根據已考定之它事，判斷未定事目發生之先後，以推測該事發生之約略年號範圍。或一事之年代事跡於正史所記稍有不同者，如〈經學部・彙考一〉事目「〔漢平帝〕元始五年正月徵天下以五經教授者遣詣京師」下引《漢書・平帝本紀》及〈王莽傳〉，其按注云：

> 本紀稱五年，此稱四年者，莽奏於四年，至五年正月始舉行耳。（卷
> 311，頁 1499A）

該二條引文，編者斷其爲同一事，蓋某政策上奏與舉行必有其先後，故所記非爲同時耳，此係就相關記載而合理連貫該事始末。再或針對某事發生之時，

自古即爭論未定，如〈老子部‧彙考一〉「周老子著書上下篇，言道德之意五千餘言」下徵引諸說，其後按語曰：

> 按《史記》稱老子著道德五千言，不言年月，敘于孔子問禮之後，宜爲敬王時人矣，……是史遷終不能名其爲何時人；而焦竑引關尹子仕昭王爲大夫，……又實指授經爲昭王時事。是皆未可以臆斷也，故但冠之以周，闕其年月云。（卷 431，頁 2171A）

老子其人其事，史料徵信不易，是以一事未可臆斷，則冠其約略時代，但闕年月以示存疑，故可明編者廣參眾說而不以一見論定之求實態度。

（三）所據年代取捨

「彙考」編年之體，著眼於經籍史事之流傳考察，其「事目」下所錄諸「引文」，大抵係以正史居前，凡一事正史本紀不載，則多錄其傳、志或相關典制史料，若遇有諸引文所載年代不一處，常見之例有並存俟考、從本紀、從傳、從其他史料等諸法。如〈易經部‧彙考一〉事目「〔漢〕元帝□年復立京氏易博士」後引《漢書‧儒林傳》，其按注云：

> 按〈章帝本紀〉稱孝宣帝立京氏易，此稱元帝立京氏易，並存以俟考。（卷 59，頁 315B）

此係並存俟考之例，[註 26] 由於二者均正史所載，年代卻爲互歧，故並存以使後世學者知所詳考。又如〈經籍總部‧彙考二〉事目「〔晉武帝〕咸寧五年十月汲郡人得竹簡古書，詔祕書監荀勗、著作郎束皙等撰次以爲《中經》，藏于祕府」後，其引《晉書》數條引文下之按注云：

> 本紀作咸寧五年，〈荀勗傳〉作咸寧初，〈束皙傳〉作太康二年，同一《晉書》而互異如此，今姑從本紀。（卷 2，頁 9A）

此係從正史本紀之例，亦爲正史所載互歧之另一處理方式。此外，復有相同史料於其他部類所從不一之情況，如〈春秋部‧彙考一〉事目「〔晉〕武帝太康二年得汲冢師春一篇，記春秋左傳諸卜筮」後引《晉書‧束皙傳》一條下之按注云：

> 按本紀作咸寧五年，事未詳載《左傳》諸書，故從束傳。（卷 167，頁 840A）

〔註 26〕此以一事兩立，就「〔漢〕元帝□年復立京氏易博士」該一事目向前查覈，即可得事目「〔漢宣帝〕黃龍元年立京氏易博士」（卷 59，頁 315B），其下係引《後漢書‧章帝本紀》所錄宣帝時事。

此係從正史列傳之例；上例於〈經籍總部〉從本紀，此例於〈春秋部〉從列傳，顯示相同史料置於不同部類，由於側重焦點不一，其事目之擇取著錄亦各有異。又〈春秋部‧彙考一〉事目「〔宋〕眞宗咸平三年三月詔邢昺等校定公羊、穀梁春秋傳」後引《宋史‧邢昺傳》與《玉海》條下按注云：

> 按傳稱二年者，是年昺爲侍講學士，明年始受詔校定耳，但傳于明
> 年字略而未書；今從《玉海》，以其有月日可稽也。（卷167，頁841B）

此係從其他史料之例，以《玉海》錄宋一代掌故之詳實，於此事有月日可稽，遂捨正史而從之。

（四）編年之變例

《集成》編年之體於各則「事目」下，其「引文」順序居前之史料，係爲各「事目」年代事跡之主要著錄依據，此係其常例；偶有因例而變通調整，抑或未能依常例著錄者，則進一步以按語作提示。如〈經籍總部‧彙考四〉事目「〔宋眞宗〕大中祥符六年正月，賜王旦已下龍圖閣書籍圖書目六閣圖書贊，十一月賜御史臺經史」後引《宋史‧眞宗本紀》與《玉海》數條下之按注云：

> 此以本紀居前，故不復按月編次。（卷4，頁22A）

該事目下所載爲同年之數事，雖《玉海》所載月份較《宋史》爲先，然常例係以正史本紀列前，是即不按月編次。尚有正史未列於前之情形，如〈集部‧彙考一〉事目「〔唐玄宗〕開元十九年多車駕發京，時集賢院集庫一萬七千九百六十卷」後引《會要》與《舊唐書‧經籍志》，其按注云：

> 按《舊唐書》此條未載年月，故附見於《會要》之後，其卷數多寡
> 互異，並存以俟考。（卷471，頁2369A）

係因正史未載年月，故變其例，以會要居正史之前。此外，《集成‧經籍典》六十六部中，惟〈雜著部〉無編年體之輯，其「彙考」所錄係爲雜纂雜著類之序跋及叢書之子目，〈雜著部‧彙考一〉置一按注云：

> 按〈經籍典〉每部各有編年，惟〈雜著部〉不用編年。（卷499，頁
> 2544B）

蓋《集成》中並非各部皆有「彙考」，有「彙考」之部亦並非皆有編年之制，而以〈經籍典〉全典中僅一部無之，此一比重誠能體現編者對古今典籍文化之實際演變及發展情形之重視。

二、綜覈條目載記，諸事關聯可得

　　前係針對「彙考」編年中，某事之年代考證、取捨、編次相關按注進行考察，以下則聚焦於史料所載事跡內容異同或事目間之關聯，其按注情形約如下述：

（一）同事目下數條內容綜理

　　同事目後各條引文間之事跡異同及其關係，係於引文之末總置一按語說明，如〈經學部‧彙考二〉事目「〔唐太宗〕貞觀二十一年詔以左丘明、卜子夏等二十一人，代用其書垂於國冑並命配享宣尼廟堂」引新、舊唐書所載一事數文，按注云：

> 按本紀及〈儒學傳〉俱作二十一人，而《舊唐書》多賈逵且云總二十四座，《新唐書‧禮樂志》亦多賈逵而云二十二人，其互異如此，並存以俟參考。（卷312，頁1503A）

同一事而各條所載內容互有異同，即透過按語約略進行提要綜理，以利閱者從中掌握引文之異。此外，同一事目下之引文，其所載未必僅爲同一事，如〈書經部‧彙考一〉事目「〔明〕神宗萬曆元年講官張居正著《書經直解》以備睿覽」後除引〈書經直解序〉，尚引申時行〈書經會編序〉，其下按語曰：

> 按《尚書直解》時行刪訂爲多，以居正首輔，故獨繫之居正耳，今《會編》亦家絃戶誦，與之並垂矣。（卷111，頁604B）

此係於一事目下，併列與該事目間接相關之事，繫之於後。或於同事目下，大事居前，小事附後，如〈經籍總部‧彙考六〉事目「〔明成祖〕永樂五年十一月《永樂大典》成，帝爲製序，是年遣胡濙巡天下頒御製諸書」後引《明外史》等十餘條史料述《永樂大典》成書事，於最末僅附一條述胡濙頒御製書事，該按語云：

> 此另一事，故附載于後。（卷6，頁33A）

此係附載同年之另一事，藉由按語而可知該事目及其引文所述事之區別。

（二）前後事目聯繫

　　「彙考」編年之體係藉事目「立書法」於前，以作爲經籍大事之史事提綱，事目間若先後相有關聯，亦可透過按語考知其情，如〈史學部‧彙考一〉事目「〔周〕幽王仍以李耳爲柱下史」錄《史記‧周本紀》條下按注云：

> 按老子廟碑自文、武時已居其職，至幽王時仍爲之。（卷405，頁

2016B）

據此向其前之事目進行查考，可得文王時「〔周〕文王以史佚、史編爲太史，以李耳爲柱史」之事，蓋一事歷數代，遂立多則事目以明之。又「彙考」中事目之立，大抵係以事繫年，若相關之事居不同年，則以按語揭示，如〈史學部・彙考一〉事目「〔宋眞宗〕咸平三年十月選官校勘三國志、晉唐書諸史」引文下按注曰：

> 按刊刻係五年事，詳見後。（卷405，頁2018B）

由於刊刻非同年之事，然前後事目相關，指引至後，可得「〔宋眞宗〕咸平五年三國志、晉唐書校畢刊板，唐書不刊板」一事。又有史料所載年代事跡相悖者，如〈莊子部・彙考一〉事目「〔唐玄宗〕開元二十九年正月令崇元學生徒習《莊子》，每年準明經例考試，……」載《舊唐書・玄宗本紀》條下按注云：

> 按此條即二十年事，前作舉送，此作考試，疑即一事，但此云二十
> 九年，未知孰是，今并存以俟考。（卷435，頁2192A）

查其前事目「〔唐玄宗〕開元二十年……置崇元學令生徒習《莊子》，準明經例舉送」，蓋前後事目所載疑即同一事，並存俟考。

三、釐定排序之則，事物先後可繫

「彙考」編年之體乃典中最爲宏鉅者，其事目訂立、史料翦裁，經由按語之探究或可得其體纂輯之法，故前述二項主要係以編年體按語爲討論重心；以下則針對《集成・經籍典》其他各緯目中編次先後相關問題，亦利用其按語作一考察：

（一）紀事之編次

史事之大者入於「彙考」，瑣細而可傳者則入於「紀事」。「紀事」之例，大抵皆按各史料所記時代爲序，如〈易經部・紀事一〉引晉・皇甫謐撰《高士傳》所記西漢・田何事一條，該條引文廁於《漢書》與《後漢書》間，其按語云：

> 此條係惠帝時事，故附《前漢書》之後。（卷91，頁501A）

因該條所載係西漢惠帝時事，故附正史《漢書》之後，蓋「紀事」之編次係以各條引文所錄時代爲主，而非以著書時代爲序，以免疑於顛倒。又「紀事」雖以正史列於前、稗史子集附之，然於此例中亦有所變通，如〈書經部・紀

事一〉首即引《孔叢子》所載子思事，其按語曰：

> 按此條係紀子思事，故列《史記》之前。（卷129，頁679A）

該條後所引係《史記》所載伏生事，是其所記時代居前者，雖非正史仍採附於前。又「紀事」中多以正史之列傳資料爲其取材所重，從中擇錄無關政典大要之瑣聞細事，以揭示與該部主題相關之個人學術事跡，而由各部之材料編次中或可探其因部制宜之情狀，如〈四書部‧紀事〉引《宋史‧道學傳》數條後，其按語云：

> 以下俱列傳，四書以程朱爲主，故〈道學傳〉居前，列傳反次之。（卷300，頁1449A）

蓋《宋史》原係以列傳居〈道學傳〉之前，而考量〈經籍典‧四書部〉以程朱一系爲主，故調整《宋史‧道學傳》居於列傳之前，以符合該部纂輯要旨。

（二）列首之因

《集成‧經籍典》編者對各部「緯目」下史料載錄自何起首，可藉按語考察其有特意爲之者，如〈河圖洛書部‧彙考三〉引《易經‧繫辭傳》數文後，錄有古河圖、古洛書二圖，其圖解則錄元‧吳澄《易纂言》，按語云：

> 按古河圖洛書舊傳此圖，諸家未詳其授受源流，今列第一，亦遡流窮源意也；其說元吳澄《易纂言》詳之，附載于此以備考。（卷51，頁274A）

是其將河圖洛書之源於古者，列於第一，以示窮源之意。又〈詩經部‧藝文一〉之首引《左傳‧襄公二十九年》「吳公子札來聘」之事，其按語云：

> 此雖觀樂，而一部詩義盡在其中，工於說詩者也，故取冠藝文之首。（卷157，頁797A）

該文係季札觀周樂之贊言，工於說《詩》，故冠藝文之首。另如〈史學部‧紀事〉之首引《書經‧虞書》宋‧蔡沈集傳文，其按語曰：

> 按史不始於虞夏，而史之有書傳於今者，則自虞夏始，故取以冠史學紀事之首。（卷418，頁2091B）

查〈史學部〉之彙考編年係以事目「〔上古〕黃帝立史官」爲始，故按語謂「史不始於虞夏」；而〈史學部〉之紀事自虞夏始，蓋以今傳最早之史料爲首。

（三）附載之因

《集成》中時可見某事或某書之相關材料一併附載，藉按語或可補充其

何以附後之因，如〈經學部‧傳經名儒列傳十四〉引隋‧王通事，條下按注云：

> 按王通《隋書》不載，今就附見《唐書》者錄之，故附載於此。（卷
> 340，頁 1668B）

而考該卷之卷前目錄，於「王通」之名目下注有「隋人，附見《唐書》」，可知王通係隋朝人，然以本朝史未載，故自它書錄之。〔註27〕又一較特出之例，係〈漢書部〉於該部彙考之後，附錄《漢書》之校注相關材料，其按語置於卷前目錄：

> 前皆正史，此下皆敘例、參校諸考，故附於後。（卷 375，頁 1835B）

其於彙考後係錄唐‧顏師古《漢書注‧敘例》、宋時校定《漢書》之參校本材料，因係校注資料，故附正史之後。

四、述明擇錄之理，存汰情由可循

類書之纂，係將文獻史料縷析條分、裒次類列，故確實表明何存何汰，而非任意區分或濫入某類，亦《集成》按語之主要作用，茲將其引證如下：

（一）入典、入部之由

某文涉及它典相關內容，似可入它典，然以另一角度觀之，入於某典應更為適宜，如〈經籍總部‧紀事六〉引《舊唐書‧王方慶傳》，其按語云：

> 按羲之一段雖係書法，然已成卷集，故亦載之經籍。（卷 44，頁 232B）

蓋王羲之係王方慶之伯祖，以方慶獻羲之書翰真跡事與書法有關，然因其已成卷集，故入〈經籍典〉。又如〈經籍總部‧彙考六〉於事目「〔明成祖〕永樂二年帝御文華殿，與楊士奇講論經義」後引《春明夢餘錄》一條，其按語曰：

> 按此條雖專言《大學》，而經義皆具，為有明一代文華殿講經之始，
> 故錄之總部。（卷 6，頁 32B）

此係楊士奇進講《大學》事，其所言關乎經籍大義之事，故入〈經籍總部〉。此外，〈經學部‧彙考五〉為歷朝史志及典制書目中「經解」一類之載錄，其於《隋書‧經籍志‧論語類》下置一按語云：

> 按《隋志》附論語類，今採入〈經學部〉。（卷 315，頁 1516B）

〔註27〕隋人王通，諡號文中子，以《中說》一書傳今。《集成‧經籍典》設有〈文中子部〉，首則事目為「〔隋〕文帝開皇□年河汾王通著《中說》二卷、《元經》十卷，稱為文中子」（卷 446，頁 2246B），該部採錄相關資料甚詳。

《隋志》中並無經總一類，唯經總之書係附論語類下，故採之入〈經學部〉。

（二）入某緯目之因

　　《集成》中「緯目」之內容性質、採錄標準，於〈凡例〉文字內已置有總釋之則，而編者於實際揀擇材料時，遇有未能詳者，則於按注中進一步分釋，如〈詩經部・彙考五〉於《韓詩外傳・序》前置一按語曰：

> ……唯小序則相沿已久，今採入彙考，使有所稽核：子貢詩傳、申培詩說皆因小序，連類及之；至云韓詩雖存，無傳之者，而今則韓詩亦不復存，僅存外傳，安知數千百年後並外傳亦不復存矣，故亦連類及之，以備韓詩之闕。（卷137，頁717B）

故此前錄《詩序》於彙考二、《子貢詩傳》於彙考三、《申培詩說》於彙考四，係由於部份文獻雖眞僞未確，然相沿已久，故入於彙考，使之有所稽核，用以備闕。又〈詩經部・雜錄三〉錄明・章潢《圖書編》，〔註28〕其按語云：

> 按章潢《圖書編》多採諸家之說，而不著其姓名，故皆附於雜錄。（卷165，頁829B）

《圖書編》係類書之纂，然以其著錄未甚嚴謹，故附於雜錄。

（三）文字刪存

　　《集成》對文字之擷取刪動，大體係基於各部主題內容、緯目性質之需求而定，次則由文獻價值視角觀之，凡古者、精者求其詳，繁蕪而未可據者存其菁，如〈經籍總部・彙考一〉事目「帝舜有虞氏命官職典禮歌詩，著書受圖置史」後引《玉海》舜廣九州爲十二州事，其按語云：

> 按《玉海》引《帝王世紀》及《集仙錄》，皆言西王母慕舜德，獻益地圖，其說近誕；至云廣九州爲十二州，則益地圖之說，殆非無據。茲削其誕者，存其足據者，以爲考古者之一證云。（卷1，頁2A）

〔註28〕明・章潢《圖書編》尚爲《集成・經籍典》之〈書經部〉、〈春秋部〉、〈禮記部〉、〈周禮部〉、〈論語部〉、〈大學部〉、〈中庸部〉、〈孟子部〉、〈四書部〉各部「雜錄」所引錄，然其未必皆置於「雜錄」目，亦有一二條錄於「總論」者，係較罕見。又查《四庫全書總目・子部・類書類》述該書云：「……雖儒生之見，持論或涉迂拘，然採摭繁富，條理分明，浩博之中取其精粹，於博物之資，經世之用，亦未嘗無百一之裨焉」，是四庫館臣對《圖書編》文獻取材、條別之評價頗高，未可一概而論也。（見：〔清〕紀昀、陸錫熊、孫士毅等原著；四庫全書研究所整理，《欽定四庫全書總目（整理本）》（北京：中華書局，民國86年），頁1793。）

近誕之說削之，足據者存之，以作爲考古者之一證。又〈周禮部‧雜錄一〉錄宋‧王應麟《漢制考》部份內容，其按注云：

> 按《漢制攷》援據周禮注疏暨史傳，文甚悉，今但取其訓釋《周禮》
> 正文者，故第略採注文，其注所未及，則兼錄疏。（卷251，頁1213B）

故其並非注疏均存，主要係取該書中訓釋《周禮》之注文，注所未及則兼錄疏文。

（四）未錄之因

爲避免產生應錄而未錄之疑，《集成》編者就此亦愼加考量並發爲按語，如〈經學部‧傳經名儒列傳十九〉於卷前立一按語曰：

> 按宋世如歐陽修、司馬光，一代名儒也，其於經籍撰述亦甚富，而
> 本傳不暇詳及，故無可採，……其他名儒宋代尚多，皆以本傳未載
> 傳經事，故不復錄，非遺忘也。（卷345，頁1686A）

宋代諸多名儒，因於正史本傳未載其傳經事，故無可採錄，並非遺而不錄。又〈地志部‧彙考五〉爲前代書目中「地理」類相關書籍之載錄，其於明‧焦竑《國史經籍志》「地理」類下按注云：

> 按鄭樵《通志》已載者，茲不重錄。（卷422，頁2121B）

蓋焦竑《國史經籍志》大抵取法自鄭樵《通志‧藝文略》，而查《通志‧藝文略》已著錄於前之彙考四，故云已載者茲不重錄。

五、制定析分之例，錄文詳略可參

同一文獻依其主題可析分爲多個段落，又或同一段落依事物屬性亦可涉及多種主題，故將傳統目錄學方法運用於類書編纂中，統以參照系統互爲連結，形成文獻與主題間之整體繫聯，可藉以達到指此至彼、涉類互參、簡約篇幅之目的，而此類按注於《集成‧經籍典》之表現型態約可區分如下：〔註29〕

（一）典部立意參見

針對《集成‧經籍典》與它典它部、或與本典它部間之區分和繫聯，編

〔註29〕《集成‧經籍典》參照系統之類型，裴芹將其區分爲「詳略參見」、「存目參見」、「分析參見」、「別見」等項，本文主要即據裴芹分法而略有調動（參見裴芹之文，同註22，頁67～70）。而有關類書之類目參照形式，另可參考羽離子，〈類書的分類和目錄〉，《圖書館研究與工作》，4期（民國75年11月），頁27～28。

者之立意及其歸類原則爲何，可由相關按注中進行考察，如〈經籍總部・紀事七〉錄《宋史・道學傳》條下按注云：

> 道學諸儒全傳，俱載〈學行典〉，此特紀其著書大略。（卷45，頁243A）

蓋《宋史・道學傳》係記學行名賢事蹟，故全傳入〈學行典〉，而於〈經籍典〉僅記著書大略；再後又錄《宋史・儒林傳》，其按注云：

> 儒林全傳，俱載〈經學部〉，此亦紀其大略。（卷45，頁243B）

《宋史・儒林傳》係記儒者傳經事爲主，故全傳詳載〈經學部・傳經名儒列傳〉，此處〈經籍總部〉僅記其略。〔註30〕此外，〈小學部・彙考一〉於事目「周王立小學建保氏教六書」後引〈周禮・地官・保氏〉，其按注云：

> 按六書始於伏羲，凡字學源流俱詳〈字學典〉，此則統論小學，及小
> 學書卷目始載焉。（卷307，頁1478A）

斯以字學源流詳載〈字學典〉，而〈經籍典・小學部〉係載統論小學之事、小學書卷目。又如〈小學部・紀事〉錄《宋史・道學・朱熹傳》條下按注云：

> 按〈小學部〉紀事惟載朱子小學，餘俱見〈字學典〉，悉不採錄。（卷
> 310，頁1497A）

朱子小學始以義理爲主，〔註31〕入〈經籍典・小學部〉，至於以字學爲主者則錄之〈字學典〉。

（二）指詳參見

一事除入於本類，亦可隸其上位類，擇其所重者詳載之，或一文已另載，彼詳此略，由略處指引至詳處，如〈諸子部・彙考十一〉錄元・馬端臨《文獻通考・經籍考》墨家一類下按注云：

> 按墨子今已另分有〈墨子部〉，俱已詳載，茲特存其略，以爲墨家之
> 始。（卷457，頁2301A）

〔註30〕中國歷來正史皆只設〈儒林傳〉，自元・托克托等修《宋史》，始以〈儒林〉、〈道學〉分爲兩傳，而將程朱一系理學家置於〈道學傳〉：至清初時修《明史》，〈道學傳〉之廢存成爲明史館修史之爭論焦點（其事詳見：張麗珠，〈紀昀反宋學的思想意義──以《四庫提要》與《閱微草堂筆記》爲觀察線索〉，《漢學研究》，20卷1期（民國91年6月），頁259～260。）

〔註31〕茲以另一按語與之相佐證，〈小學部・彙考一〉事目「〔宋〕孝宗淳熙十四年朱熹作《小學集註》」後錄朱子〈小學集註序〉，其按注曰：「按小學書自蒼頡後，多以字學爲主，至朱子小學，始以義理爲主，……附於編年之內。」（卷307，頁1478B）

蓋以某書目之墨家類另詳載〈墨子部〉，是類亦可隸於諸子，於〈諸子部〉僅
存其略，以爲墨家之始。又如〈類書部‧彙考一〉於事目「〔明成祖〕永樂
五年十一月《永樂大典》成」之引文下按注曰：

> 按永樂大典一條已詳載〈經籍總部〉。（卷 497，頁 2531A）

該事因係經籍大事，故已詳載〈經籍總部〉，而於〈類書部〉僅錄引文一二。

（三）存目參見

某文全載於它處，此處僅存名目或篇目，如〈經學部‧傳經名儒列傳十
九〉於宋代卷前置一按語云：

> ……今歐陽全傳已載〈唐書部〉，司馬全傳已載〈通鑑部〉，故但列
> 其名於前，以備名儒之目……。（卷 345，頁 1686A）

蓋歐陽修與司馬光本傳多載其修史事跡，二者全傳乃分載於〈唐書部〉及〈通
鑑部〉「紀事」，而〈經學部〉「列傳」卷前僅存其目。又〈禮記部‧彙考七〉
錄清‧朱彝尊《經義考》所載禮記一類書目，於孔穎達《禮記正義‧自序》
下按注云：

> 按穎達序已另載，茲不重錄。（卷 217，頁 1066A）

朱彝尊《經義考》所輯錄之某序跋已另載於前，茲存其目，不重錄。〔註32〕

（四）對裁參見

《集成‧經籍典》參見法中有屬前後對裁者，即某一主題段落之前文與
後文剪裁篇幅相當，而分置於兩處，如〈易經部‧彙考十六〉於《經義考》
易經類所錄「程頤易傳」條前置一按語曰：

〔註32〕此類按注大量呈現於《集成‧經籍典》「彙考」載錄《經義考》之體，而《集
成》編者之處理方式係就部份《經義考》所收之序跋文，於引錄時僅存其目、
並注云「按序已另載，不重錄」，其存目篇章則多詳載於「彙考」錄經籍序跋
文之體例中。查《集成‧經籍典》「彙考」中錄有《經義考》之部類，分別爲
〈易經部〉、〈書經部〉、〈詩經部〉、〈禮記部〉、〈儀禮部〉、〈周禮部〉、〈三禮
部〉、〈大學部〉、〈中庸部〉、〈經學部〉，而據考於康熙四十八年（1709）《經
義考》編者朱彝尊逝世前，該書目僅刊成《易》、《書》、《詩》、《禮》、《樂》
五種，至乾隆二十年（1755）方補刻完成全帙。故《集成》編者所據或爲初
刻版本，其以「樂類」附於〈三禮部〉，而〈大學部〉、〈中庸部〉則自「禮記
類」抽出。(《集成》與《經義考》之關係可詳見：黃智信，〈《古今圖書集成‧
經籍典‧三禮部》的文獻價值〉，《中國文哲研究通訊》，16 卷 4 期（民國 95
年 12 月），頁 131～132；同前，馮曉庭，〈《古今圖書集成‧經籍典‧經學部》
初探〉，頁 167～168。)

按程氏易傳以前俱詳載〈經學部〉，茲不重錄。（卷 74，頁 398B）

《經義考》易經類於宋‧程頤《易傳》後，始詳錄於〈易經部〉本部，程頤前之各條則入〈經學部〉。〔註 33〕又如〈揚子部‧藝文一〉錄宋‧司馬光〈讀元〉篇，〔註 34〕其按注云：

按光〈讀元〉前篇已見彙考《文獻通考》內，茲不重載。（卷 445，頁 2245A）

此處「藝文」係錄其後文，前文則見於「彙考」載《文獻通考》內，故不重載。

（五）別　載

此處與彼處收錄材料不同，然可互爲補充，故另立於它處以別載之，如〈書經部‧彙考一〉事目「〔周〕敬王三十一年孔子刪書定爲百篇」下所置按注云：

……編年止自孔子始，其百篇撰次原委自有〈古序〉，另立彙考，不附編年之內。（卷 111，頁 598A）

乃說明〈書經部〉編年自孔子始，而述《書經》百篇撰次原委之〈尙書古序〉係別載於〈彙考二〉，不附〈彙考一〉編年內。

六、標註據考文獻，材料徵引可稽

《集成》引文出處係標註於卷前目錄與各條引文前，其基本著錄項目各條大抵均具，或至少錄有題名一項，此較以往類書已甚爲詳備，又可於部份按語中探知其引錄詳細情形或據考相關文獻，以供檢索或徵引時查驗稽核之依據，茲將此類按語約略區分敘述如下：

（一）引錄來源

類書對相關主題文獻之採錄，並非皆以原始材料爲據，或有自其他類書、總集或叢書中輾轉引錄者，如〈易經部‧彙考一〉事目「黃帝受河圖，爲歸

〔註 33〕　《集成‧經籍典》收錄《經義考》之部類中，〈易經部〉、〈書經部〉、〈詩經部〉係自宋代前後對裁，即《經義考》該三類由宋至明之輯錄內容始詳載於其本部，而宋代前之內容則詳載於〈經學部〉，又〈經學部〉該三類至宋後則僅存篇目。

〔註 34〕　〈讀元〉之元字乃玄字之避諱，因其錄於〈揚子部〉，故知其係關漢‧揚雄《太玄經》；此處於「藝文」錄該篇後文，而查其前文係錄於「彙考」《文獻通考》載「溫公集註太元經十卷」條下（卷 445，頁 2243B）。

藏易之始」後引《山海經》條下按注曰：

> 按《玉海》諸書多引此條，今考《山海經》不載，豈見別本注耶？
> 姑存之。（卷59，頁314A）

此處所錄《山海經》一條或轉引自類書《玉海》，然經編者比對，係與清初所傳《山海經》有異。又有說明何以引錄自某史料者，如〈明史部‧彙考二〉錄明‧王圻《續文獻通考》及焦竑《國史經籍志》中關於明代史籍部份，其按語云：

> 按《明史》未成，無正史可載，今止就別史已著錄者，採之以備稽考。（卷397，頁1967B）

蓋康熙時《明史》尚未修成，故無正史藝文志可採，僅就別史錄之。

（二）所據版本

《集成》編者對其引文所據版本並未特意著錄，自按語出之者實僅有數條，如〈中庸部‧彙考二〉引宋‧朱熹《中庸集解‧自序》，其下按語云：

> 書徽州婺源縣《中庸集解》板本後。（卷283，頁1368B）

復由朱熹〈自序〉引文中觀之，可知《中庸集解》有數版本，此係錄自其一。又〈經學部‧傳經名儒列傳三十二〉「明五」一卷之卷前按注云：

> 按以下皆《明外史》新本。（卷358，頁1755A）

明代名儒列傳部份係錄自《明外史》新本，即《明史稿》之其一版本。〔註35〕

（三）引它書互證

《集成》個別條目中除錄一書引文，偶見其按注以它書所載互證某事異同，如〈經籍總部‧彙考六〉事目「〔明英宗〕正統三年以李時勉兼經筵官」後引《明外史‧李時勉傳》條下按注云：

> 按《春明夢餘錄》正統元年開經筵，以李時勉兼經筵官，此作三年始兼，或初開時，時勉尚未兼也。（卷6，頁34A）

其引文係錄自《明外史》，按注中又引清初孫承澤著《春明夢餘錄》互證其所

〔註35〕《明史》之纂成，約歷經清初康、雍、乾三朝，主其事者先後有萬斯同、王鴻緒、張廷玉，約歷數十年之長期修纂時程，在其定稿之前，萬氏與王氏前後皆撰有稿本，亦即所謂《明史稿》；據學者考證，《集成》所錄《明外史》即為《明史稿》之一版本。相關說法詳見：同註32，黃智信之文，頁132～133；馮曉庭之文，頁169～171；陳惠美，〈《古今圖書集成‧經籍典》中的文獻資料及其運用〉，頁21～23。

異之由。又〈易經部‧紀事三〉引明‧鄭曉《吾學編‧雪庵和尚傳》，條下按注曰：

> 按此即《明外史》所載葉希賢傳中事，並存之，使後人知所考正也。
> （卷93，頁511A）

該條係錄自《吾學編》，疑與《明外史‧葉希賢傳》所錄為一事，併存俟考。

（四）前代書目載錄

某書於前代書目之載錄與歸類，亦為編者藉以考索、比勘之重要依據，如〈易經部‧彙考一〉事目「夏后氏作連山易」於數條引文後置一按注云：

> 按連山易《通志》稱至唐始出，而《隋書》已有之，但《隋書》稱梁元帝撰，附入五行類，不入易經，而《唐書》又兩載之……。（卷59，頁314B）

此係考察古之所謂「連山易」於各史志書目著錄之異。又如〈北齊書部‧彙考二〉錄《唐書‧藝文志》與《文獻通考》中關於北齊書之載錄，其所置按語云：

> 按《隋書》無北齊書，《宋史》止載李百藥書，《通志》無王劭書，餘皆同。（卷386，頁1896B）

蓋《唐書‧藝文志》所錄有李百藥、王劭等修北齊史四部，而該處僅錄《唐志》所載，其餘各史志之相關著錄情形則一併於按注中說明，不重覆載之。

七、指陳往籍得失，書篇良窳可論

《集成》編者對錄書或錄文之擇取與編排，除可由各文獻所入緯目而判讀其主次、褒貶意涵，編者或於部份按語中指示往代典籍得失，失則補其未備，善則仍前之例，故查考《集成》時可就此類按語加以參酌，以曉前書編撰得失大略：

（一）批判前說之失

《集成》引錄材料中，正史固為編者依憑據考之所重，而針對部份未甚合理處，雖其亦錄之，另方面亦能持正批判，如〈經學部‧傳經名儒列傳十七〉錄《唐書‧儒學‧盧僎傳》條下按語云：

> 按此傳載之儒學，而絕不及儒學一事，古人疏忽處，此類甚多。（卷343，頁1679A）

蓋該傳所錄無關儒學事卻入〈儒學傳〉，由此批判前史載錄之疏忽處甚多。又如〈經籍總部‧彙考九〉錄《隋書‧經籍志》，於易、書、詩、禮、樂、春秋類後置一按語云：

> 按《漢書‧藝文志》所載六經，如易則附以古五子、淮南道訓、古雜等篇，……當時班固皆因劉歆〈六藝略〉而刪其要，出於創始，故別擇未精，及觀〈經籍志〉其區分為較嚴密矣，學者自能辨之。（卷9，頁47A）

其論前代目錄之分類，指明《漢志》隸類未當之處，以為《漢志》尚別擇未精，而《隋志》出於後世，區分自較為嚴密。

（二）補前書不足

尚有針對某文考究其未備處，而予以附載或補充它說，如〈易經部‧總論一〉於唐‧孔穎達《周易正義‧第一論易之三名》後錄有數條宋儒之說，其後按注云：

> 按《正義》所引易三名之說，考宋儒多止言交變，而鮮及不易，茲略附其說。（卷75，頁411B）

此不僅錄孔穎達之說，尚就宋儒所言加以增補，以明所謂易三名之概。又如〈唐書部‧紀事〉錄《五代史‧劉昫傳》條下按注云：

> 按劉昫作《舊唐書》，而本傳不及一語，讀其書不知其人可乎？故亦載全傳。（卷389，頁1921A）

蓋《五代史》劉昫本傳未載修唐書事，此係前史之不足，故載其全傳以知其人。

（三）改前書之例

《集成》摘錄文獻甚豐，然就多數條目而言，即使其原書某段落大抵已錄備，而鈔錄之序亦未必一如原書之例，如〈儀禮部‧彙考三〉錄《唐書‧藝文志》禮經類書目，於「喪服」相關書目前立一按語曰：

> 按以下俱「喪服」，原本前後錯綜，今悉附後。（卷231，頁1126B）

蓋《唐志》關於「喪服」之著錄係於禮經類之中前後錯綜，今將其相關各條加以集中附後。又如〈經學部‧傳經名儒列傳四〉引《漢書‧儒林‧孟卿傳》，按曰：

> 按孟卿傳《漢書》本列在後，今移置孟喜之前。（卷330，頁1606A）

蓋以孟喜父爲孟卿，故將史傳之原本次序略作變更。

（四）依前書之例

　　《集成》編者於文獻纂輯之際，對前書之例亦能加以參酌，部份錄文係依循舊例或善例處理之，如〈河圖洛書部・彙考三〉錄河圖、洛書二圖後，其按語云：

　　　　……今本《易經》九圖皆係朱子附入，茲仍其例，附此二圖于《易傳》之後，以備考云。（卷 51，頁 274A）

係依朱子附易圖之例，〔註 36〕亦附圖於此。又如〈春秋部・總論一〉錄《孟子・好辯章》，其前置一按語曰：

　　　　按四書概不載入，惟春秋論斷始於《孟子》最爲詳要，故胡安國《春秋傳》列之於前，今倣其例。（卷 183，頁 906A）

是其仿胡安國《春秋傳》之例，列《孟子》篇章於前。

八、附釋瑣細條項，隨文查驗可據

　　類書編纂之主要作用即在於「臨事取給，用便檢索」，以《集成》博瞻賅具之文獻涵量言，針對引文未詳或疑誤處進行附釋、考訂，可使查考者省卻典海翻檢之勞，而此亦《集成・經籍典》中爲數較多之按語類型，茲引證如下：

（一）附　釋

　　有關《集成》錄事或錄文之時間、背景細處說明，其按注約有釋時、釋沿革、釋一文之本事等數例；以釋沿革者爲例，如〈經籍總部・彙考三〉事目「〔唐元宗〕開元十三年以麗正修書院爲集賢殿書院，以張說知院事，……以張悱爲集賢院判官」後錄《唐書》數條下之按注云：

　　　　按張說、徐堅、張悱事，已見開元十年，其時屬麗正殿，今改集賢院。（卷 3，頁 16A）

此乃釋唐開元時集賢院置員與沿革。又以編者對歷朝史籍、書目甚爲嫻熟，就其載錄之書名或人名疑同、辨異，於按注中亦甚常見；以釋同名異書者爲例，如〈集部・紀事一〉引《後漢書・文苑傳》，中有劉珍撰《釋名》事，條下按注云：

〔註 36〕有關朱熹《周易本義》前列九圖及其意義、說解，可詳參：趙中偉註譯，《易經圖書大觀》（臺北市：洪葉文化，民國 88 年），頁 269～310。

按劉熙亦有《釋名》，珍所撰今未見。（卷494，頁2509B）

此係就名同實異之情形做一簡釋。亦常見釋某書卷帙、次第、體例之按語；以釋某書卷帙者爲例，如〈經籍總部・彙考三〉事目「〔唐太宗〕貞觀十六年閱陸德明《經典釋文》，甚嘉之，賜其家帛二百段」後引《玉海》等條下按語曰：

按易、古文尚書、毛詩、周禮、儀禮、禮記、三傳、孝經、論語、

老子、莊子、爾雅等音義，合爲三十卷三帙。（卷3，頁14A）

此釋《經典釋文》卷帙概要。除釋某書，亦有釋某篇者，如〈儀禮部・彙考二〉錄有朱熹《儀禮經傳通解》相關序跋，其中於「熹自序」下按注云：

即〈乞修三禮箚子〉。（卷230，頁1120B）

體現朱熹編修禮書基本動機之〈乞修三禮箚子〉，是即其書自序所載錄者。

（二）訂　誤

《集成》編者於抄編文獻之際，已實具初步勘校釐正之工，疑原本之誤、正原書之謬，偶可見其隨條附注於按語中，如〈春秋部・總論八〉錄宋・程大昌《春秋辨論・論齊桓晉文》後按注云：

按原本中宗作少康，此必訛誤，故改正之；至云柔可以強而不可以

久，理似未確，然不敢擅易也。（卷190，頁942A）

係針對原本之訛誤處做一更正或存疑，未確者不敢擅易。又〈集部・彙考五〉錄唐時《張建封節度集》權德輿序，該條之首置一按語曰：

按《唐文粹》誤將本文前多敘一頁，錯簡，今改正。（卷474，頁2386A）

故可知其序文係引自《唐文粹》，因是書錯簡，改正之。附釋與訂誤之例甚多，茲不一一詳舉。

九、略闡學說大要，經籍流傳可察

《集成》以通貫古今之體制展現群書脈絡，凡一事、一說因革損益之源流，係藉由史料典籍之摘錄、整序而客觀呈現，《集成・經籍典》所涵納之文獻框架與內容，既爲學術文化面向之具體反映，故該典對於學說源流、經籍典制之整體發展，除以資料臚列之客觀形式爲之，尚於少數按注中負起綜述或提點某說、某書大要之作用，〔註37〕茲就此類按語分述如下：

〔註37〕此類按語多集中於〈河圖洛書部〉、〈書經部〉、〈詩經部〉，然此中部份或疑爲
　　　《集成》編者轉錄自它書，即襲用它書說法、略改而充爲按語者。經陳惠美
　　　之查考，如〈詩經部・彙考九〉錄宋・范處義《詩補傳》序文後之按語，係

（一）述一說源流

　　《集成・經籍典》「彙考」著重先儒傳經授受流變，對有益於瞭解其說、其學之重要文獻，往往特爲尋繹蒐討，如〈河圖洛書部・彙考三〉錄宋陳搏、劉牧、王湜、朱震、朱熹諸說，此中於劉牧《易數鉤隱圖》後置一按語云：

> 按十爲河圖、九爲洛書，自漢孔安國、劉向暨宋陳搏、邵堯夫皆無異說，至劉牧始兩易其名，時如王湜、朱震、鄭樵諸家多因之，後蔡元定之論出，朱子取之，乃悉從舊……。（卷51，頁274B）

乃述河圖洛書之說於各代學者間之流傳及其差異。又如〈詩經部・彙考五〉於錄《韓詩外傳》之卷前立一按語曰：

> 按《漢書・藝文志》云：漢興，魯申公爲詩訓故，而齊轅固、燕韓生皆爲之傳，三家皆列于學官，又有毛公之學，自謂子夏所傳，而河間獻王好之，未得立。《隋書・經籍志》云：齊詩魏代已亡，魯詩亡于西晉，韓詩雖存，無傳之者，唯毛詩鄭箋至今獨立。觀二書所載，故知詩有四家之說，自毛詩立而三家俱廢……。（卷137，頁717B）

所述四家詩之流略甚詳。或有述師承傳授體系者，如〈書經部・彙考四〉錄宋・時瀾《增修東萊書說》序跋文後置一按語曰：

> 按宋乾淳中，東萊呂祖謙講道金華，從游者千人，……學者取林氏之書，暨呂氏講論，與瀾所增修合而觀之，匪獨見今古文正攝義蘊之全，而麗澤書院師友之淵源，亦略可識也夫。（卷114，頁612A）

蓋呂祖謙受業於林少穎，而時瀾受業於呂祖謙，夫此可識麗澤書院之師友淵源。

（二）記一書之概

　　《集成》「彙考」中尚有錄某書序跋文之體，其部份錄文後或有以按語記該書之概者，如〈書經部・彙考四〉錄宋・傅寅《禹貢集解》喬行簡序後按注云：

> 按傅寅字同叔，義烏人，徙居東陽之杏溪，著《禹貢集解》二卷，

襲用《經義考》之說（卷141，頁741A）；又〈書經部・彙考四〉錄宋・傅寅《禹貢集解》序文後之按語，實則採自清初納蘭成德《通志堂經解》（卷114，頁610B）。而本節因以探討《集成・經籍典》之按注作用及其編例爲重，故針對其引錄文獻來源或襲用它說處尚未及一一詳考，斯可就陳惠美之考證詳加參酌，參見：同註32，陳惠美，〈《古今圖書集成・經籍典》中的文獻資料及其運用〉，頁29：56。

其書先以山川總會之圖，次九河三江之圖，次及諸家說斷，⋯⋯其

言治水之理，深中肯綮，惜是編流傳者寡⋯⋯。（卷114，頁610B）

係記其書編次內容大要與流傳情形。又如〈書經部‧彙考五〉錄元‧王天與《尚書纂傳》相關序跋文後置一按注曰：

按梅浦王氏天與所著《尚書纂傳》四十六卷，先引漢、唐二孔氏說，

次收諸家傳注，而以朱子及西山真氏爲歸⋯⋯。（卷115，頁619B）

此乃敘該書所錄諸家之說，其係以朱子與真德秀之學爲歸。

十、透顯纂輯意識，學術趨向可判

繫於清初時代思潮、文化政策並結合編者意識而纂成之《集成》，其所形塑之思維模式與知識架構，實是受當代學術薰習、與外在文化現實相互調諧之成果，而就《集成‧經籍典》此一綰合典籍文化史料之典部言，其學術趨向或可藉由引文內涵、按注表述進行相映之考察，以洞悉其對於文獻去取之核心意識所在，以下謹就此類按語約略做一簡析：

（一）示尊經崇朱之意

於影響清初學術發展諸因素中，清廷文化政策之制定施行係爲一重要面向，在「崇儒重道」〔註38〕之基本國策衍生下，其將國家群體導入尊崇儒家道統、重視經史典籍、提倡程朱理學之官方學術網絡。《集成‧凡例》謂「理莫備於六經，故首尊經籍」，尊經意識反映於錄文、按注中，如〈經籍總部‧彙考六〉事目「〔明宣宗〕宣德二年上御文華殿，與儒臣講論經義」錄《春明夢餘錄》明朝廷進講經籍之事，其按語曰：

按進講〈舜典〉，此三年二月事，進講《春秋》，此三年十月事，御

書〈洪範〉，此九年十二月事，今皆附載于此，以見宣宗崇尚經學之

意。（卷6，頁33B）

該引文詳載講論經義事，並於按注中特意褒揚之，以示崇尚經學之意。而康熙時朝廷表朱、彰朱至極，於《集成‧經籍典》按注中即可窺其端倪，如〈三禮部‧彙考一〉事目「〔宋〕寧宗慶元□年以朱熹所考訂三禮輯爲《儀禮經

〔註38〕葉高樹，〈「崇儒重道」與學術正統的確立〉，在《清朝前期的文化政策》，第四章第一節（臺北縣板橋市：稻鄉，民國91年），頁179～207。「崇儒重道」國策係於順治年間訂定，由此衍生而來者，包括重視科舉取士制度、舉行「博學鴻詞」特科，及至康熙確立程朱理學地位。

傳通解》一書，付在學官」後錄朱子〈乞修三禮箚子〉，其下置一按注云：

> 按朱子〈箚子〉雖未及上，而千古三禮之學得有所折衷，故附載於
> 此。（卷 253，頁 1226B）

乃特附朱熹之文，表彰其於三禮考訂之貢獻。又如〈小學部・彙考一〉事目
「〔宋〕孝宗淳熙十四年朱熹作《小學集註》」後錄朱子〈小學集註序〉，其
按注曰：

> 按小學書自蒼頡後，多以字學爲主，至朱子小學，始以義理爲主，
> 其時雖未奏之於朝，實爲百世不刊之典，故據其自敘年月，附於編
> 年之內。（卷 307，頁 1478B）

此係以朱子小學爲百世不刊之典，故立於〈小學部〉編年大事中。

（二）疑前書之僞

　　清初時期，學術界於經書辨僞方面取得豐碩成果，〔註 39〕在此學風意識
浸染下，《集成・經籍典》部份按注於焉亦略有呈現，乃就學者已察某書爲僞，
但存其概以俟考，如〈河圖洛書部・彙考三〉錄河圖、洛書二幅圖式後，其
按語云：

> 按《易傳》：「河出圖，洛出書，聖人則之」，蓋則之以畫卦衍疇，漢
> 孔安國所謂伏羲則其文以畫八卦，禹因而第之，以陳九數是也，非
> 謂則之以畫方圓九數、十數之圖也，其圖當係後人演出，故宋歐陽
> 氏詆以爲怪而不之信。今本《易經》九圖皆係朱子附入，茲仍其例，
> 附此二圖于《易傳》之後，以備考云。（卷 51，頁 274A）

就當世學者對易圖書之考辨結果言，蓋以爲河洛圖式解釋八卦乃後人所杜
撰，〔註 40〕然此處仍依朱子《周易本義》附圖之例，錄其圖於〈河圖洛書部〉

〔註 39〕有關清初辨僞學風及學者對諸經之考辨成果，可詳參：林慶彰，《清初的群經
辨僞學》（臺北市：文津，民國 79 年）。面對明中葉後道學與經學分離、王學
末流束書不觀而竟日空言心性之偏頗風氣，明末清初即有學者起而救弊，申
明「內聖外王」之道與經學之關係，並就種種經書流傳偏失與儒學本質問題
重新檢討，其對儒家經典與後儒經說作一徹底考辨，辨經之或眞或僞，係當
時「回歸原典」運動之一過程，而當時經書辨僞成果，包含考辨易圖、《古文
尚書》、《子貢詩傳》、《申培詩說》、《周禮》等，可詳見林慶彰書中所述。

〔註 40〕可詳參：汪學群，《清初易學》（北京：商務，民國 93 年），頁 616～634。茲以
胡渭《易圖明辨》爲例，其成書約於康熙四十五年（1706），係爲清初以來易
圖書辨僞之集大成者，該書意在駁斥朱熹《周易本義》卷首所列九圖，其以爲
河洛圖式解釋八卦乃後人所杜撰，與《周易》無關，並以爲先天易係出於道教

中以備考。又如〈易經部‧易學別傳十二〉錄北魏‧關朗《關氏易傳》，後世版本引《朱子語錄》下按注云：

> 按二書明係偽作，然亦不問作者何人，皆非易學正傳，故俱載之別傳，存其概。（卷106，頁579A）

蓋《朱子語錄》引文所指二書，係北魏‧關朗《關氏易傳》與五代‧麻衣道者《正易心法》，該二書雖係偽作，然亦載於〈易學別傳〉以存其概。

（三）示存闕之意

《集成‧經籍典》於「彙考」中引錄書之序跋，係其常例，斯可供後人考見佚書之內容，或有某經籍未傳、而僅存與其說相關之作，亦加以採錄、備存，如〈詩經部‧彙考五〉錄《韓詩外傳》，其卷前按注云：

> ……至云韓詩雖存，無傳之者，而今則韓詩亦不復存，僅存外傳，安知數千百年後並外傳亦不復存矣，故亦連類及之，以備韓詩之闕。
> （卷137，頁717B）

係感於典籍失傳日益，故存此以備其闕。又如〈詩經部‧彙考九〉錄唐‧成伯瑜《毛詩指說》、《斷章》之宋‧熊克跋後，其按語曰：

> ……唐以詩取士，而三百篇者，詩之源也，宜一代論說之多，乃見于〈藝文志〉者，自《毛詩正義》及陸德明《釋文》而外，惟成氏二書及許叔牙《纂義》而已，今成氏《斷章》二卷並許氏《纂義》十卷俱無復存，惟是編尚在，學者可考而知也。（卷141，頁739A）

蓋《唐書‧藝文志》所錄唐時論《詩》之作甚寡，又部份典籍今已不復存，唯存《毛詩指說》，今錄是編序跋以備後世學者考知。

《集成》之按注文字，確能提供類書在類目形式、思維架構外之另一考察視角，實為體現編者纂輯意識之主要材料。而就其中《集成‧經籍典》統括歷代經史文化、圖籍資源、目錄文獻之專類內涵言，舉凡典制政策之年代、原委考釋，經籍學術之源流、異同辨析，抑或書目史料之輯錄、分合，文獻段落之綜理、存汰，悉涵攝於《集成‧經籍典》按注中。而藉由編者按語之輔助與補充，其類書體例則更顯縝密而又富於變通，誠亦揭示《集成》編者力求所錄資料嚴謹、真確之編輯態度，足作為今人參酌、研究之資。

煉丹術，非《周易》本義。

第六章 《集成‧經籍典》之分類架構研析

第一節 類目訂定與歸類排序問題討論

在分類架構方面，除就《集成‧經籍典》本身之類目組成、歸併原則等相關議題進行綜覈研析，尚以比較方法爲輔，藉歷代類書之經籍、藝文部類沿革考索，而明其形式轉變之跡，再則取其與圖書目錄之分類輯錄方法比勘異同，由鑑別中突顯《集成‧經籍典》體式之特殊性。

首探該典之類目組織構成，由於《集成‧經籍典》爲一具類書性質之書目，其類目訂定與排序歸併諸要素，自無法與圖書分類目錄體式置於同一標準齊觀。經考察後可知，該典約以四部法爲序，其類目之前後多有連繫關係，然又非遵於傳統圖書目錄部類隸屬之則（詳見本章第三節）；而在類目呈現方面，除「經學」眾部類大致依循圖書目錄之立類形式訂定類目外，其餘若「史學」、「諸子」、「集」等相關部類則與傳統圖書目錄大相逕庭。質言之，其類目組成多以反映類書分類之直觀思維爲主。

不同於傳統簿錄以「藏書」爲目的之學術分類形式，[註1] 古代類書爲適

〔註1〕 周彥文，《中國目錄學理論》（臺北市：臺灣學生，民國84年），頁26。該文採書目與學術結合之觀點，視目錄學爲一具有詮釋性意義之學科，其論及書目之編輯原理與目的，提出：由於中國在清代中葉以前，並未有供一般大眾使用之公共圖書館，故中國歷代書目之編輯觀念，並非在於檢閱圖書，而主要所考慮者，一是如何將書籍「學術系統化」，二是如何在書目中傳達出教化思想。

應「臨事取給，用便檢索」之基本需要，進而發展出以事物分類、按主題集中之邏輯體系，此法則較目錄學上相沿之「七分法」、「四部法」，更富直觀、專指、具體、靈活之特性。有關類書分類與目錄學之關係，劉剛論云：

> 目錄學是從文獻的總體結構去把握個體文獻，從宏觀上著眼，不涉及具體的文獻內容，提供的是簡單扼要的文獻信息。類書雖在分類體系上與目錄學有相似之處，但它所涉及到的是具體的文獻資料，著重從微觀上著眼。因而類書的分類既能提供目錄學的分類所反映出的歷史文化的總體結構形態，又能提供目錄學所不能承載的具體的文獻信息。〔註2〕

類書分類之原則，在於尋求事物系統之建立，以互補、相映於目錄學學術系統整合之體制形態。故以類書併書目體式觀之，《集成‧經籍典》正爲其間關係提供最適宜之目錄文本比勘材料，其大致係以經史、諸子要籍之題名爲各部主題，主題下各條則以文獻內容爲單位，編制迥殊。如李致忠等述該典價值云：

> 《古今圖書集成‧經籍典》是一部頗具特色的清初國家所藏典籍目錄，……不但基本記錄了清朝以前典籍發展的全貌，而且可使讀者了解我國主要史志的基本結構和收書狀況。……它雖未標明所錄各書在清時的存佚狀況，然其編制方法和結構在典籍編目史上都有重要意義。〔註3〕

其所體現係史志目錄、典制圖籍之縷析與統合，類目結構如下圖所示（見圖6-1）：

〔註2〕 劉剛，「隋唐時期類書的編纂及分類思想研究」（碩士論文，東北師範大學中國古典文獻學專業，民國93年5月），頁56～57。

〔註3〕 李致忠、周少川、與張木早合著，《中國典籍史》（上海：上海人民，民國93年），頁421～422。

圖6-1 《集成·經籍典》分部結構示意圖

資料來源：本研究繪製（各部前之編號爲〈經籍典〉原部類次序）

若就《集成》整體之縱向經目「彙編——典——部」進行考察，〈理學彙編〉係一級經目，〈經籍典〉係二級經目，再下則爲〈經籍總部〉至〈雜著部〉，此六十六部同爲《集成》之三級經目；亦即《集成·經籍典》下所隸各部，其層級均一，大小無別。然若將該典視爲受四分法影響所構成之書目，則其層級主次分明，統籌範圍自現，如來新夏《中國古代圖書事業史》於清初國家編目工作中所述：

> 《經籍典》於經籍總部之下將收錄之書分爲六十五類，雖未標四部之名，但大致仍以四部爲序，而以歷代箋釋、傳注、義疏、考證之作附於其下。對於一些數量雖多然而影響不大的書，則加以概括而分類立部，如經部之河圖洛書、三禮、四書、小學、經學，史部之綱目、史學、地志、山經，子部之諸子，集部之文選、類書、雜著等。[註4]

[註4] 來新夏等著，《中國古代圖書事業史》（上海：人民，民國79年），頁335。此段文字言〈經籍典〉之概括分類立部，以該典附末之〈類書部〉、〈雜著部〉隸於集部，似較不當，本研究認爲此二者應爲〈經籍典〉編者特意將之析出，而單獨立於經、史、子、集之外，詳見本節後文所述。

是《集成・經籍典》首冠以「典總部」——〈經籍總部〉；其餘六十五部係以四分爲序，唯四分之名相厠於部類之間，若以傳統簿錄分類方式區分之，則可將〈經學部〉、〈史學部〉、〈諸子部〉、〈集部〉、〈類書部〉、〈雜著部〉析出，而爲〈經籍總部〉之後一層級，故此數部實具有該典「分析總部」之內涵；又其次大抵以諸經、四書、廿一史、周秦諸子等重要典籍之名爲各「部」標目，係居末一層級；此中〈三禮部〉、〈四書部〉、〈遼金宋三史部〉或可視爲「分析總部」與「部」間之另一層級。如此《集成・經籍典》於形式上雖各部之位類平等，然若實際探其四分概括特性，厥爲層屬井然、以類書體式呈現之書目格局。有關該典之分部特點，江蘇廣陵古籍刻印社於《中國歷代經籍典》出版說明中，述其創新處在於：

> 在文化史的學術分類方面有所創新。書中於文籍分類主四部，而又有所變易。前人多以「地志」隸屬史部，以「類書」置諸子部，此書則單列專部。各部細目區分亦能根據實際情況靈活處置，如子部中又特重先秦兩漢思想家，老、莊、列、墨、管、商、孫、荀、韓及淮南、揚子皆各爲一部。〔註5〕

此處所謂「根據實際情況靈活處置」，蓋類書係按事物名稱標目，並依文獻內容與性質進行類分、組織，故可根據實際主題之需要而自由伸縮，以用於檢索具體、細微之事物知識，類目結構富於彈性。而《集成・經籍典》以其類書兼書目體式，益加展現該典可靈活設置圖書主題類目之「群組概括」特性，如將〈遼史部〉、〈宋史部〉、〈金史部〉單獨立部，主要收錄遼宋金各朝修其當代國史、後世修遼宋金各朝正史之文獻，而將元朝總修此三史之相關資料，另增設〈遼金宋三史部〉於後，此四部即統攝、概括爲一群組，而又歸屬於史學部類之群組中。〔註6〕

　　採事物分類爲立類之依據，進而組織多方文獻資料，係由類書重視檢索效率之編制目的所決定。由於《集成・經籍典》之立類思維係爲反映具體之

〔註5〕 江蘇廣陵古籍刻印社，〈《中國歷代經籍典》出版說明〉，在《中國歷代經籍典》，第1冊（江蘇：江蘇廣陵古籍刻印社，民國82年）。

〔註6〕 若據此理而舉例言之，如〈史記部〉、〈漢書部〉、〈後漢書部〉與〈三國志部〉之後，或可增設「四史部」，以收錄前人論四史或後代重刊、注釋四史之材料；又如可於諸子部類之群組中，增設秦漢後各朝重要思想家其書其學爲各部類目，而不局限於周秦諸子。此即說明類書以主題集中文獻，若表現於經籍、藝文部類中，其類目結構可彈性設置之實用特性。

「圖書主題」，故將該典與一般正史藝文志相較，其類目更爲纖悉，如馮曉庭論云：

> 〈經籍典〉所收的經部相關子目有十九項，全數是以典籍的名稱或類別做爲劃分歸納的依據。就收編的子目著手觀察可以發現，由於抱持「以書爲綱」的分類概念，〈經籍典〉的分類因而較一般正史〈藝文志〉或者〈經籍志〉中的類目細微。〔註7〕

固然以《集成》體制原即類書之故，《集成‧經籍典》之類目訂定係從「以書爲綱」之原則，此外，由目錄學角度考察，若將該典自《集成》析出爲一獨立之官修書目，則其六十六部平行並置，於形式上係爲一級轄屬結構，不僅在立類邏輯甚或隸屬關係方面，均有別於歷朝書目正規之編目原理、模式。而究其實際因素，誠與明代以後多部書目傾向「標題目錄」一系演變、發展有關，獲此改革性編目觀念之啓發，進而影響清初《集成‧經籍典》之標目與組織方式，其間之淵源關聯，已詳述於前。〔註8〕再者，爲探討該典與傳統簿錄於類目上之沿革異同，茲擇數部代表性或較具相關性之書目，取「經學」部類列爲一表，以考其分併、流衍（見表6-1）：

表6-1　歷朝書目之經學類目沿革表

歷朝書目 ／ 經學次序	漢志	隋志	新唐志	通志藝文略	玉海藝文部	文獻通考經籍考	宋志	文淵閣書目	國史經籍志	經義考	補三史藝文志	集成經籍典	明史藝文志	四庫全書總目
河圖洛書												1		
易經	1	1	1	（經類第一）1	1	1	1	2	2	2	1	2	1	1
書經	2	2	2	2	2	2	2	3	3	3	2	3	2	2
詩經	3	3	3	3	3	3	3	4	4	4	3	4	3	3
春秋	6	6	6	4	5	5	6	5	5	10	4	5	5	5

〔註7〕 馮曉庭，〈《古今圖書集成‧經籍典‧經學部》初探〉，《中國文哲研究通訊》，16卷4期（民國95年12月），頁165。

〔註8〕 有關明代以後書目編輯朝「標題目錄」之方向轉變，詳見本文第四章第二節所述。此一觀點係由周彥文先生提出：周彥文，〈論傳統目錄學中標題法觀念的出現〉，《中國書目季刊》，28卷1期（民國83年6月），頁21～30。

禮記								8		7		6		
儀禮								7		6		7		
周禮	4禮	4禮	4禮	（禮類第二）	4 三禮	4禮	4禮	6	6禮	5	5禮	8	4禮	4禮
三禮								9 禮書		8 通禮		9		
論語	7	8	8	7	7	6	8	12 四書	9	11	6 四書	10	9 四書	8 四書
大學												11		
中庸												12		
孟子					9	7			10	13		13		
四書										16		14		
孝經	8	7	7	6	8	8	7		8	12	7	15	7	6
爾雅				8						14		16		
小學	9	10	11	（小學第四）	12	14	10	12			8	17	10	10
經學		10 經解	9 經解	10 經解總六經	9 經解	9 經解	11 諸經總類	11 經總解	15 群經	9 經解總類		18	8 諸經	7 五經總義
讖緯		9 緯書	9			13			18 忿緯			19		
	5 樂	5 樂	5 樂	5 春秋外傳國語（樂類第三）	6 續春秋 11 雛正五經	10 樂 11 儀注 12 諡法	5 樂	1 國朝 10 樂 13 性理	1 制書 7 樂	1 御注敕撰 9 樂 17 逸經（餘略）			5 樂	9 樂

資料來源：本研究編製

　　本表僅呈現歷朝書目之經學部類倫次，蓋以《集成‧經籍典》之史、子、集等部類與一般圖書目錄之類目形式互異，唯經學相關部類具沿革考索之基準。然以下所討論者除係表中所列諸目之部居、次序，尚就表中未列之《集成‧經籍典》史、子、集等部類進行立類特點探討，分別可得如下訊息：

一、經學相關部類

　　（一）〈河圖洛書部〉僅《集成‧經籍典》有之，並置於〈易經部〉之前，此與陳夢雷之易學涵養甚有關聯。夢雷之易學著作係《周易淺述》，近代易學家潘雨廷以為該書主朱子之說而詳加發揮，可代表「宋易」數百年之思想，其論曰：

　　　　至於作此《周易淺述》時，……已能探得易書義蘊焉理、數、象、

占四者，……其後編輯《古今圖書集成》，得見古今易著，不下千家。
究其內容，仍未出於理數象占，而主要在於易圖。……若夢雷於易
圖象數能知源知流。於《古今圖書集成》置〈河圖洛書部〉於〈易
經部〉前者，因必須認識數為《易》之源……。〔註9〕

故其居經學部類之首，蓋為表述易圖象數係《易》之源。而有關此類易圖之
書，於一般簿錄係多入於經部之讖緯類，或子部之天文類、五行類，從中可
覘《集成・經籍典》採「圖書主題」立類之原則，而得以窺知類書分類與圖
書分類之別。

　　（二）歷代書目多從史志傳統，係以「易」、「書」、「詩」、「禮」（「樂」）、
「春秋」為次。而《集成・經籍典》將〈春秋部〉置於〈禮記部〉等相關四
部之前，順位有所變更，類同於此者，大抵有宋・鄭樵《通志・藝文略》、明・
楊士奇《文淵閣書目》、明・焦竑《國史經籍志》、清・金門詔《補三史藝文
志》等目，此中又以《集成》分編者金門詔另一目錄之作《補三史藝文志》
——其經學之類目次第與《集成・經籍典》幾為等同，由是亦透顯其間之密
切關聯。〔註10〕

　　（三）關於禮之典籍，史志諸目率多以「禮類」繫之，唯宋・王應麟《玉
海・藝文部》稱「三禮」，又鄭樵《通志・藝文略》將「禮類」獨立於「經類」
之外，其下則分為「周官」、「儀禮」、「喪服」、「禮記」、「月令」、「會禮」、「儀
注」七小類，以收錄個論或通論三禮之經學典籍、後世禮儀之書，部目甚為
纖細。而《集成・經籍典》將禮類之書區隔為〈禮記部〉、〈儀禮部〉、〈周禮
部〉、〈三禮部〉四部，則可追溯至明・楊士奇《文淵閣書目》與清・朱彝尊
《經義考》，唯三禮之次第不一。此外，在一般簿錄中，經部樂類之書係多居

〔註9〕　潘雨廷，〈論陳夢雷、楊道聲的易學〉，在《周易淺述》（北京：九州，民國93
　　　　年），頁6；12。而有關陳夢雷之著述、學養，可參見本文第三章第二節所述。
〔註10〕　宋・鄭樵《通志・藝文略》突破四部之法，將所收書籍分為十二大類，並將
　　　　禮、樂、小學三者析出，於「經類」之外各自獨立為類，其「經類」之下係
　　　　分為易、書、詩、春秋、春秋外傳國語、孝經、論語、爾雅、經解等九小類
　　　　（按：表6-1所列即「經類」下此九小類之次序）。至明・焦竑則併鄭樵之十
　　　　二大類、一百五十五小類，成為《國史經籍志》之四部、四十八類，而將禮、
　　　　樂、小學回歸入「經部」，春秋居禮、樂之前，小學則居最末。清・金門詔則
　　　　係就焦竑《國史經籍志》補其於遼、金、元三朝著錄之闕，撰成《補三史藝
　　　　文志》，其間或有承紹。故有別於傳統史志之類目次第，《集成・經籍典》經
　　　　學部次與此一書目體系誠有相當之關聯性。

於禮類之後，《集成・經籍典》並未立「樂」之部類，然各書目所立之「樂類」典籍，係附入該典〈三禮部〉之「彙考——錄歷朝書目之體」。另《集成》中尚設有〈禮儀典〉、〈樂律典〉，係收錄禮儀制度、禮樂事物相關文獻材料，於查檢時尤可留意參稽。

（四）關於四書之典籍，胡楚生於《中國目錄學》述其類目沿革與分併云：

> 論語孟子，舊各為類，漢隋二志，皆以論語入經類，孟子入諸子，直齋書錄解題，於經部則有「語孟」類，始取論孟合列。大學中庸，本小戴記中二篇，唐志以上，雖有單本獨行之篇，亦隨禮記而著於禮類之中，自宋代淳熙年間，合為四書，元代延祐年間，懸為功令，明史藝文志遂於經部別立「四書」一類，四庫總目從之，自是單行之論孟學庸等書，亦多為滲入四書類中矣。〔註11〕

是以「論語」一目，自《漢志》、《隋志》即有之，唯是時《隋志》尚將經解、爾雅之書附入「論語」類中，及至新、舊《唐志》始專收「論語」一類典籍。而《孟子》一書則是至宋代以後，方由子部儒家類提升至經部範疇，宋・陳振孫《直齋書錄解題》（表 6-1 未列）率先將《論語》、《孟子》併為「語孟」一類；其後南宋、元時期撰成之《玉海・藝文部》與《文獻通考・經籍考》，乃將「孟子」獨立成目。至若《大學》、《中庸》，二者原係從《禮記》中裁篇而出，故一般簿錄多將之入「禮類」或附「禮記」之中，即自南宋「四書」體系形成後，亦罕見有單獨立目者，如清・黃虞稷《千頃堂書目》（表 6-1 未列）、朱彝尊《經義考》除立有「四書」外，並依據古例，將「論語」、「孟子」區為二類，有關學、庸之單獨著述則入禮類中，此則未能完全彰顯南宋以來學術之變遷。〔註12〕在歷朝書目中，將「四書」視為一整體而單獨立目者，實可上推至明・楊士奇《文淵閣書目》，若清官修之《明史藝文志》與《四庫全書》則承此法，以涵攝

〔註11〕 胡楚生，《中國目錄學》（臺北市：文史哲，民國 84 年），頁 115～116。

〔註12〕 此說法可詳參：楊果霖，「朱彝尊《經義考》研究」（博士論文，中國文化大學中國文學研究所，民國 89 年），頁 334～336；358～359。該文引《四庫總目》中「千頃堂書目」之提要文字：「〔千頃堂書目〕經部分十一門，既以四書為一類，又以論語、孟子各為一類，又以說大學、中庸者入於三禮類中，蓋欲略存古例，用意頗深，然明人所說大學、中庸，皆為四書而解，非為禮記而解，即論語、孟子，亦因四書而說，非若古人之別為一經，專門授受，其分合殊為不當。」故此一分類方式雖合於古法，然誠未能彰顯南宋以來學術之變遷。

《論》、《孟》、《學》、《庸》四書於其中。而《集成‧經籍典》區分〈論語部〉、〈大學部〉、〈中庸部〉、〈孟子部〉、〈四書部〉為五部，係以該典兼具類書與書目之性質，其廣收具體之沿革、評論相關文獻，而非限於專收書目，故立類較一般簿錄殊為細緻，實亦反映清初官方崇尚程朱理學，於官修書目則頗重「四書」地位之勢。

　　（五）關於《爾雅》一書，係為解經之要籍，唐代後列入經部，與一般字書、韻書等其他小學之屬並不相同，然以該類之書籍數量偏少，故傳統簿錄多將《爾雅》之籍附入它類。因而自《漢志》、《隋志》為始，二者雖皆立有「小學」類，然卻分別將《爾雅》諸作附入「孝經」與「論語」類中，蓋以編目者知其性質不同之故；至新、舊《唐志》以下各目，則多將此類典籍列入「小學」類，隸類已有所混淆。而觀歷朝書目中，仍可見有將「爾雅」獨立為類者，首係宋‧鄭樵《通志‧藝文略》，其將「爾雅」列於經類之中，並將「小學」自經類析出而另獨立為一類；又至清‧朱彝尊《經義考》則僅立「爾雅」一目，除收《爾雅》之籍外，並不兼及其他小學類之書，以符合該專題書目專門收錄經學要籍之性質。而《集成‧經籍典》於〈爾雅部〉、〈小學部〉之分立，殆近於《通志‧藝文略》析為二目之意，唯《集成》該二部皆隸於經學部類之範疇中，乃其與《通志》間之差異。

　　（六）而有關「經解」類，所載係通論諸經之籍，《隋志》將綜論五經之書附入「論語」類，至《舊唐志》始立「經解」一目，《新唐志》、《宋志》等皆因其例，而據一般簿錄之傳統，係多將此類典籍置入群經之末。就《集成‧經籍典》之〈經學部〉言，是部所載既為諸經授受流變、非單為某一經書而發之文獻，故其「彙考——錄歷朝書目之體」所收即「經解」、「總類」等諸經總義之籍，唯該部錄清‧朱彝尊《經義考》之部份，未將《經義考》之「群經」一目析出以入其中，而係收「易」、「書」、「詩」、「禮記」、「儀禮」、「周禮」諸目，蓋以其時《經義考》未全數刻成，「群經」一類尚於未刊之列，〔註13〕故僅將業已刊成之數類置納於〈經學部〉及各類之本部中，並以參見方法互為繫聯，是亦體現《集成》編者對清初時期此一經學專科目錄編纂成果之高度重視。

〔註13〕清初朱彝尊所纂輯之經學專科目錄《經義考》，於康熙四十八年之前僅初刻《易》、《書》、《詩》、《禮》、《樂》五種，至乾隆年間始補刻完成全帙，故於《集成‧經籍典》僅收錄該書目已刊成之數類，詳見第五章註32所述。

二、史學相關部類

（一）異於一般簿錄以正史居首之作法，《集成・經籍典》將〈國語部〉、〈戰國策部〉列於正史各部類之前，蓋以二者分別為研究春秋、戰國時期之重要史籍著作，〔註14〕顯示此乃以圖書主題之時序繫之。而觀歷朝書目，《漢志》係以史籍附於六藝略「春秋」類，故《國語》、《戰國策》、《史記》等書均隸「春秋」之中；再至《隋志》，自此之後，則該三部史籍之歸類即出現分野，除以《史記》列於史部「正史」類為後世之永制外，《國語》於史志中仍附於經部「春秋」類中，〔註15〕至於《戰國策》則多置入史部「雜史」類或子部「縱橫家」類，從中當可察此三者於傳統目錄學術分類下之地位與價值分判。

（二）〈史記部〉至〈明史部〉係以清初所稱廿一史之題名立部，〔註16〕此於《集成・經籍典》之史學部類幾佔多數，其尊崇正史之意圖可謂極為鮮明。傳統二級類目之簿錄於「正史」類下不再分目，而逐列出各條書名；唯採三級制者，如宋・鄭樵《通志・藝文略》與明・焦竑《國史經籍志》，其「正史」類下則大抵依正史朝代而區分為第三級類目。或如南宋時期編制性質較獨特之數部著作，〔註17〕亦可察其以正史立類之軌跡，宋・高似孫《史略》卷一、二收錄《史記》至《五代史》各書，而與各正史相關注解考證之籍併立為目；宋・章如愚《山堂考索》於前集之「正史門」下，所立大致為《史記》至《五代史》諸目，並以編年史、雜史、起居注等非正史之類附後；或如宋・王應麟《玉海・藝文部》之「正史」類，其下各「編題」亦自《史記》為始，直錄至宋修國朝史，主要係以正史為綱，而旁搜各家之該朝史著。斯皆與《集成・經籍典》之

〔註14〕《國語》與《戰國策》均為國別史。《國語》係國別史之祖，又名《春秋外傳》；而《戰國策》所記乃戰國時期縱橫家策略之言。

〔註15〕另如私錄中之宋・鄭樵《通志・藝文略》，更將《國語》之籍自經類「春秋」目中析出，獨立為「春秋外傳國語」一目。其後至清《四庫總目》，將《國語》一書之本質釐清，自此方由經部「春秋」類改置入史部「雜史」類。

〔註16〕此處所云「廿一史」，須將《明史》除外。明嘉靖年間南監刻本「廿一史」，係為《史記》至《元史》等廿一部正史，其稱沿用至清乾隆《明史》修成之前，故於康熙《集成》纂輯時期，「廿一史」係正史於當時通行之稱。而《集成・經籍典》除將廿一史之《南史》、《北史》併為〈南北史部〉，尚於《遼史》、《宋史》、《金史》諸部外，另立為〈遼金宋三史部〉。

〔註17〕此數部南宋時期編制獨特之作，如《史略》似書目、又別於書目，《山堂考索》似類書、又別於類書，《玉海・藝文部》則為類書中之藝文部類，均呈現過渡性之書目體式型態，對元、明後書目之發展，甚或《集成・經籍典》之分類、編目方式，實具相當程度之影響，詳見第四章第二節所述。

立部形式具承紹淵源。

（三）《集成・經籍典》正史部類後所立係〈通鑑部〉、〈綱目部〉，一般簿錄如元・馬端臨《文獻通考・經籍考》與《宋志》均將其入「編年」類，而明・祁承㸁《淡生堂藏書目錄》在「編年史類」之下，亦如《集成》將「通鑑」、「綱目」單獨立目。再則該典於〈史學部〉後立〈地志部〉、〈山經部〉，〔註18〕觀歷朝書目多繫之於史部「地理」類中，該二部除載有一般地理志書史料，尚大量收錄清初敕修之方志序文，文獻價值頗高。如是則《集成・經籍典》特將「通鑑」、「綱目」、「地志」、「山經」各立爲一部，相較於傳統簿錄而言，此數部或僅居學術分類之一隅，卻於該典採用「圖書主題」之類分中獲得彰顯，另方面亦反映此數類史籍確受清廷重視，與清初官方教化、統御之思往往相合。

三、諸子相關部類

《集成・經籍典》諸子部類所錄，係以先秦、漢代爲主，並及於隋代〈文中子部〉（王通《中說》），而以〈諸子部〉居末。於傳統簿錄之學術分類中，子部立類方式係爲分家、分派，如韓非之學隸於「法家」；而《集成・經籍典》以典籍主題立類，其方式遂以一人一書爲部，如立有〈韓子部〉等。一般書目未見與此類目形式相同者，唯前述南宋時期具過渡性質之書目，如高似孫《子略》正文部份共錄三十八種書，係以諸子或其書之題名爲目，各種書下均有解題或評述；而王應麟《玉海・藝文部》之「諸子」一類，其「編題」亦列以諸子其人其書之稱，「編題」下各條則多首錄史志中家、派之分，以明各子書於一般簿錄之歸類。

四、集與其他部類

（一）由於《集成》中尚設有〈文學典〉，其係以文體區分爲四十餘部，故〈經籍典〉僅置有〈集部〉而未予區分細目，此以別集之序文、歷代書目之「集部」文獻爲著錄重心，又另立〈文選部〉以爲總集之代表。是則《集成・經籍典》中，與文學典籍相關者唯〈集部〉、〈文選部〉二類，藉此以存傳統四分之實。

〔註18〕《集成・經籍典》之經學部類於〈經學部〉後立〈讖緯部〉，蓋爲呈現經書、緯書之分；同理則史學部類於〈史學部〉後立〈地志部〉、〈山經部〉，或有區隔歷史、地理典籍之意。

（二）綜觀歷朝書目對類書之歸類，自晉・荀勗《中經新簿》列《皇覽》於史部，《隋志》將類書附於子部「雜家」類，至《舊唐志》之子部別立「事類」爲目，《崇文總目》與《新唐志》則始以「類書」類定名；再至宋・鄭樵《通志・藝文略》首倡將類書獨立爲一級類目，其後宋・鄭寅與明・胡應麟、祁承㸁等，均有將類書立於四部外之見解。〔註19〕而《集成・經籍典》將〈類書部〉獨立於經、史、子、集相關部類之後，蓋承自鄭樵等學者所倡；然以前朝史志多將其隸子部，至清乾隆《四庫全書》仍襲舊例，足見清初《集成》之另立專類，甚具識見。

（三）再者，〈雜著部〉居該典最末，就彙考一「錄典籍序跋之體」觀之，其所載諸書於一般簿錄率多屬子部「雜家」或集部「詩文評」等類。〔註20〕尤可留意者爲彙考二至七，係載有《漢魏叢書》、《唐宋叢書》、《說郛》、《續說郛》、《稗海》、《秘笈》等後世視爲「叢書」典籍之子目；而有關叢書之歸類，宋、元後所產生此種雜纂性作品多廁於子部「類書」、「雜家」等類中，逮至明・祁承㸁《淡生堂藏書目錄》方將「叢書」獨立爲一類，清中葉後姚際恆、張之洞則有將其獨立於四部外之作法。〔註21〕故《集成・經籍典》雖以四分爲序，然不囿於四部，此一清初書目即有將類書、雜著與四部抗衡之分類思維傾向，誠爲編者類目安置之洞見。

第二節　類書經籍藝文部類之沿革考索

由於採主題類分之標目形式，直觀性較強，故類書分類體系之穩定度大致仍趨於乏弱，儘管於相同事物部類中，其類目組成於各類書之呈顯往往差別甚鉅。由是觀歷代類書之經籍、藝文相關部類，若僅就數部代表性綜合類書言，於隋代有《北堂書鈔》「藝文部」，唐代有《藝文類聚》「雜文部」、《初

〔註19〕有關類書於歷朝書目中之歸類、部居情形，可詳參：孫永忠，「類書淵源與體例形成之研究」（博士論文，輔仁大學中國文學研究所，民國94年6月），頁11～49。

〔註20〕其所收錄各雜著之書，擇取標準未甚明確，然大抵係屬雜考、雜說、雜纂及詩文評之類，若就其後四部法之代表——《四庫全書總目》觀之，則多隸子部「雜家」與集部「詩文評」之中（或尚涉它類，此處未能一一詳查之）。

〔註21〕有關叢書於歷朝書目中之歸類、部居情形，可詳參：劉寧慧，「叢書淵源與體制形成之研究」（博士論文，國立臺灣師範大學國文研究所，民國90年6月），頁265～271。

學記》「文部」，宋代有《太平御覽》「文部」及「學部」、《玉海》「藝文部」，明代有《唐類函》「文學部」，約與《集成》同時之清初官修類書則有《淵鑑類函》「文學部」、《子史精華》「文學部」。其間歷經唐、宋至明、清各代，可覘各類書於經籍藝文部類所呈現之分類架構，其間類目多寡差異頗大，若究其沿革脈絡，則大抵綜括一切與學術文事相關之事物類目，逮至清初《集成》之「理學彙編」，方於此一事物部類中，擴大並深化其下二級、三級經目所涵蓋之內容範圍。茲將其間之類目概況詳列如下表（見表6-2）：

表6-2　歷朝類書之經籍藝文部類類目列表

朝代·書名	部名	類目
隋·北堂書鈔	藝文部	1.經典 2.易 3.書 4.詩 5.春秋 6.禮 7.儒術 8.史 9.圖 10.讖 11.好學 12.博學 13.談講 14.讀書 15.誦書 16.敏捷 17.著述 18.名理 19.論書 20.論文 21.歎賞 22.諫諍 23.寫書 24.藏書 25.刊校謬誤 26.採求遺逸 27.載書負書 28.賜書 29.廢學 30.詩 31.賦 32.頌 33.箴 34.連珠 35.碑 36.誄 37.哀辭 38.弔文 39.詔 40.章 41.表 42.書記 43.符 44.檄 45.筆 46.紙 47.硯 48.墨 49.策 50.簡 51.牘 52.札 53.刺 54.券契 55.裘 56.封泥
唐·藝文類聚	雜文部	1.經典 2.談講 3.讀書 4.史傳 5.集序 6.詩 7.賦 8.連珠 9.七 10.書 11.檄移 12.紙 13.筆 14.硯
唐·初學記	文部	1.經典 2.史傳 3.文字 4.講論 5.文章 6.筆 7.紙 8.硯 9.墨
宋·太平御覽	文部	1.〔敘〕文 2.詩 3.賦 4.頌 5.讚 6.箴 7.碑 8.銘 9.誌 10.七辭 11.連珠 12.御製 13.詔 14.策 15.誥 16.教 17.誡 18.章表 19.奏 20.勅奏 21.駁奏 22.論 23.議 24.牋 25.啟 26.書記 27.誄 28.弔文 29.哀策 30.檄 31.移 32.露布 33.符 34.契券 35.鐵券 36.過所 37.零丁

	39.品量文章	40.歡賞	41.改易	42.詆訶	43.思疾	44.思遲	45.著書	46.幼屬文	47.史傳	48.筆	49.墨	50.硯	51.紙	52.簡	53.策	54.牘	55.札	56.牒	57.板
	58.刺	59.函	60.褱	61.槧	62.櫃	63.封泥書	64.水滴器												
學部	1.〔敘〕學	2.〔敘〕經典	3.易	4.詩	5.書	6.禮	7.春秋	8.孝經	9.勤學	10.博學	11.博物	12.教學	13.幼學	14.晚學	15.好學	16.廢學	17.講說	18.讀誦	19.談論
	20.〔敘〕圖書	21.正謬誤	22.採求遺逸	23.借書	24.賜書	25.寫書	26.載書（負書附）	27.焚書											
宋·玉海　藝文部	1.易擬易	2.書	3.詩	4.三禮	5.春秋	6.續春秋	7.論語	8.孝經	9.孟子	10.經解總六經	11.讎正五經石經	12.小學	13.古史	14.正史	15.雜史	16.編年	17.實錄	18.記注	19.政要寶訓（聖政附）
	20.論史	21.譜牒	22.玉牒圖譜	23.典故會要	24.書目藏書	25.諸子	26.總集文章	27.承詔撰述類書	28.著書別集	29.賜書	30.圖	31.圖繪名臣	32.記志	33.傳	34.錄	35.詩歌	36.賦	37.箴	38.銘碑
	39.頌	40.奏疏策	41.論	42.序贊	43.經	44.藝術													

清‧淵鑑類函	文學部																		
		1.經典總載	2.周易	3.尚書	4.毛詩	5.春秋	6.禮記	7.史	8.書籍	9.褒	10.誦讀	11.寫書	12.藏書	13.校書	14.求書	15.載書負書	16.賜書	17.借書	18.文字	19.著述
		20.文章	21.詔	22.制誥	23.章奏	24.表	25.書記	26.檄	27.移	28.圖	29.讖	30.符	31.詩	32.賦	33.七	34.頌	35.箴	36.銘	37.集序	38.論
		39.射策	40.連珠	41.誄	42.碑文	43.哀辭	44.弔文	45.儒術	46.勸學	47.善誘	48.講論	49.名理	50.好學	51.博學	52.幼學	53.從學	54.同學	55.廢學	56.筆	57.硯
		58.紙	59.墨	60.策	61.簡	62.牘	63.札	64.刺	65.券契	66.封泥										

清‧子史精華	文學部						
		1.經學	2.史學	3.文辭	4.書法	5.書籍	6.力學	7.不學

清‧古今圖書集成‧理學彙編	經籍典																		
		1.經籍總部	2.河圖洛書部	3.易經部	4.書經部	5.詩經部	6.春秋部	7.禮記部	8.儀禮部	9.周禮部	10.三禮部	11.論語部	12.大學部	13.中庸部	14.孟子部	15.四書部	16.孝經部	17.爾雅部	18.小學部	19.經學部
		20.讖緯部	21.國語部	22.戰國策部	23.史記部	24.漢書部	25.後漢書部	26.三國志部	27.晉書部	28.宋書部	29.南齊書部	30.梁書部	31.陳書部	32.北魏書部	33.北齊書部	34.北周書部	35.南北史部	36.隋書部	37.唐書部	38.五代史部
		39.遼史部	40.宋史部	41.金史部	42.遼金宋三史部	43.元史部	44.明史部	45.通鑑部	46.綱目部	47.史學部	48.地志部	49.山經部	50.老子部	51.莊子部	52.列子部	53.墨子部	54.管子部	55.商子部	56.孫子部	57.韓子部
		58.荀子部	59.淮南子部	60.揚子部	61.文中子部	62.諸子部	63.集部	64.文選部	65.類書部	66.雜著部										

	1.	2.	3.	4.	5.	6.	7.	8.	9.	10.	11.	12.	13.	14.	15.	（餘略）	
學行典	學行總部	理氣部	理數部	性命部	性情部	性部	五常部	仁部	義部	禮部	智部	信部	心意部	心身部	志氣部	（餘略）	＊該典共97部
文學典	文學總部	詔命部	冊書部	制誥部	敕書部	批答部	教令部	表章部	箋啓部	奏議部	頌部	贊部	箴部	銘部	檄移部	（餘略）	＊該典共49部
字學典	字學總部	音義部	楷書部	行書部	草書部	篆書部	隸書部	飛白部	押字部	書畫部	法帖部	書法部	書家部	聲韻部	方言部	（餘略）	＊該典共24部

資料來源：表中各類書採用版本詳見本研究「主要參考書目」所錄

此處以《集成‧經籍典》為軸心，將研究觸角延伸至前代及清初同期較具代表性之類書，自現存最早類書——隋代《北堂書鈔》之「藝文部」，至稍早於《集成》之前——清康熙四十九年（1710）所刊成《淵鑑類函》之「文學部」，各經籍藝文部類所涵蓋之內容範圍，大抵係雜揉經典、圖書、文章、文具、問學等關乎學術文事之類目，然其類目多寡有別、分類標準不一。至《集成》則於此同一事物分類中突破藩籬，乃以「理學彙編」統括一切學術文事部類，由該彙編（一級經目）下總分為「經籍典」、「學行典」、「文學典」、「字學典」四典（二級經目），統馭內容不僅較以往類書所涵為廣，其分類系屬亦愈加細緻化，於茲體現《集成》分類體系之範圍延展性與類目專指性，實為歷代類書所難以相垺並驅。

而為具體突顯《集成‧經籍典》於歷朝類書相關部類發展中之承轉、增益關係，以下乃擇取兩種類書文本——《玉海‧藝文部》〔註22〕與《淵鑑類函‧文學部》〔註23〕進行實際考索，取此二者為類書之經籍藝文部類主要代表，藉以探討其形式、內容與《集成》間之沿革脈絡及異同：

〔註22〕本研究主要參考文本為：〔宋〕王應麟撰，《玉海》（臺北市：華文，民國53年）。

〔註23〕本研究主要參考文本為：〔清〕張英等奉敕撰，《淵鑑類函》（臺北市：新興，民國60年）。

一、考形式演變——《玉海‧藝文部》與《集成‧經籍典》

　　《集成‧經籍典》居「理學彙編」下之二級經目首典地位，可視爲一部官修書目獨立之作，其類目組成約從經、史、子、集之序，又因其具有類書性質，故並不囿於傳統目錄之學科分類作法，前節已論及。類同於此者，在《集成》以前各類書中，唯見南宋‧王應麟所纂《玉海‧藝文部》與之較爲近似，亦約以四部法爲序。近人梁子涵於《中國歷代書目總錄》中，嘗同列《玉海‧藝文部》與《集成‧經籍典》於史乘目錄之間，並視二者爲通紀古今之藝文志，斯可見二者於類書編制中獨具目錄作用之內涵。〔註24〕此外，王重民於〈王應麟的《玉海‧藝文》〉指出：唐宋以來之類書僅有紀圖書典故之藝文，未嘗有紀圖書目錄之藝文，而紀圖書目錄者蓋始於《玉海‧藝文部》；又該目之編纂方法與其他目錄不甚相同，反映著一種向主題目錄過渡之新趨向。〔註25〕據前述觀點可推知，自南宋《玉海‧藝文部》至清初《集成‧經籍典》，此二部具類書性質之書目，俱受傳統簿錄分類之影響，皆以四部次序爲類目編排之則，而觀二者之類目形式或立類標準卻又不盡一致，其間當有承接連續亦有演化轉變之關係，故本節於此提出《玉海‧藝文部》，以作爲與《集成‧經籍典》實際比較之對象，藉以從中考探二者所具之主題目錄過渡意涵，並觀察其形式遞進演變之跡。

（一）類目沿革

　　《玉海》全書共爲二十一部，〈藝文〉居第六，凡二十九卷（卷三五～六三），子目四十有四。《四庫全書總目》評論是書，可得其體制、取材、價值之要：

> 是書分天文、律憲、地理、帝學、聖文、藝文、……二十一門。每門各分子目，凡二百四十餘類。……其作此書，即爲詞科應用而設。故臚列條目，率巨典鴻章，其采錄故實，亦皆吉祥善事，與他類書體例迥殊。然所引自經史子集、百家傳記，無不賅具。而宋一代之掌故，率本諸實錄、國史、日曆，尤多後來史志所未詳。其貫串奧博，唐宋諸大類書未有能過之者。〔註26〕

〔註24〕梁子涵編，《中國歷代書目總錄》（臺北市：中華文化出版事業委員會，民國44年），頁25：27。

〔註25〕王重民，〈王應麟的《玉海‧藝文》〉，在《冷廬文藪》（上海：上海古籍，民國81年），頁710。

〔註26〕〔清〕紀昀、陸錫熊、孫士毅等原著；四庫全書研究所整理，《欽定四庫全書

一般簿錄於子目下係以每一部圖書爲一著錄單位，而《玉海·藝文部》則於子目下各設若干「編題」，即以一個或數個主題詞、一部或一組圖書名稱作爲著錄單位而輯錄材料。此「編題」之法貫串於《玉海》全書中，故其「與他類書體例迥殊」，實即此意。此具類書性質之書目，於分類與組織方法均甚特殊，今首就該部分類情形，與《集成·經籍典》之類目互爲對照，將其沿革表列如下（見表 6-3）：〔註 27〕

表 6-3　《玉海·藝文部》與《集成·經籍典》類目沿革比較表

宋·王應麟《玉海·藝文部》	清《集成·理學彙編·經籍典》	
1. 易　擬易	2. 河圖洛書部	3. 易經部
2. 書	4. 書經部	
3. 詩	5. 詩經部	
4. 三禮	7. 禮記部	10. 三禮部
	8. 儀禮部	12. 大學部
	9. 周禮部	13. 中庸部
5. 春秋	6. 春秋部	21. 國語部
6. 續春秋	／	
7. 論語	11. 論語部	
8. 孝經	16. 孝經部	
9. 孟子	14. 孟子部	
10. 經解　總六經	19. 經學部	
11. 讎正五經　石經	／	
12. 小學	17. 爾雅部	18. 小學部
／	15. 四書部	
	20. 讖緯部	
	（以上爲經學相關部類）	
13. 古史	／	
14. 正史	23. 史記部	34. 北周書部

總目（整理本）》（北京：中華書局，民國 86 年），頁 1786。

〔註 27〕本表《玉海·藝文部》經、史、子、集、圖等各部之分類架構，大致係依據陳仕華之區分：陳仕華，《王伯厚及其玉海藝文部研究》（臺北市：臺灣商務，民國 82 年），頁 145～148。又本表爲探討其間類目沿革，故以時代居前之宋《玉海·藝文部》第二級類目次序作爲基準，而與清《集成·經籍典》第三級類目進行對比（表中編號係原部類次序）；本表採用虛線區隔四部之意，係以二者原書並未有經部、史部、子部、集部之分，亦顯示其與一般簿錄明分四部之不同。

	24. 漢書部	35. 南北史部
	25. 後漢書部	36. 隋書部
	26. 三國志部	37. 唐書部
	27. 晉書部	38. 五代史部
	28. 宋書部	39. 遼史部
	29. 南齊書部	40. 宋史部
	30. 梁書部	41. 金史部
	31. 陳書部	42. 遼金宋三史部
	32. 北魏書部	43. 元史部
	33. 北齊書部	44. 明史部
15. 雜史	22. 戰國策部	
16. 編年	45. 通鑑部	46. 綱目部
17. 實錄 18. 記注 19. 政要寶訓（聖政附） 20. 論史 21. 譜牒 22. 玉牒圖譜 23. 典故　會要	／	
24. 書目　藏書 29. 賜書	（1. 經籍總部）	
／	47. 史學部 48. 地志部 49. 山經部 　　　　　（以上爲史學相關部類）	
25. 諸子	50. 老子部 51. 莊子部 52. 列子部 53. 墨子部 54. 管子部 55. 商子部 56. 孫子部	57. 韓子部 58. 荀子部 59. 淮南子部 60. 揚子部 61. 文中子部 62. 諸子部
43. 經（按：收錄道書） 44. 藝術	／ 　　　　　（以上爲諸子相關部類）	
26. 總集文章	64. 文選部	

27. 承詔撰述 類書	65. 類書部	
28. 著書 別集	63. 集部	66. 雜著部
32. 記 志		
33. 傳		
34. 錄		
35. 詩 歌		
36. 賦	（《集成・文學典》）	
37. 箴		
38. 銘 碑		
39. 頌		
40. 奏疏 策		
41. 論		
42. 序 贊	（以上爲集、文類及其他部類）	
30. 圖		
31. 圖繪名臣	／	

　　根據此表，《玉海・藝文部》基本仍具傳統簿錄之類目形式，然爲適應類書性質與博學宏詞科治學之需，於部份類目則稍有變動。茲將其分部概況、與《集成・經籍典》間之類目異同，可得而言之者略述如下：

　　1. 《玉海・藝文部》自「易」類至「小學」類大抵屬經部範疇，此中較特殊者係「續春秋」一類。「續春秋」列於「春秋」類後，各編題主要收錄《春秋》經傳之外以「春秋」爲名之編年史籍，如「楚漢春秋」、「漢晉春秋」、「唐春秋」等，甚將一般入子部雜家類之「呂氏春秋」予以收載，〔註28〕可知其係兼以書名之形式分類，於類書之書目部居內具有一定之意義與作用（詳如後述）。再就沿革方面言，部份於南宋著述未豐或原數量即少之典籍，在《玉海・藝文部》中僅爲子目下之少數編題，如「三禮」類下有編題「淳熙大學章句、中庸章句」、「端平大學衍義」，〔註29〕又「小學」類下有編題「周公爾雅、釋詁、漢小爾雅、叔孫通補爾雅、晉爾雅音義圖譜、魏廣雅、隋博雅、唐續爾雅、元豐埤雅」等，〔註30〕至清初《集成・經籍典》則分別立爲〈大學部〉、〈中庸部〉、〈爾雅部〉各目，故其經學部類雖與《玉海・藝文部》差異不大，唯部份係新增類目，且區分更爲纖細。

〔註28〕同註22，卷四十一，頁 801～807。
〔註29〕同註22，卷三十九，頁 776～777。
〔註30〕同註22，卷四十四，頁 862～864。

2. 《玉海・藝文部》自「古史」類至「書目」類大抵屬史部範疇,其類目架構約近於一般簿錄而又稍有差異,主要為簿錄中常設之部份子目從缺,唯此數類之書目資料係編入《玉海》其他各部中;如《玉海・藝文部》未設之「職官」、「儀注」、「刑法」、「地理」、「時令」、「食貨」各類,其相關之書目編題係分別入《玉海》之〈官制部〉、〈禮儀部〉、〈詔令部〉、〈地理部〉、〈律曆部〉、〈食貨部〉中,〔註31〕故此具類書性質之書目,尚須與《玉海》其他門類做相映之觀照。至其史學部類與《集成・經籍典》之沿革,二者於類目形式上固有極大差距,而以《集成・經籍典》係多以圖書名稱立部,故其類目多可於《玉海・藝文部》之編題中窺得承傳線索;如其「編年」類下有編題「治平資治通鑑」、「乾道資治通鑑綱目」、「乾道續資治通鑑長編」等,〔註32〕於《集成・經籍典》則立有〈通鑑部〉、〈綱目部〉,唯二者所輯錄之材料、組織各有其優長處,均有其編纂實用價值(詳如後述)。

3. 《玉海・藝文部》子部範疇僅有「諸子」類,此外「經」類與「藝術」類係居該部最末,收錄道書、算術、五行、醫書等內容,亦可入於子部。其「諸子」類主要收先秦諸子,兩漢魏晉僅收幾家,係依據漢代至宋代公私目錄中有關諸子之著錄、典籍中有關諸子之記載而成各編題,大致以《漢志・諸子略》儒、道、陰陽、法、名、墨、縱橫、雜、小說諸家之序進行編排;如其下有編題「晏子」、「子思子」等(於一般簿錄屬儒家),「鬻子」、「老子」等(屬道家),「鄒子」、「容成子」等(屬陰陽家),「李子」、「申子」等(屬法家),「鄧析子」、「尹文子」等(屬名家)……,〔註33〕諸如此類,係以名稱冠有「子」者為收錄對象。另如漢代諸子賈誼、晁錯、董仲舒等,習慣上不稱「子」,故於「諸子」類中不予收錄,而入「著書、別集」類,亦可覘其以書名形式區分之類書特性。〔註34〕至於《集成・經籍典》之諸子部類,其子目所立亦皆稱「子」者,殆與《玉海・藝文部》「諸子」類之編題形式具相當之關聯。

4. 《玉海・藝文部》自「總集文章」類至「序、贊」類大抵屬集部範疇,而其中「類書」類置於總集與別集之間,蓋以類書多為作詩作文時尋檢典故

〔註31〕 喬衍琯,〈玉海藝文部〉,在《宋代書目考》,第二章第五節(臺北市:文史哲,民國76年),頁76~77。

〔註32〕 同註22,卷四十七,頁938~939;941~942。

〔註33〕 同註22,卷五十三,頁1045~1057。

〔註34〕 高路明,〈王應麟的《玉海・藝文》〉,在《古籍目錄與中國古代學術研究》,第四章第四節之二(南京:江蘇古籍,民國86年),頁153。

詞彙而編，故將之廁於集部，與《集成‧經籍典》立〈類書部〉於四部之後不同。此外，前承自鄭樵《通志‧藝文略》之「文類」依文體細分為二十二小類，《玉海‧藝文部》亦區分為記、志、傳、錄、詩（歌）、賦、箋、銘、碑、頌、奏疏、策、論、序、贊等類別，相互對照，出入不多。〔註35〕而《集成》於〈經籍典〉置〈集部〉、〈文選部〉，在此別集、總集之外，另設有〈文學典〉，其係採文體分類，〈凡例〉即云：「〈文學典〉在經籍之外，蓋文各有體，作者亦各有擅長，類別區分，各極文人之能事而已。」〔註36〕對於集部書之分類，如鄭樵《通志‧藝文略》般另依文體做瑣細區分者，於歷朝書目中甚為罕見，蓋以單一文體成書、成集者甚少之故，就書目而言不易著錄；〔註37〕而《玉海》與《集成》係類書，得以就文學典籍之內容材料進行析分，故其中之書目部居（或《集成》中另立為〈文學典〉），較適於各以文體區為部類，所立類目係以文學或應用文書相關體裁為主。

（二）組織形式

有關《玉海‧藝文部》於所錄各類資料之組織編制，其以「編題」形式聯繫有關文獻，厥為目錄學方法之靈活運用，近代目錄學家王重民述其「編題」法曰：

> 《玉海》每個大類和小類的編題和內容，都是用歷史文獻資料和圖書目錄組成的。在《藝文》以外的二十個大類當中，自然以歷史文獻資料為主，夾入了一些有關圖書目錄的編題，也可以說以圖書目錄為副。⋯⋯《藝文》這一大類中自然以圖書目錄為主，但也夾入了一些與圖書目錄有關的歷史文獻資料，豐富了目錄的內容，增強了在目錄上的參考使用價值⋯⋯。〔註38〕

故《玉海‧藝文部》各類下之「編題」，其所著錄係以圖書（書目）為主，並兼以相關歷史背景主題，形成數項編題名稱。舉例而言，如「書目、藏書」類下共包含「周策府」至「淳熙中興館閣書目、嘉定續書目」四十四個編題，

〔註35〕 喬衍琯，〈玉海藝文部述略〉，《國立中央圖書館館刊》，新 16 卷 2 期（民國 72 年 12 月），頁 35～36。

〔註36〕 〔清〕陳夢雷原編；蔣廷錫等重校，《古今圖書集成》，第 1 冊（臺北市：鼎文，民國 66 年），凡例。

〔註37〕 喬衍琯，〈論集部書的分類〉，《國立中央圖書館館刊》，新 25 卷 2 期（民國 81 年 12 月），頁 99～100。

〔註38〕 同註25，頁 711。

其常例係以一部或數部書目（往往以相近或相續者爲一組）作爲一個編題，亦即一著錄單位，綜錄此部（或此組）書目之有關文獻記載；其次則是記錄藏書情況或藏書名詞術語；又或將書目著作名詞與藏書相關名詞結合作爲一主題，以統轄一宗有關材料。〔註39〕如該類下編題「唐續七志、群書四錄、古今書錄、集賢書目、四庫更造書目」，即是以五部書目名稱作爲一個編題，而彙集史傳、史志、典制會要中之逐條相關資料；又如編題「漢蘭臺圖籍、經牒秘書」，係以二個藏書方面之名詞作爲編題，收錄漢代典藏機構之官制與相關典故；再如編題「隋嘉則殿藏書、開皇書目、秘閣書三品、四部、七林」，〔註40〕則是將書目名稱與藏書方面之名詞結合爲一編題，所載者亦多爲史志之相關著錄、史傳之撰著人相關事蹟、典制史中相關藏書典故等材料。是以，《玉海・藝文部》包含編題之「名稱」及編題下所輯錄之「內容」，均係以圖書目錄爲著錄、收載之主軸，並佐以該一編題相關歷史文獻資料，是則較一般帳冊式之簿錄，更能供人瞭解某項學術主題之完整情況，增益其於目錄上之參考使用價值。

至於《玉海・藝文部》取材之主要內容，王重民先生亦述之甚詳：

> 《玉海・藝文》的內容，包括著宋代國史藝文志、實錄、會要和崇文院內三館秘閣的各種官修目錄，漢、隋、唐藝文志和唐宋時代著名的私人藏書目錄，還包括著《十七史》、《十三經》注疏及前四史中的諸家注解、《世說新語》注、《文選》注，唐宋兩代重要類書中所有與文化典籍有關的歷史文獻參考資料。〔註41〕

是知《玉海・藝文》於有宋一代所存之史料、掌故記載特詳，尤以官修或經官府校勘之圖書、簿錄、典制，及私家著述中曾向內府進呈者，均詳記年月、當事人和經過情形，故後世往往能於其書之中採得遺文舊事，用以補苴罅漏。逮至《集成・經籍典》，於各部類「彙考──編年之體」中，多可考見其據《玉海・藝文》所立之「事目」及相關內容，而以宋代所錄尤豐；如〈經籍總部〉於彙考四、五載宋代藏書、求書、進呈書事，〈經學部〉於彙考三載宋代校刻經書、賜經、研經事，均甚詳密，所引大都以《玉海》爲主，以補正史未載

〔註39〕李萬健，〈開類書收輯書目之例的王應麟和《玉海・藝文》〉，在《中國著名目錄學家傳略》（北京：書目文獻，民國82年），頁95。

〔註40〕以上三編題之出處依序爲：同註22，卷五十二，頁1032～1033；1025～1026；1028～1030。

〔註41〕同註25，頁715。

相關史料之失。

再者，相映於《集成‧經籍典》於各部「彙考」之首冠以編年體式，《玉海‧藝文部》於各項編題之前後組織亦以時代相續，即如喬衍琯先生論其於目錄學上「史的記述」之價值云：

> 每類作史的記述，上溯遠古，下及當代。重要的詳加考訂，徵引史傳、書目、會要、筆記等，再加案語，勝於通考經籍考。次要的迻錄史志，通記若干家，比通志藝文略不著出處要好。〔註42〕

此係就《玉海‧藝文部》善於考史、取材詳明之特長，突顯其勝於圖書目錄《文獻通考‧經籍考》、《通志‧藝文略》之處。而若將類書之經籍藝文部類同為較論，則《玉海‧藝文部》與《集成‧經籍典》於史料組織上亦各有不同呈現。茲以正史相關部類為例，如《玉海‧藝文部》之「正史」類，其下包含「漢史記」、「漢書」、「漢東觀記」、「續漢書、八志」、「漢後書、十典」、「後漢書」、「三國志」、「晉史、晉紀、晉書、晉中興書、十志」、……「〔宋〕淳熙修四朝史」、「淳熙東都事略」、「淳祐四朝史」等三十八個編題，可知其所立編題並非盡為正史之作，蓋以紀傳體正史為主，而旁及各朝修國史、後朝修前史，朝代相近之各家即彙為一編題，較為重要者或分別立之。如前述係於《後漢書》設立四個編題，〔註43〕一為《東觀漢記》和東漢一代所有官修史書，二為晉‧司馬彪《續漢書》，三為晉‧華嶠《漢後書》，四則包括范曄、謝沈所撰和《隋志》著錄之一切《後漢書》；其編題下輯錄之內容，係將圖書目錄與歷史文獻資料雜揉著錄。而在《集成‧經籍典》之〈後漢書部〉中，其「彙考——編年之體」於事目及引文之呈現，使有關《後漢書》修史、校史、刻史之先後脈絡更為井然明晰，再則依次著錄有關《後漢書》之序跋、書目、議論、詩文、傳記、瑣事等內容，乃因其具《集成》之類書經緯架構，於所錄材料更見組織倫序，係該典類書兼書目體式之主要特色。

（三）書目作用

《玉海‧藝文部》與《集成‧經籍典》不同於一般書目，二者係具有類書性質之書目，同時亦為具有書目特點之類書。若分別而論，《玉海》之所以「與他類書體例迥殊」（《四庫總目》語），主要表現於全書各子目下係採「編題」纂

〔註42〕同註35，頁27。
〔註43〕此四編題即「漢東觀記」、「續漢書、八志」、「漢後書、十典」、「後漢書」，出處為：同註22，卷四十六，頁901～905。

輯之法，此法運用於《玉海‧藝文部》之圖書著錄上，「就是走向了主題目錄的組織形式，給我國編制目錄的方法，開闢了一個新的方向」。〔註44〕《玉海‧藝文部》係以書名或相關主題詞作爲「編題」題稱，如「記、志」類下有以一書名「晉博物志」立爲編題者，其所輯錄內容以張華《博物志》爲首，尚錄有續咸《異物志》、干寶《搜神記》、魏文帝《列異傳》等志怪主題之作，〔註45〕蓋可見其纂輯特性係具有主題目錄傾向；再者，若以「記、志」類下若干編題綜合觀之，包含一般書目屬小學類之「發蒙記」、屬雜史類之「拾遺記」、屬地理類之「華陽國志」、屬職官類之「御史臺記」、屬小說家之「卓異記」等，在書目中分屬各類之典籍，均錄於《玉海‧藝文部》之「記、志」一類下，可偵知其按書名形式分類之類書特質。故王重民先生論其意義與作用云：

> 就類書說，它已經發展到了有編題的分類類書，……同樣在"藝文"
> 內有了編題，也就提出了主題目錄（在《玉海‧藝文》內還是主題
> 與分類相結合的）的新方向，……使讀者不論從圖書內容的分類上，
> 或者從書名的形式分類上，都能比較容易找到自己所要參考的圖
> 書。〔註46〕

是以就某書之形式與內容區分，如「記、志」類有《初學記》、「承紹撰述、類書」類尚有《初學記》，「傳」類有《離騷傳》、「總集文章」類尚有《離騷傳》等，從中蓋可考見某書隸於多類之情形。故《玉海‧藝文部》各類以「編題」爲單位而著錄書目及有關資料，在客觀上「所反映的新方向是帶有引導我國分類目錄走向主題目錄的傾向」。〔註47〕

　　而在《集成‧經籍典》之中，與史志、目錄資料之採擷至爲相關者，厥爲「彙考——錄歷朝書目之體」，此一體式乃配合各子目之「圖書主題」進行析分，〔註48〕又其子目多數係以某書（如〈禮記部〉、〈戰國策部〉、〈文選部〉

〔註44〕同註25，頁712。

〔註45〕同註22，卷五十七，頁1138。

〔註46〕王重民，〈鄭樵的《通志‧藝文略》、王應麟的《玉海‧藝文》和馬端臨的《文獻通考‧經籍考》〉，在《中國目錄學史論叢》（北京：中華書局，民國73年），頁158～159。

〔註47〕同註25，頁715。王重民先生尚強調：正式的主題目錄是依主題順序排列的，而《玉海‧藝文》基本仍是按分類排列的，所以它還沒有形成完整的主題目錄，但是主題目錄的基層組織——主題或編題已經形成，此已爲主題目錄打下了良好基礎。

〔註48〕《集成‧經籍典》「彙考——錄歷朝書目之體」對史志、目錄之析分情形，詳

等）或少數以某類（如〈地志部〉、〈類書部〉等）作爲「圖書主題」單位，故《集成・經籍典》之整體子目構成，主要係朝「以書爲綱」〔註49〕之方向發展，即其類目訂定係以突出編者意識中之主要著述爲原則。相較於《玉海・藝文部》子目下之常例有以某書作爲「編題」之法，如前述於「正史」類下之四編題「漢東觀記」、「續漢書、八志」、「漢後書、十典」、「後漢書」，於《集成・經籍典》則以子目〈後漢書部〉爲一主題而統括之。是以，由南宋《玉海・藝文部》以圖書爲「編題」，其編題之區分細密，資料採錄亦較紛繁；而至清初《集成・經籍典》則將各部圖書提升爲「子目」，相對而言，其子目設置較爲精煉，將眾家典籍及其材料集中於單一主題之下，其法蓋可使主題標目更爲簡明、資料輯錄更爲博贍。而關於《集成・經籍典》於歷朝書目析分之實際作用，詳見本章第三節所述。

二、考部類範疇——《淵鑑類函・文學部》與《集成・理學彙編》

　　清初兩大綜合性類書《淵鑑類函》與《集成》，均爲康熙朝官編之作。首先，清・張英等奉敕撰之《淵鑑類函》，其書以明・俞安期《唐類函》〔註50〕爲藍本，於《唐類函》之基礎上再行加工、整理、續補，係以「供詩賦之用」〔註51〕爲纂輯目的之工具性書籍。而有關《淵鑑類函》之取材範圍，其〈凡例〉之「蒐采」條云：

　　　原本《唐類函》所載《藝文類聚》、《初學記》、《北堂書鈔》、《白帖》，
　　　旁及《通典》、《歲華紀麗》諸書，此皆初唐以前典故藝文。今自初
　　　唐以後，五代、宋、遼、金、元至明嘉靖年止，所采《太平御覽》、
　　　《事類合璧》、《玉海》、《孔帖》、《萬花谷》、《事文類聚》、《文苑英
　　　華》、《山堂考索》、《潛確類書》、《天中記》、《山堂肆考》、《紀纂淵

見表6-6所示。

〔註49〕參見註7之引文。

〔註50〕《唐類函》爲明人俞安期所輯，題名曰「唐」，乃取其整編《藝文類聚》等唐代類書，刪除重複、彙爲一函之意。康熙〈御製淵鑑類函序〉云：「安期，明人也，而曰《唐類函》者，以其皆唐輯也，既缺宋以來書，而唐以前亦有脫漏者。爰命儒臣迻稽旁搜，泝洄往籍，網羅近代……。」故《淵鑑類函》即以補錄宋代後之類書爲主，並就《唐類函》之例，增其所無、詳其所略，使之臻於完備。其書中對《唐類函》原有材料均標「原」字，續增者則標「增」字，以示區別。前康熙序文出處：同註23，御製序文。

〔註51〕同註23，凡例之「翦裁」條。

海》、《問奇類林》、《王氏類苑》、《事詞類奇》、《翰苑新書》、《唐詩
類苑》,及二十一史、子集稗編,咸與蒐羅,悉遵前例編入。〔註52〕
故除錄有原本《唐類函》之唐代諸類書外,復由宋以後《太平御覽》、《玉海》
等十七種類書及廿一史、子集稗編中取材,其主要成就表現在收錄文獻內容
之增補與擴大,而在全書結構體例上創新成份較少,因而加工難度不高。又
關於《淵鑑類函》各子目下資料之組織,亦採緯目形式爲之,其〈凡例〉之
「序類」條云:

> 原本《〔唐〕類函》,以《藝文類聚》居一,《初學記》居二,《北堂
> 書鈔》居三,《白帖》等書居四,而以詩文殿之。今以釋名、總論、
> 沿革、緣起居一,典故居二,對偶居三,摘句居四,詩文居五。因
> 所采編帙愈多,不可以書名爲先後也;且派別支分,較之原本,彌
> 覺井井。〔註53〕

《淵鑑類函》整體係「二經二緯」之架構,其緯目首以《釋名》、《說文》、《爾
雅》居前,經史子集次之;典故以朝代爲次序;對偶不拘朝代,但以工緻相
儷爲主;若摘句係採自序記或詩賦,所錄單詞隻句,務取華贍,以備覽觀;
詩文亦各以體裁補入。總歸而言,爲配合該書纂輯目的,其將資料排比櫛次,
體例設置係以典故、對偶、摘句、詩文等稗於作詩爲文者爲主,故近人方師
鐸嘗評論《淵鑑類函》係歷代類書中「集『獺祭』之大成」,〔註54〕殆有其理。

　　相對而言,《集成》於取材方面則首重十三經、廿一史,開編之初即重新發
凡起例,其吸取諸家類書編例之長,並鎔鑄紀傳、綱目等史籍要體,總括爲「三
經二緯」之層級架構,體制嚴謹而又富於彈性;另一方面,假以立體眼光透視
《集成》全書,在其時間軸與空間軸之交會跨度中,構築出通貫古今、博綜六
合、囊括三才之格局網絡,各彙編、典、部間互有聯繫關係又可兀自獨立,厥
爲中國古代萬有知識之有機總合。由是觀之,無論在體例縝密程度或部類組織
規模上,《集成》已然大幅超越前代及當朝諸書,足見主編者陳夢雷對此書之擘
劃經營,用力至深,「無論從內容上、分類體系上、編排方法上、功用上,都達
到了一個新的高度,奇峰突兀,卓然不群。」〔註55〕

〔註52〕同註23,凡例之「蒐采」條。
〔註53〕同註23,凡例之「序類」條。
〔註54〕方師鐸,《傳統文學與類書之關係》(臺中:東海大學,民國60年),頁238。
〔註55〕裴芹,〈《古今圖書集成》與清代編書之風〉,在《古今圖書集成研究》(北京
　　　　市:北京圖書館,民國90年),頁20～22。

　　是故，《淵鑑類函》與《集成》既爲古代類書之總結成果，而隨著二者總結方式、加工程度之不同，展現於分類架構或部類範疇上亦有其差異。《淵鑑類函》之因襲性極爲顯著，而《集成》則能突破以往類書分類之窠臼，求全中更富於開創。誠如劉葉秋於《類書簡說》指出：

> ……類書內容範圍甚廣，具有百科全書的雛形。古代類書以這種兼包各類的爲最多。由《北堂書鈔》、《藝文類聚》、《初學記》、《太平御覽》到《唐類函》和《淵鑑類函》等，都採用這種形式。所析部類，亦大致相同，只是偶有分合或名稱、次第略存歧異而已。〔註56〕

具體而言，《淵鑑類函》共四十四部，凡四百五十卷，類目亦大抵承自《唐類函》而少有變動，由《唐類函》之「原分四十三部，今按部補入；每部之中，向又各分數類，多寡不同，今亦悉仍其舊」，〔註57〕《淵鑑類函》唯增益一〈花部〉，尚於〈帝王部〉、〈郡邑部〉、〈邊塞部〉等補錄因時代遞進而產生變遷之部份沿革材料。不僅於全書之上位類目透顯此一現象，若專就《淵鑑類函》與《集成》中關於學術文事之部類互爲比較，《淵鑑類函・文學部》共六十六類，所涵蓋之內容範圍多局限於舊有類目，此中大致揉合經典、圖書、文章、文具、問學等相關事物，而至《集成・理學彙編》所統括之「經籍」、「學行」、「文學」、「字學」四典中則更臻於完善，不僅對舊有類目於數量、體系上有明顯拓展，更將類書駕馭既往文獻及新穎材料之統合作用發揮極盡。茲將二者之學術文事相關部類範疇，對照、列明如下（見表6-4）：〔註58〕

表6-4　《淵鑑類函・文學部》與《集成・理學彙編》部類範疇對照表

清《淵鑑類函・文學部》		清《集成・理學彙編》所統四典
1.經典總載	9.裘	經籍典　　（1-66略，詳目見前）
2.周易	11.寫書	
3.尚書	12.藏書	
4.毛詩	13.校書	

〔註56〕劉葉秋，《類書簡說》（臺北市：國文天地，民國79年），頁40。

〔註57〕同註23，凡例之「分部」條。

〔註58〕本表《淵鑑類函・文學部》六十六子目，係配合《集成・理學彙編》所統「經籍」、「學行」、「文學」、「字學」四典進行區分。表中編號爲原部類次序，其中《淵鑑類函・文學部》爲六十六部連續編碼（使用虛線表示其原書並未有此區分），《集成・理學彙編》則以該四典各自編碼，部份類目因數量較多而有所省略。

5.春秋	14.求書			
6.禮記	15.戴書　負書			
7.史	16.賜書			
8.書籍	17.借書			
10.誦讀	50.好學	學行典	1.學行總部	38.學問部
45.儒術	51.博學		2.理氣部	39.致知部
46.勸學	52.幼學		3.理數部	40.力行部
47.善誘	53.從學		4.性命部	41.知行部
48.講論	54.同學		5.性情部	42.讀書部
49.名理	55.廢學		6.性部	43.講學部
			7.五常部	44.學思部
			8.仁部	45.教學部
			9.義部	46.求師部
			10.禮部	47.博約部
			（11-37略）	（48-97略）
19.著述	35.箴	文學典	1.文學總部	26.說部
20.文章	36.銘		2.詔命部	27.解部
21.詔	37.集序		3.冊書部	28.辯部
22.制誥	38.論		4.制誥部	29.戒部
23.章奏	39.射策		5.敕書部	30.問對部
24.表	40.連珠		6.批答部	31.難釋部
25.書記	41.誄		7.教令部	32.七部
26.檄	42.碑文		8.表章部	33.連珠部
27.移	43.哀辭		9.箋啓部	34.祝文部
28.圖	44.弔文		10.奏議部	35.哀誄部
29.讖	60.策		11.頌部	36.行狀部
30.符	61.簡		12.贊部	37.墓誌部
31.詩	62.牘		13.箴部	38.四六部
32.賦	63.札		14.銘部	39.經義部
33.七	64.刺		15.檄移部	40.騷賦部
34.頌	65.券契		16.露布部	41.詩部

		17.策部	42.樂府部
		18.判部	43.詞曲部
		19.書札部	44.對偶部
		20.序引部	45.格言部
		21.題跋部	46.隱語部
		22.傳部	47.大小言部
		23.記部	48.文券部
		24.碑碣部	49.雜文部
		25.論部	
18.文字	字學典	1.字學總部	13.書家部
56.筆		2.音義部	14.聲韻部
57.硯		3.楷書部	15.方言部
58.紙		4.行書部	16.筆部
59.墨		5.草書部	17.墨部
66.封泥		6.篆書部	18.紙部
		7.隸書部	19.硯部
		8.飛白部	20.筆格部
		9.押字部	21.水注部
		10.書畫部	22.鎮紙部
		11.法帖部	23.書尺部
		12.書法部	24.文房雜器部

　　由本表可得知，《淵鑑類函‧文學部》僅可對映於《集成‧理學彙編》所統四典之少數子目，二者除「文學」部類係以文學或文書體裁區分外，餘如「經籍」、「學行」、「字學」部類，無論於類目涵蓋層面或數量上，其內容、比例均相差甚鉅。若就其對映情形分別觀之，首先於「經籍」部類中，《淵鑑類函‧文學部》所採者多以圖書典故、五經、史學等相關內容為主，於《集成‧經籍典》則多載於〈經籍總部〉、〈易經部〉至〈禮記部〉、〈史學部〉諸部。其次於「學行」部類中，《淵鑑類函‧文學部》多係載問學、讀書、論理之事，此於《集成‧學行典》則較集中於〈學問部〉、〈讀書部〉、〈講學部〉、〈教學部〉諸部；此外，《集成‧學行典》之收錄範圍尚包含理學、性命、道德、修身、處世、聖賢等有關學術德行之內容，凡此數類於《淵鑑類函》則

另錄於〈人部〉之部份類目中，從中蓋可見其分類觀念之別。再則於「文學」部類中，《淵鑑類函・文學部》多以非韻文體裁為收錄主軸，《集成・文學典》所載則有韻文、非韻文及應用文書，其各類設置均較咸全。最末於「字學」部類中，《淵鑑類函・文學部》主要係收文具之類，而《集成・字學典》則涵蓋字體、音義、書法、聲韻、文房諸器等項目，擴及層面益為廣泛而精悉。

綜前所述，清《淵鑑類函》之類目既以明《唐類函》為本，《唐類函》又係據（隋）唐類書而編，故就其中之經籍藝文部類而言（另參見表 6-2），與《淵鑑類函・文學部》所立類目較為近似者，殆可追溯至隋《北堂書鈔・藝文部》，二者唯次序、分合略異。再則為唐《藝文類聚・雜文部》、《初學記・文部》，其類目數量即便偏少，然大抵亦局部涉及經典、問學、文體、文字等相關內容。再則為宋《太平御覽》，其將學術、文事分別析為〈學部〉與〈文部〉二部，此中〈學部〉所載多為經典、圖書、問學等事類，〈文部〉則主要包含文體、文書、文具等範疇；另如宋・祝穆《古今事文類聚》（表 6-2 未列），將學術文事相關範疇區分為〈儒學部〉、〈文章部〉、〈書法部〉、〈文房四友部〉等，又如宋・謝維新《古今合璧事類備要》（表 6-2 未列）將之分為〈儒業門〉、〈字學門〉、〈文房門〉諸類。〔註59〕由此推衍歷朝類書之藝文相關部類發展，相較於隋唐類書僅統錄其為一類，至宋代類書之類目涵蓋性已漸趨宏富，其於上位類目之範疇呈顯更為詳悉，子目區分亦更具專指性。循此脈絡言之，《淵鑑類函》因承自唐類書，故其學術、文事類目係合為〈文學部〉一類；而清初同期之《集成》則析為四典，其中〈經籍典〉、〈學行典〉大抵係對映於前朝類書所錄學術之類，至於〈文學典〉、〈字學典〉則主要相映於文事之類，可知《集成・理學彙編》其下四典所涵蓋部類範疇，乃根植於歷朝類書中之學術、文事相關部類，並於宋朝以後類書之經目、緯目組織上獲得多元擴展與革新，體系內涵亦逐步全面而深化。

三、小　結

針對本節所提出《玉海・藝文部》、《淵鑑類函・文學部》，與《集成》相關部類進行沿革考索，分別可得如下結論：

〔註59〕〔宋〕祝穆撰（前後續別四集）、〔元〕富大用撰（外集新集）、〔元〕祝淵撰（遺集），《新編古今事文類聚》（東京：中文，民國 71 年）；〔宋〕謝維新撰，《古今合璧事類備要》（臺北市：新興，民國 58 年）。

　　（一）宋・王應麟《玉海・藝文部》其下四十四子目之組成，除子、集部類變化較大外，基本仍維持傳統簿錄形式；至《集成・經籍典》其下六十六子目，則僅有經學部類為一般類目形式，而綜觀其整體經目構成，主要係朝「以書為綱」之方向作為類目訂定原則。此外，《玉海・藝文部》尚有依書名之外在形式分類之類書特性，其於子目下採「編題」法組織材料，係反映著向主題目錄過渡之傾向；《集成・經籍典》則多據「圖書主題」內容而區分典籍，其子目即帶有標題性質，且材料組織係依緯目分別，更見條理。

　　（二）清初《淵鑑類函》係間接承自隋唐類書，於一級經目〈文學部〉統括所有經典、圖書、文章、文具、問學等相關子目；《集成》則於一級經目〈理學彙編〉下，析分為二級經目〈經籍典〉、〈學行典〉、〈文學典〉、〈字學典〉四典，其下子目即依據各典性質內容區分，於經目擴展層級、部類涵蓋數量均勝以往類書。故此處具體以學術文事部類而突顯《集成》體系之新變，相較於隋唐類書僅統錄此相關範疇於一類之中，至宋代類書所呈現內容規模於焉已有初步開展，承此脈絡衍伸，逮至清初《集成・理學彙編》所析四典，類目體系則更為豐贍賅備。故就此二部清初同期之類書互為對照，無論於取材或組織方面，蓋可審度《淵鑑類函》守舊之質與《集成》創新之功。

　　（三）綜觀歷朝類書之經籍、藝文相關部類，其中有似傳統圖書目錄區分經、史、子、集之範疇者，如宋《玉海・藝文部》、清《集成・經籍典》即是；然多數類書並非僅限於此，如隋《北堂書鈔・藝文部》、唐《藝文類聚・雜文部》、宋《太平御覽》〈文部〉併〈學部〉、明《唐類函・文學部》、清《淵鑑類函・文學部》等部類，其尚包含一切學術、文事相關事物內容，逮至《集成・理學彙編》方於此範疇內大幅拓增其下二、三級經目。故本節探討《集成・經籍典》之類書兼書目體式，考察其與宋《玉海・藝文部》間之承轉關係；又進而揭示《集成・理學彙編》統括之四典，係於宋朝類書類目體系逐步擴展之基礎下，至清初達致巔峰高度。故王利偉於《宋代類書研究》嘗云：「清代《古今圖書集成》的檢索系統實質上仍是對宋代類書分類與主題檢索系統的繼續與豐富」，〔註60〕由本節所舉二例即可得到初步明證。

〔註60〕王利偉，「宋代類書研究」（碩士論文，四川大學歷史文獻學專業，民國 94 年 10 月），頁 84。

第三節　與圖書目錄之分類輯錄法鑑別

　　若將《集成・經籍典》於《集成》全書中做一定位，則該典係一部展現類書對經籍、圖書、典制等材料採主題類分之書目，就其特殊之分類結構、縷析方法而言，與一般圖書目錄之分類輯錄體式究有何異同，乃本研究期望提出之問題核心所在。因之，本節係以《集成・經籍典》此一「類書性質之目錄」爲主體，並根據探討重點不同而分別擇取兩部「圖書目錄」——金門詔《補三史藝文志》〔註61〕、馬端臨《文獻通考・經籍考》〔註62〕做爲比較對象。前者乃取同一編者不同性質之目錄著作相互比勘，目的在於透過雙方之類目組成以比較其間立類方法、組織邏輯之別；後者則考量類書與輯錄體解題皆具有將資料縷析排比之形式特性，目的在於藉由雙方之輯錄體式以考察其間著錄內容、編輯作用之異。析言之，此處欲透過「類書對經籍之分類」與「圖書目錄分類」之體式比較，要以同中求其異，藉以釐析二者分類方法邏輯、輯錄內容作用之相異處，由此突顯《集成・經籍典》結構體式之特殊性，並強調其於檢索利用方面與圖書目錄可相互補足處，進而提升類書中置放經籍藝文相關部類之價值。

一、考立類組織——金門詔《補三史藝文志》與《集成・經籍典》

　　首先在立類組織層面，茲以《集成・經籍典》編者——金門詔另一部現存目錄之作《補〔遼金元〕三史藝文志》做爲比較對象，〔註63〕此乃就同一編者所纂不同性質之目錄進行比對映襯，考察編者於其素有之目錄學思想建構下，爲個別因應類書與傳統簿錄體式之不同所採取不一致之立類方法、組織邏輯。而經探查後可知，金門詔《補三史藝文志》之「經部」先後次第，約與《集成・經籍典》經學相關部類順序相同，故此處將編者金門詔所纂不同性質之目錄著作併觀，除可獲知其學術尊崇次第，或可從中比較二者於目

〔註61〕本研究主要參考文本爲：〔清〕金門詔，《補三史藝文志》，在《叢書集成初編》，第13冊（北京：中華書局，民國74年）。而金門詔作此書目及其著述學養相關情形，詳見第三章第二節所述。

〔註62〕本研究主要參考文本爲：〔元〕馬端臨，《文獻通考・經籍考》（臺北市：新文豐，民國75年）。

〔註63〕儘管《集成・經籍典》約以四分法佈局次序，然由於其類目訂定思維仍大致迥異於傳統簿錄形式，倘若擇取當朝官修書目（如清前期《明史藝文志》、《四庫全書總目》諸目）做爲觀察文本，相對於金門詔《補三史藝文志》而言，在比較雙方之類目組成上，較無法突顯同中求異之實際比較意義。故爲了提升可比較性，此處僅擇取《補三史藝文志》爲研究文本，須特此做一說明。

錄學運用上之方法、邏輯實際差別。茲將二者分類部次俱列如下（見表 6-5）：
〔註64〕

表6-5　金門詔《補三史藝文志》與《集成‧經籍典》立類組織對照表

清‧金門詔《補三史藝文志》 （金氏個人目錄之作）		清《古今圖書集成‧經籍典》 （金氏為分編者）	
		1. 經籍總部	
經部	1. 易經類	2. 河圖洛書部	12. 大學部
	2. 書經類	3. 易經部	13. 中庸部
	3. 詩經類	4. 書經部	14. 孟子部
	4. 春秋類	5. 詩經部	15. 四書部
	5. 禮類（樂附）	6. 春秋部	16. 孝經部
	6. 四書類	7. 禮記部	17. 爾雅部
	7. 孝經類	8. 儀禮部	18. 小學部
	8. 小學類	9. 周禮部	19. 經學部
	9. 經解總類	10. 三禮部	20. 讖緯部
		11. 論語部	
史部	1. 正史類	21. 國語部	36. 隋書部
	2. 編年類	22. 戰國策部	37. 唐書部
	3. 實錄類	23. 史記部	38. 五代史部
	4. 起居注類	24. 漢書部	39. 遼史部
	5. 雜史類	25. 後漢書部	40. 宋史部
	6. 故事類	26. 三國志部	41. 金史部
	7. 職官類	27. 晉書部	42. 遼金宋三史部
	8. 儀注類	28. 宋書部	43. 元史部
	9. 法令類	29. 南齊書部	44. 明史部
	10. 傳記類	30. 梁書部	45. 通鑑部
	11. 譜牒類	31. 陳書部	46. 綱目部
	12. 地理類	32. 北魏書部	47. 史學部

〔註64〕由於《補三史藝文志》係明分四部之圖書目錄，故表中即以經、史、子、集
　　　　四部各自編號；至於《集成‧經籍典》原即未有四部之分，故以六十六部連
　　　　續編號，並以虛線區隔之。

		33. 北齊書部　　48. 地志部 34. 北周書部　　49. 山經部 35. 南北史部
子部	1. 儒家類 2. 道家類 3. 釋家類 4. 天文家類（算術附） 5. 五行家類 6. 兵家類 7. 縱橫家類 8. 農家類 9. 雜家類 10. 小說家類 11. 醫家類 12. 藝術類	50. 老子部 51. 莊子部 52. 列子部 53. 墨子部 54. 管子部 55. 商子部 56. 孫子部 57. 韓子部 58. 荀子部 59. 淮南子部 60. 揚子部 61. 文中子部 62. 諸子部
集部	1. 別集類 2. 詩集類 3. 詩選類 4. 賦類 5. 奏疏類 6. 策論類 7. 表類 8. 書類 9. 碑類	63. 集部 64. 文選部
		65. 類書部
		66. 雜著部

　　本表係對照金門詔撰《補三史藝文志》及其所分編之《集成‧經籍典》，分別針對「圖書目錄」與「類書性質之目錄」特質，而突顯其間同異關係。二者除經學部類大抵係以易、書、詩、春秋、禮、四書、孝經、小學、經總

為次外，〔註65〕其經學類目形式亦較史、子、集相關部類具一致性，蓋以儒家經典係於中國傳統文化中深固之價值核心，故於形式上變易不大。唯《補三史藝文志》以三禮相關典籍併錄於「禮類」，樂附其中，另以「四書類」獨立一類，較之元明時期部份書目以《論》《孟》單獨設類、《學》《庸》入禮類、合論四書者入經解類之分類方式，更能揭示宋朝後四書地位之提升與理學獨尊地位之確立，反映遼金元以來學術文化變遷之客觀事實；〔註66〕而《集成‧經籍典》於經學部類中，係以三禮、四書及通論者各析為部，爾雅自小學中獨立，尚附河圖洛書、讖緯之類，其立類較一般書目殊為細緻（詳見本章第一節所述）。

再則於前述經學次第均同之基準下，就二者整體經、史、子、集之類目形式進行對映。由於《補三史藝文志》係補志書目（補遼金元三朝無史志之失），是須就某代著述搜采無遺，凡現存或已佚之文獻均予收載，所收既包含圖書，亦包含單篇文字、碑刻、圖像等非書資料，故著錄文獻範圍較一般正史藝文志廣泛；〔註67〕然《補三史藝文志》基本體式與四分法史志無異，其經、史、子、集四部共收書九百十三種，〔註68〕整體而言，實皆不脫前代史志之四部類目範疇，而由於嚴守四分類例，其呈現體系則較為固化、單一，僅少數類目能夠反映當代學術流別。至於《集成‧經籍典》採「以書為綱」方式立類，且文獻涵蓋範圍由上古至清初，係歷時而全面之圖書文化發展進程，故所立類目蓋可體現長久積累之尊經崇古意涵（如設經學諸類、先秦諸子等），並能著意於突顯清初官方所重典籍（如設正史諸類、四書、通鑑、綱目等），類目設置可機動調整，富於彈性。

此外，就類目間之組織邏輯而言，《補三史藝文志》係採傳統四部法之圖書分類目錄，其基本類目分為部、類兩級，亦即二級轄屬結構。誠如周彥文

〔註65〕另有關《補三史藝文志》與《集成‧經籍典》之經學部類與前朝書目之相承關係，參見註10。

〔註66〕邵永忠，〈清儒補元史藝文志目錄學成就探析〉，《圖書館雜誌》，10期（民國92年），頁72。此外，如其「小學類」載有契丹、女直字書，史學諸類載有三代官修前朝正史、本朝實錄、典制體史籍、地理志，或其他各類尚載有翻譯著述、少數民族作者之著述、邊疆域外風土著述等，由《補三史藝文志》通篇著錄內容係較其類目更能考察遼金元當代圖書發展概況。

〔註67〕辛平，〈補正史藝文志揭示文獻的方法〉，《圖書與情報》，4期（民國93年），頁27。

〔註68〕來新夏主編，《清代目錄提要》（濟南：齊魯書社，民國86年），頁53。

於《中國目錄學理論》提出分類法目錄（二級以上）係採「縱向轄屬、橫向聯繫」〔註69〕之編目原理，若以《補三史藝文志》爲例，如其以論、孟、學、庸單論或合論之書，統隸於「四書類」下，「四書類」又隸於「經部」之下，如此則書、類、部於學術上有其相同屬性，而形成「縱向轄屬」之結構關係；又「四書類」尙與易、書、詩、春秋、禮、孝經、小學、經總等九類，共同構成「經部」之學術領域，形成相互間之「橫向聯繫」。另一方面，就《集成‧經籍典》此「類書性質之目錄」而論，其大抵依據「主題」之法區分典籍，若將該典視爲具六十六類之獨立書目，則其未有上位、下位之別，係一級轄屬結構。〔註70〕其類目間之關聯，蓋可由「群組概括」特性考察，如〈地志部〉、〈山經部〉可視爲一群組，若配合傳統四分體制區分，該二部又可隸屬於史學部類之群組中，然若突破「四分」思維之限制，則可單獨視其爲地理典籍之群組，而不隸屬於其他類別；故其類目多可由群組意涵統括，以默會其間隱含關係，或其類目實可各自獨立，而不隸屬任何系統下。

　　至於書目中採「分類法」或傾向「主題法」邏輯而類分典籍之實際區別，蓋可自《集成‧經籍典》「彙考——錄歷朝書目之體」之析分中見其梗概（見表6-6）：

〔註69〕同註1，頁59～67。此處周彥文係以《漢志》所統六略、三十八類爲例，其「六略」實爲漢代學者所認定當代學術之六大門類。此六大門類，係由三十八個「類」歸納而來，而三十八個「類」，又係由所有圖書歸納而來；如此則書、類、略在學術上有其相同屬性，以層層轄屬之結構所形成之關係，即稱「縱向轄屬」。此縱向之編目方式，於組織上造成一種無法橫向變異之限制，如某「類」（易類、書類、詩類等）必存在於某「略」（六藝略）之中，而不能出現在其他「略」裏，亦即不能有橫向之相互調動。其次，雖各類、略間無法橫向異動，然而在橫向間卻有緊密之關聯性，如易、書、詩、禮、樂、春秋、論語、孝經、小學九類，雖不可橫向異動，然此九類卻共同構成「六藝」之學術領域；再如不可橫向異動之三十八個類，構成六個略，此六個略，又共同構成漢代學術之全貌。故此三十八個類、六個略雖各有縱向屬性，但在橫向間卻又形成有機之相互關聯性，即稱「橫向聯繫」。凡二級以上之分類法，無論漢以來之七分法，或六朝後大行其道之四分法，一般係以「縱向轄屬、橫向聯繫」之原理而編目；唯愈至後朝，學術門類愈多，而往往爲牽就「四分」之限制，隸類多有扞格之處產生，也愈無法表現學術門類間之「橫向聯繫」，故明代以後，終有大量改革性書目之出現。

〔註70〕同註1，頁109～113。周彥文認爲明代後所出現一級轄屬書目之最大優點，即在破除部略限制，不再運用「縱向轄屬、橫向聯繫」之思考模式，而直接以研究主題爲「標題」。

表6-6 《集成‧經籍典》「彙考」析分歷朝書目類名表

歷朝書目 / 經籍典各部	漢書藝文志	隋書經籍志	唐書藝文志	宋史藝文志	通志藝文略	文獻通考經籍考	續文獻通考經籍考	國史經籍志	經義考
1. 經籍總部	〔全〕	〔全〕	〔全〕	〔全〕				〔全〕	
2. 河圖洛書部	天文	讖緯		五行					
3. 易經部	易	易	易	易	易	易	易	易	易
4. 書經部	書	書	書	書	書	書	書	書	書
5. 詩經部	詩	詩	詩	詩	詩	詩	詩	詩	詩
6. 春秋部	春秋	春秋	春秋	春秋	春秋	春秋	春秋	春秋	
7. 禮記部	禮	禮	禮	禮	禮記	禮記	禮記	二戴禮	禮記
8. 儀禮部	禮	禮	禮	禮	儀禮	儀禮	儀禮	儀禮	儀禮
9. 周禮部	禮	禮	禮	禮	周官	周禮	周官	周禮	周禮
10. 三禮部	禮	禮	禮	禮	會禮儀注樂類	禮	禮樂律	通禮樂書	通禮樂
11. 論語部	論語	論語	論語	論語	論語	論語	論語	論語	
12. 大學部				禮		禮	大學	禮	禮記
13. 中庸部	禮	禮	禮	禮	禮	禮	中庸	禮	禮記
14. 孟子部	儒家	儒家		儒家		孟子	孟子	孟子	
15. 四書部			經解				四書	經總解	
16. 孝經部	孝經	孝經	孝經	孝經	孝經	孝經	孝經	孝經	
17. 爾雅部	孝經	論語	小學	小學	爾雅	小學	小學	小學	
18. 小學部	小學	小學	小學	小學	小學	小學	小學	小學	
19. 經學部	〔序〕	論語〔六藝總序〕	經解	經解	經解	經解	經解	經總解	易書詩禮記儀禮周禮
20. 讖緯部		讖緯	讖緯	易	易讖緯書讖緯〔8目〕	讖緯		讖緯	
21. 國語部	春秋	春秋	春秋	春秋	春秋	春秋	春秋		
22. 戰國策部	春秋	雜史		縱橫家	古雜史	縱橫家	雜家		

23. 史記部	春秋	正史	正史	正史	正史	正史	正史	正史
24. 漢書部		正史	正史	正史	正史	正史		正史
25. 後漢書部		正史	正史	正史	正史	正史		正史
26. 三國志部		正史	正史	正史	正史	正史		正史
27. 晉書部		正史	正史	正史	正史	正史		正史
28. 宋書部		正史	正史	正史	正史	正史		
29. 南齊書部		正史	正史	正史	正史	正史		
30. 梁書部		正史	正史	正史	正史	正史		
31. 陳書部		正史	正史	正史	正史	正史		
32. 北魏書部		正史	正史	正史	正史	正史		
33. 北齊書部		正史			正史			
34. 北周書部		正史	正史	正史	正史			
35. 南北史部			正史			通史	正史	
36. 隋書部			正史	正史	正史	正史		
37. 唐書部			正史	正史	正史	正史		
38. 五代史部				正史	正史	正史		
39. 遼史部							正史	正史
40. 宋史部				正史		正史	正史	正史
41. 金史部							正史	正史
42. 遼金宋三史部							正史	
43. 元史部							正史	正史
44. 明史部							史考	敕修紀注
45. 通鑑部				編年	編年	編年	編年	編年
46. 綱目部				編年		編年	編年	
47. 史學部					通史編年〔14目〕	編年起居注〔11目〕	史考史評〔8目〕	
48. 地志部	形法家	地理	地理	地理	地理	地理	地理	地理
49. 山經部（無）								
50. 老子部	道家	道家	道家	道家	道家	道家	道家	道家
51. 莊子部	道家	道家	道家	道家	道家	道家	雜家道家	道家

52. 列子部	道家	道家	道家	道家	道家	道家	道家	道家
53. 墨子部	墨家	墨家	墨家		墨家	墨家		墨家
54. 管子部	道家	法家	法家	法家	法家	法家		
55. 商子部	法家	法家	法家	法家	法家	法家		
56. 孫子部	兵權謀	兵家	兵書	兵書	兵書營陣兵陰陽	兵家		兵家
57. 韓子部	法家	法家	法家	法家	法家	法家		法家
58. 荀子部	儒家	儒家	儒家	儒家	儒家	儒家		
59. 淮南子部	雜家	雜家	雜家	雜家		雜家		
60. 揚子部	儒家	儒家	儒家	儒家	易	儒家	儒家	
61. 文中子部						儒家	儒家	
62. 諸子部						儒術道家〔17目〕	儒家道家〔19目〕	儒家雜家〔13目〕
63. 集部						楚辭別集〔23目〕	楚辭別集〔7目〕	集章表詩集
64. 文選部		總集	總集	總集		總集		總集
65. 類書部					類書	類書	類書	
66. 雜著部（無）								

資料來源：本研究編製

表註：

（1）本表係據《集成‧經籍典》「彙考——錄歷朝書目之體」卷前目錄所載各書目及其類名進行著錄；若《集成》未標明類目者，則參酌該目錄原書之分類情形予以標目。此中或有《集成》著錄錯誤之處，筆者未能一一詳查之，須特此說明。

（2）若以橫向「列」之角度觀之，乃指《集成‧經籍典》各部「彙考——錄歷朝書目之體」，係擇錄（或全錄）自本表上方各書目暨各列之類目。如〈禮記部〉所載，係擇錄自《漢志‧六藝略‧禮類》中題名與「禮記」相關之各條書目，或自《通志‧藝文略‧禮類‧禮記》一小類中全錄之。

（3）另一方面，若自縱向「欄」之角度觀之，可得某書目、某類，於《集成‧經籍典》乃析分入某部之中。如《隋志‧經部‧論語類》係析分入《集成‧經籍典》之〈論語部〉、〈爾雅部〉、〈經學部〉，可知《隋志‧經部‧論語類》除錄「論語」一類外，尚附有「爾雅」、「經解」相關書目。

　　本表呈現《集成‧經籍典》各部「彙考──錄歷朝書目之體」所著錄書目暨其類別之析分概況，表中擇取之書目係以各部常有之史志、私錄為主。此處橫向所列之類別中，可覘某「圖書主題」於歷朝分類法目錄中大致之隸類演變情形，如以〈孟子部〉為例，《孟子》之書於《宋志》前各史志均入子部‧儒家類，自《文獻通考‧經籍考》始獨立為「孟子類」，提升至經部範疇中；或如〈地志部〉，有關地理之籍於《漢志》中係入數術略‧形法類，至《隋志》後方獨立為「地理類」，隸屬於史部之中。再者，由表中縱向所錄之類別，可察某分類法目錄於某些類中大致涵蓋之「圖書主題」，如《宋志》經部‧禮類所載，係包含《禮記》、《儀禮》、《周禮》、三禮、《大學》、《中庸》有關典籍，又如其經部‧經解類，尚附四書合論之作，或經部‧小學類中，尚附《爾雅》之籍，斯於《集成‧經籍典》均分別析入相關各部之中。如是則不僅能將某「圖書主題」之相關諸書臚列，以得歷朝書目收錄之異同，尚可就某些依附於它類之少量典籍，各依其「圖書主題」而將其書裁出，獨入某部之中。故來新夏對此書目析分之法，評價甚高：

> 這種以書目和按書籍性質相結合的分類方法，既突出了主要著述並使讀者由書尋書，找到自古至今的相關著作，又避免了分類過於瑣細而造成的不易尋檢有關內容的弊病，表現了作者在圖書分類中的獨創見解。〔註71〕

由於《集成‧經籍典》係類書性質之書目，故於「彙考」該體式中，係傾向以「主題法」縷析歷朝之分類法書目；即由「圖書主題」為各部標目，突破傳統分類法書目依學術體系設類之限制性，而將諸書各以主題歸類，循此則可「由書尋書」，斯是俾與一般圖書分類目錄相補、相助之要法，故於目錄編制史上獨具意義。

二、考輯錄方法──《文獻通考‧經籍考》與《集成‧經籍典》

　　再則聚焦於資料輯錄層面，有關《集成‧經籍典》與「輯錄體解題目錄」間之體例淵源、取法關係已詳述於前（參見第四章第二節），本節則承續此一基礎，進一步針對二者輯錄體式之互異性進行考察。由於圖書目錄中之「輯錄體解題」，一般係以元‧馬端臨《文獻通考‧經籍考》為端緒，又今考其體

〔註71〕同註4。

例形制實與《集成・經籍典》具部份承紹關聯性（詳後），而本著此一共同比較基準，於茲針對二者之資料輯錄特性進行體察，以探究該二種不同性質之目錄於處理文獻材料時，其輯錄形式、內容、原則、作用等既相類又互異之面向。

若就《文獻通考》全書之文獻體裁言，一般多將之歸爲類書或典制體史籍，〔註72〕今以《集成・經籍典》錄該書馬端臨之序文於〈類書部〉「彙考」中，〔註73〕是《集成》編者亦視《文獻通考》爲類書之籍。因此，二者若均以類書體裁觀之，如馮浩菲嘗以處理資料方法之不同而區分各體類書，其將《集成》歸爲「純編纂體」中之「編纂有關資料與文章體類書」，至於《文獻通考》則非爲正宗類書，而係「考論體」中之「撮撰加考論體類書」；〔註74〕由此處所提出之纂輯體式區分觀點，即大致可察該二書中之經籍部類──《文獻通考・經籍考》與《集成・經籍典》各方面差異性之基本趨向。以下即分別敘述二者輯錄特性，最末謹就其互異處併列、比勘之。

首述《文獻通考・經籍考》之體制佈局，其以類序──「總序」與「小序」統領整體經籍暨各類學術之流略梗概，序釋文字多以輯錄形式呈現，所載者除全引或節引自「四代史志」（即《漢志》、《隋志》、《唐志》及宋代四部國史藝文志）之大小序，尚將「四代史志」各類著錄之典籍部數、卷數明列於後，爲研究者揭示文獻流傳、散亡之數字依據。此外，該考尚有「各門總」之設置，此爲馬端臨所創始，係指經、史、子、集四部下，於部份類別前所增置之名目，實際可起「部」與「類」間之二級類目作用，其亦帶有類序性質，可彌補收錄範圍之不足。〔註75〕如以《文獻通考・經籍考》史部爲例，其設有「正史各門總」、「雜史各門總」、「故事各門總」三大門項之類序，又其中「正史各門總」係總錄有「正史」、「編年」、「起居注」等類，首載《隋

〔註72〕有關歷朝學者對《文獻通考》定位、歸類之看法，詳見：楊寄林、董文武，〈《文獻通考・經籍考》"諸評具載"的獨特方式〉，《史學月刊》，4 期（民國95年），頁72～75。

〔註73〕《集成・經籍典》係將杜佑《通典》、鄭樵《通志》、馬端臨《文獻通考》所謂「三通」之序跋文，均於〈類書部〉「彙考──錄典籍序跋之體」中，是將其定位爲類書一類之典籍。

〔註74〕馮浩菲，《中國古籍整理體式研究》（北京：高等教育，民國92年），頁291～292；300～301。

〔註75〕余慶蓉、王晉卿合著，〈馬端臨的《經籍考》與輯錄體思想〉，在《中國目錄學思想史》，第五章第五節（長沙：湖南教育，民國87年），頁155～158。

志》、《宋三朝藝文志》等各類之小序，隨後則附載四代史志於各類圖書之計數情況，或間有諸家議論、一已按語穿插併列其中。

　　承前，其各類下之錄書標準、取材係「先以四代史志列其目，其存於近世而可考者，則采諸家書目所評，並旁搜史傳、文集、雜說、詩話」（見馬考自序），可知《文獻通考‧經籍考》係根據漢、隋、唐、宋史志列其目，其存於近世而可考者，則各書下錄有解題；解題主要來自諸家書目所評，並旁及前代與當代有關文獻。〔註 76〕故其於類序後係採「圖書著錄」爲著錄基礎，各書基本先著書名、卷數，再徵引經傳史志或前賢議論等各家成說爲解題，所引最多者係陳振孫《直齋書錄解題》，次多爲晁公武《郡齋讀書志》，再依次爲《崇文總目》，及宋各朝國史藝文志、自序或各家序跋、史傳、文集、筆記等；最後間有馬氏之按語。〔註 77〕是故，其係透過「文、獻、注」三項主要內容匯爲一體，「文」係指包含經史、會要、傳記之主體性典籍，「獻」則取臣僚奏疏、諸儒論說、稗官紀錄等，「注」以體現編者考辨疑誤、闡發已意爲主，故後世至爲重視其法，如簡後聰、林君成於《歷史編纂法》即云該書於史學發展影響甚遠：

> 重視文、獻、注三者結合爲一，把經過考證的材料分門別類，按時
> 間順序排比；每門之前各有小序，各條之後夾有前人及宋儒的議論；
> 末尾附有按語，說明作者自己的見解。既吸取了前人修史的經驗，
> 又開創了後世歷史考證學的先河，影響非常深遠。〔註 78〕

是知無論於《文獻通考》全書或其〈經籍考〉中，「文」以敘事，「獻」以論事，「注」則爲考證之見，三者之結合匯錄，係其整體內容構成之要素。

　　又由於在《文獻通考》其他各考中，其一般正文非照原書舊文迻錄，而係編者撮取原書內容撰作而成，並針對有關問題或疑誤處進行考論，故全書所呈顯係「撮撰加考論」體式，即先撮述有關事實，再以按語進行考證論辯；然其書中〈經籍考〉之臚列原則係以輯錄舊文爲主，唯部份類序尚採撮述之法，各書之解題主要仍以文獻甄錄、條列爲則。所謂甄錄，亦即非將群言照錄，而係根據眾家原文內容及實際引錄情形進行妥善之取捨、處置，據楊寄林、董文武之研究，其甄擇處理之法大致有五：高頻率突出名流諦論、披沙

〔註 76〕高路明，〈馬端臨與《文獻通考‧經籍考》〉，同註 34，頁 161。
〔註 77〕喬衍琯，〈通考經籍考〉，同註 31，頁 67。
〔註 78〕簡後聰、林君成合著，《歷史編纂法》（臺北市：五南，民國 82 年），頁 76～77。此外，其法又或影響至《集成》緯目體例「事、論分立」之作法，詳見本文第四章第二節所述。

式處斷一家之說、整合性施用綴集技巧、網絡化增立重要條目、雙軌型創設編列格式。〔註79〕而在引文出處方面，除對其主要收載之諸家書目以題名著錄外，部份類序因係採撮述法而未予標註，另解題中關於前賢議論之各條引文，多僅標註「某氏曰」，故該考所錄出處大抵未甚明晰；此蓋由《文獻通考》「考證重於檢索」之編輯作用所決定。編者係著眼於各文獻之論述觀點，藉典籍考證以突顯、闡發史學意識，如楊薇論云：

> 馬端臨《文獻通考・經籍考》，由於在各部類及每一書目下，廣泛衷輯歷代學者的評論，並做出自己的斷語，從而使它除具有一般目錄著作的功能外，還具有了史學史的意義。其具體做法是：「類序」輯錄它書，展示史學的發展脈絡；書目下輯錄眾說，解題的同時起到史學史闡釋效果；加以按語，表述自己的史學觀點。〔註80〕

故其寓史識於類序、解題、按語之考證材料中，以展現該考所獨具史學辨證性質。而據前述馮浩菲之古籍體式研究，其於歷朝目錄體式之類分中，亦將《文獻通考・經籍考》歸類為解題體中「考證性目錄」著作，〔註81〕而該考即以此客觀輯錄眾說、並酌加按語考論之體式，於後世目錄如清・朱彝尊《經義考》、孫詒讓《溫州經籍志》、姚振宗《隋書經籍志考證》等輯錄之作，均產生重要影響。

　　另一方面，若將《文獻通考・經籍考》整體目錄形制，與《集成・經籍典》之經目層級做一對應，該典設有「典總部」，又其下統有可視為「分析總部」之數部（係「典總部」與「部」間之層級，詳見本章第一節所述），而關於各部類之學術源流，於緯目「彙考——編年之體」之事目繫年、史料排比形式中昭然立現，關乎各部典籍之產生、聚散、傳播、發展之沿革損益概況，即以史之流變意識加以彙編、臚列，實有如一般書目之類序，故二者於形制框架上確有若合符節之處。而隨類書《集成》經、緯交織體式之設置，各部經目下係彈性統有十項緯目，故其中之書目部居〈經籍典〉亦以緯目而區分經史典籍、圖書文化、目錄文獻相關內容，各部常有者為「彙考」——編年之體、錄典籍序跋之體、錄歷朝書目之體，及「總論」、「藝文」、「紀事」、「雜

〔註79〕 此五法之例證，詳見：同註72，頁75～80。
〔註80〕 楊薇，〈說《文獻通考・經籍考》的史部解題〉，《史學史研究》，1 期（民國89 年），頁44。
〔註81〕 同註74，頁254。

錄」等項；緯目下所羅致之文獻史料，係採「分析著錄」爲著錄基礎，即以有關主題之諸書文獻內容爲分析單位，而非如一般書目於各類下以每一圖書爲著錄單位。再就《集成》緯目之總體整序方式而言，其所採者大致爲：「事」乃以彙考、紀事爲要，「論」則以總論、雜錄爲主，「文」係包含藝文、選句，另有「圖表」、「傳」等材料，如是構成「事、論、文、圖表、傳」五者合一之文獻匯整架構（參見第四章第一節）；而《集成‧經籍典》此一「類書性質之目錄」，以該五者整編、纂輯歷朝典籍文化相關資源，誠較以往「圖書目錄」載錄內容更爲多元而翔實。

前已述及，《集成》係「純編纂體」類書，所臚列者既有成段或零碎之資料，亦有完整之文章，斯爲「編纂有關資料與文章體」；而「純編纂體」係正宗之類書體式，於纂輯上主要訴求有三：分類宜精密、資料宜詳備、出處須分明，《集成》即屬此種類書至爲優秀之編。〔註82〕故《集成‧經籍典》亦以甄錄、條列爲則而彙集有關引文，據陳惠美之研究，該典對文獻材料之甄錄原則爲：其一，凡經史之可據者皆存之；其二，足能反映一代學術源流者必錄之；其三，凡存古意者，不沒其名；其四，事有兩歧，並存之以備考；其五，雖僞書，而流傳已久者，仍予收錄。〔註83〕雖其大抵以原書舊文之條列爲主，然實際而言，編者於「彙考——編年之體」中，對於歷朝年月暨其大事之「事目」，係自其後諸條史料之考辨中撮取而得，故〈凡例〉謂該體式「立書法於前」以爲大事之綱，誠亦屬編者撮述之法（參見第五章第二節）。而在引文出處方面，由於類書徵引群書必有所擇汰，故檢索時之原書查核工作即益顯重要，《集成》於卷前目錄之著錄已甚完備，又正文各條之起首並錄朝代、著者、題名（題名爲基本必錄者），如此著錄引文出處至爲詳明，在古代類書中乃屬罕見，唯其未能作嚴格規定而統一貫徹至全書，仍有部份缺失。〔註84〕至於《集成》按語數量豐富，然相較於前述考論體之《文獻通考‧經籍考》，則大抵較偏向簡論附說性質，此蓋由《集成》「檢索重於考證」之編輯作用所決定；而有關《集成‧經籍典》之按注內容，蓋以揭示事目原委、諸事關聯、排序之則、擇錄之理、析分之例、據考文獻、典籍得失、附釋訂誤、學說大

〔註82〕同註74，頁291～292。

〔註83〕陳惠美，〈《古今圖書集成‧經籍典》中的文獻資料及其運用〉，《中國文哲研究通訊》，16卷4期（民國95年12月），頁23～27。

〔註84〕裴芹，〈規模宏大 分類細密 縱橫交錯 次序井然——談《古今圖書集成》的結構體例〉，同註55，頁61～62。

要、纂輯意識為主，係考察編者主體思維之重要材料（參見第五章第四節）。

綜上所述，茲將《文獻通考‧經籍考》與《集成‧經籍典》之部份輯錄特性進行比較，可簡要歸納為下表（見表6-7）：

表6-7　《文獻通考‧經籍考》與《集成‧經籍典》輯錄特性比較表

	元‧馬端臨《文獻通考‧經籍考》	清《古今圖書集成‧經籍典》
目錄體裁	輯錄體解題目錄	類書體式目錄
纂輯體式	撮撰加考論體	編纂有關資料與文章體
整體結構	部、（各門總）、類、解題內容、按語	典總部、（分析總部）、部、緯目內容、按語
類序形式	總序、小序	事目編年彙考
著錄基礎	圖書著錄	分析著錄
匯合內容	文、獻、注合一	事、論、文、圖表、傳合一
臚列原則	甄錄、撮述	甄錄、（事目撮述）
引文出處	出處未明	出處詳明
按語性質	史學辨證性質	簡論附說性質
編輯作用	資考證	資檢索

所需留意者，本表所列係就相對性而言，如《集成‧經籍典》雖為正宗類書體式，其出處標註詳明，主要作用即為資檢索，然該典於史事之考訂用力甚勤，且鎔鑄紀傳、綱目等史體於材料組織中，亦可謂頗具考證價值；或如《文獻通考‧經籍考》雖歸類為解題體之考證性目錄，然其採擷者係多迻錄舊文，與類書體式亦甚具淵源關聯，可用以查驗諸家書目及前賢論說，頗似類書所具保存佚文之作用。故表中針對二者所揭示之各項輯錄特性，大抵有如是之區分，然未可就絕對性而一概論之。

三、小　結

針對本節所提出「圖書目錄」《補三史藝文志》、《文獻通考‧經籍考》，與「類書性質之目錄」《集成‧經籍典》進行分類、輯錄法比較，分別可得如下結論：

（一）在立類方法上，金門詔《補三史藝文志》之類目組成，受前代史志之四部類目範疇牽制，體系較為固定，僅少數類目能夠反映當代學術流別；

《集成‧經籍典》則以「圖書主題」標目，較能突出當代所重視之部份要籍，類目設置較具彈性，乃二者立類方式較明顯之差異。而在組織邏輯方面，《補三史藝文志》為二級轄屬結構之「分類法」目錄，係以傳統「縱向轄屬、橫向聯繫」之編目原理為據，而形成相互關聯之四分體系；《集成‧經籍典》於形式上則可視為一級轄屬結構之獨立書目，其傾向以「主題法」標目，類目多可由群組意涵統括，若突破四分法之思維限制，則各部實可兀自獨立，而不隸屬於任何系統之下。

（二）若依部類階層區分，元‧馬端臨《文獻通考‧經籍考》如以「各門總」為「部」與「類」間之層級，則該考實際為具三級結構之圖書目錄，又其統有一總序、各類前有小序，亦如各書解題皆以輯錄形式為之；而《集成‧經籍典》以「典總部」統領其下各「部」，又「典總部」與「部」之間，尚隱設具「分析總部」內涵之數部，故該典實亦具三級結構之類書性質目錄，至其各部「彙考」之編年體式中，透過史料之翦裁、考辨，彙整而為歷朝經籍圖書典制流變之長編，誠亦具有一般書目類序之功能。由上即透顯二者形制結構之相似性。再則考察其間著錄內容、編輯作用之異，《文獻通考‧經籍考》於各類下係以「圖書著錄」為基礎，其類序或各書中之解題則以「文、獻、注合一」方式，進行內容輯錄及按語揭示，其於按語中表達編者觀點及考辨結果，係具史學考證性質，體現該書目「考證重於檢索」之編輯作用。至於《集成‧經籍典》於各部下以緯目形式組織材料，其係以「分析著錄」為基礎而深入類分文獻內容，使之匯聚於同一圖書主題下，而緯目間又以「事、論、文、圖表、傳合一」進行內容整序，其引文出處標註詳明，按語數量豐富，然相對而言則較偏向簡論附說性質，蓋顯示其類書「檢索重於考證」之實際編輯作用。

（三）《集成‧經籍典》傾向以主題方法標目，其中各部「彙考——錄歷朝書目之體」之析分，尤可體現目錄中採「主題法」或「分類法」邏輯而區分典籍之差異。實際上，《集成》中系統而有意識地於「彙考」納入書目之析分資料者，唯有《集成‧經籍典》，於其他部類則分佈零星或庶幾少見；顯示《集成》中以「主題」邏輯而析分歷朝書目者，仍僅限於局部「圖書主題」，較少觸及其他天人、萬有層面之各項主題。蓋以《集成‧經籍典》係類書《集成》中之書目部居，故歷朝書目之析分材料自以呈現於此「類書性質之目錄」為主，而其分類、輯錄模式之特殊性既已詳述於前，最末謹以近

代目錄學家姚名達之論述作結：

> 即在目錄學史上，苟能闖出逼仄之分類目錄樊籬，而遠矚高瞻，則
> 此種接近主題目錄之類書，亟宜研究之，改良之，使與主題目錄相
> 應，與分類目錄相助。則目錄學之範圍于以擴張，而其功用亦更加
> 顯著矣。〔註85〕

經由比勘，《集成‧經籍典》係以「圖書主題」整序有關文獻內容，可與一般
分類法目錄相輔，是堪作「與主題目錄相應，與分類目錄相助」之範例代表。

〔註85〕姚名達，《中國目錄學史》（上海：上海古籍，民國 94 年），頁 51。

第七章　結論與建議

第一節　《集成》暨《集成・經籍典》目錄學意義及缺失總結

　　本節由《集成》全書秩然有法之編制框架，探究其對於後世大型圖書編纂之影響，另就《集成・經籍典》特有之體式結構言，其所呈顯之目錄學意義及凸出於目錄編制史上之價值，將於此處做一總結；最末略述全書於賅備之體例編制中仍不免罅漏之處，主要係針對前人批評做出持平之論。

一、影響價值

（一）《集成》對《四庫全書》叢書編纂之啟發

　　清代自康熙朝興起編書之風，其時以總匯前人成果者居多，加工深度不大，唯《集成》能於體例、取材上自鑄新範；而康熙朝官編圖書之數量大、種類多，影響此後編書熱潮，係乾隆朝將編書風氣推上極點之前奏，其中《集成》更爲乾隆編輯《四庫全書》之間接契因。裴芹即指出，乾隆令辦四庫全書之諭旨中，鑑於《集成》類書功能之局限性，故思以叢書形式收編典籍，其云：

> 補類書功能之不足，正是乾隆編輯叢書的動因。他（按：乾隆帝）在充分評價《古今圖書集成》的同時，指出《集成》「引用諸篇，率屬因類取裁，勢不能悉載全文，使閱者沿流溯源，一一徵其來處。」（乾隆三十四年正月諭旨）爲了突破類書的局限，乾隆採用了叢書

的形式。〔註1〕

裴芹並以爲，乾隆編輯《四庫全書》所實行之廣收集、嚴選擇、精校勘等原則，甚或全書具〈凡例〉、按語之體例方法，無不受到《集成》之啓發；《四庫全書》係借鑑於康熙朝《集成》經驗，而於乾隆朝規劃以叢書體制編纂而成者。

（二）《集成》經緯交織法對《中華大典》之影響

廣西大學林仲湘等於 1985 年編製《古今圖書集成索引》，在發掘《集成》經緯交織之編制特點上，後續將其法運用於現代綜合性類書《中華大典》之編纂。故《中華大典》即是借鑑於《集成》此一嚴密靈活、易於增刪之體式特性，陳大廣述其編製方法云：

> ……體例結構取「經緯交織多索引」的方式，把古代類書編排的優
> 點與現代學科分類的長處結合起來，……經線主要參照《中圖法》，
> 類目據古籍內容，留所有，去所無，有所創制。緯線基本保留《集
> 成》的項目，略作調整增刪。如「圖」「表」合爲「圖表」；「外編」
> 併入「雜錄」；創設「書目」，收該經目自先秦至今有關的重要論著
> 目錄，以增加學術價值和使用價值。經緯交織時，緯目有則立，無
> 則免。〔註2〕

相對於「四庫法」而言，陳大廣尚將《集成》以事物分類、以檢索爲用之古籍類分流派稱爲「集成法」，而《中華大典》參酌《集成》經緯交織結構，唯其經線係採現代學科分類體系，在基本框架方面，其一般設有典、分典、總部、部四級，最多可達六級，緯線則包含題解、論說、綜述、傳記、紀事、著錄、藝文、雜錄、圖表九項。如是汲取《集成》結構之優長，並從中突破傳統分類之限制，建立與現代文化相適應之知識體系，更體現《集成》於體例上應時而變之實用特性。

（三）《集成·經籍典》與分類法書目相輔之目錄學價值

《集成·經籍典》以「圖書主題」爲各部標目，形式上或前承自過渡性「主題目錄」一級轄屬之立類組織結構；而該典析分歷朝經史典制資源，大

〔註1〕 裴芹，〈《古今圖書集成》與《四庫全書》〉，《內蒙古民族師院學報（哲學社會科學·漢文版）》，1 期（民國 79 年），頁 13。

〔註2〕 陳大廣，〈關於「中華大典」框架與索引的探討〉，《中國圖書館學報》，4 期（民國 81 年 10 月），頁 56。

量臚列如典籍序跋、圖書目錄、前賢議論相關材料，則或前承自「輯錄體解題目錄」之輯錄釋題特性。然相較而言，「輯錄體解題目錄」係採分類法，而以每部圖書為著錄單位，《集成・經籍典》則傾向採「主題法」，各部下尚依緯目區分之原則，而擴大採錄沿革、圖表、傳記、詩文、瑣事、雜錄等材料，實較「輯錄體解題目錄」之收錄範圍有所拓展，故可與之相輔、相助。綜此而論，《集成・經籍典》兼具二者性質，再觀姚名達稱類書係「主題目錄之擴大」，其功能在於「與主題目錄相應，與分類目錄相助」，〔註3〕故《集成・經籍典》具「主題法」標目特性，又可與圖書目錄之分類、輯錄法相助，姚氏所云者即是其目錄學價值之最佳揭示。

二、缺失平議

（一）《集成》緯目區分標準淆亂之平議

　　《集成》於各部下所設置之複分項目，係經由各朝類書編纂者不斷改善、充實，於類書發展後期，達至更為全面、多元之體式樣貌，然就另一角度觀之，或易產生區分標準繁亂之弊，如黃剛批評曰：

> （《集成》）每一部之下把資料分入彙考、總論、圖表、紀事、雜錄、
> 藝文等類目中時，分類標準發生了混亂。彙考與總論兩部份基本上
> 以文獻內容決定取捨，但既依學術內容，又有政治內容，沒有統一
> 標準：彙考中收編有關該主題的一般性資料，如釋義、考證起源等，
> 總論則收錄與該主題相關的別的方面的材料，還依政治「純正」與
> 否決定棄取。圖表、紀事、雜錄和藝文，傾向於依文獻體裁或內容
> 統一與否分類，標準尤其混亂。〔註4〕

其云《集成》將文獻採入緯目之際，未有統一標準，易受編者主觀意識左右。事實上，經本研究於第四章第一節「整序原則」之綜理分析，《集成》雖以緯目「彙考」、「總論」、「紀事」、「雜錄」、「外編」之設置，相對而言較為主觀，然其整體內容之彙總編排，則要以體現「事、論、文、圖表、傳合一」之體制特性為主，且《集成》係官修類書，故反映於《集成》之緯目設置標準中，有「純正」與否之議，此係有其官方文治教化之考量，當由清初歷史文化背

〔註3〕 姚名達，《中國目錄學史》（上海：上海古籍，民國94年），頁50～51。
〔註4〕 黃剛，〈從類書看古代分類法及主題法〉，《四川圖書館學報》，2期（民國71年），頁46。

景體察之。

（二）《集成‧經籍典》體例濫劣之平議

　　《集成‧經籍典》係清初官方編目工作之肇始，可視爲一部獨立之官修書目，然以其異於傳統簿錄之體制，未爲後人所深識，如梁啓超於《圖書大辭典簿錄之部》批評之曰：

> 　　《圖書集成》不過一類書耳，其體例且爲類書中之最濫劣者。內中〈經籍〉一典，其性質與列朝官錄全異，因其爲官撰書而與簿錄有連，始附其目於此。此書於清初書籍存亡狀況，無足資考證者，因其大部份乃迻錄舊史或專書之全文，無組織、無別擇，所列之目並非現存，現存之書而前人無述者則並不搜錄也。每類之書，率分彙考、總論、藝文、紀事、雜錄五目。所引書間有稀見本，且宋元明人筆記文集中資料爲近人不甚注意者，往往採入，是其一節可取者。然因編纂體例凌亂，檢查亦殊不易也。〔註5〕

以收錄古書存佚之多寡而定類書價值，此係梁氏對類書之偏見。經由本研究第五及第六章之歸納析論，可知《集成‧經籍典》兼具類書與書目之體式特色，其著重考辨、深具條理，體例賅備精詳，甚爲史志或傳統簿錄所未能及也。經本文對《集成‧經籍典》體制之深刻探討，於梁氏之言，當可駁之。

第二節　本研究成果

　　本文藉考察前人研究之闕遺、不足處，於可行範圍內進行補葺，首將前人較爲偏重之版本流傳、編纂原委主題再行詳考歸納，而對類書涵負功能尤要之體例編制議題厥爲本文探討主軸，除就《集成》凡例層級、整序原則、體式源流進行宏觀審視，尚在對《集成‧經籍典》之微觀聚焦研究中，突顯其「類書兼書目」之類例特質，透過局部而具體細緻之例證分析，對其著錄形式、引文義例、按注作用、分類輯錄等目錄學論題逐一闡論，約可探得如下結論：

一、研究文獻資源方面

　　本文鑑於《集成》學術研究領域中，尚未有一專文進行研究回顧式之統

〔註5〕梁啓超，《圖書大辭典簿錄之部》，臺一版（臺北市：臺灣中華，民國47年），頁37。

理、綜述，包含文獻資源之彙整、專題書目之編製，此對於一門學科之深入
發展而言甚為重要，相關研究奠基工作應予重視。故研究之初，首先縷述《集
成》自首版——殿版銅活字本印成後，各版次所呈現之形式特點及學術價值，
尚酌量今之讀者於《集成》研究、參考時為用之便，特廣納近世國內外學人
所編製各式研究工具，並就全書各典部單獨印行者進行出版概況調查，以多
元之面向觀照《集成》學術研究資源，進而彰顯其實際應用價值。

　　再則就《集成》研究成果進行梳理分析，約略可窺其研究型態發展、研究
主題面向、研究反映現象，整體而言，前賢時脩於《集成》相關研究專文之論
述層面仍未為深刻咸全，簡釋者多，詳闡者寡；考述研究豐，文獻研究嗇。而
由於研究主題局限性大，相對後學可開展空間格局亦較寬廣，本文即著眼於《集
成》典部研究及體例研究仍顯不足，故結合此一研究意識，聚焦於類書《集成》
中之書目部居——〈經籍典〉，於該典之體制內涵議題詳加發揮，以作為本文切
入此一研究領域之主體面向。

二、編纂過程人物方面

　　本文尚就《集成》纂修原委進行辨析，於此議題主要以《集成》實際纂
修者——陳夢雷之生平際遇及後世稀傳之相關史料做為連貫軸線，旨在探求
《集成》之編纂於個人、學術、文治、歷史上之需求動機，又其成書之稿本
歷程主要包含——初稿（1701～1706）、修訂稿（1706～1716）、定稿（1716
～1720）、刷印（1720～1722）、校訂（1723～1728）各階段，至其兩度開館
間之人員變動與分工預事要況，亦就相關考證予以彙整，以約略描摹清初康
雍時期纂修《集成》之文化盛舉實情。

　　再則透過《集成》主事者陳夢雷、《集成‧經籍典》分纂者金門詔之學養
意識考察，揭示《集成》暨《集成‧經籍典》之內容編制與編者纂輯理念間
之關聯。陳夢雷於史學、文學、易學方面之具體治學成就，可與《集成》史
籍體例融鑄、古今天人通貫之編制交相輝映；而《集成‧經籍典》雖可視為
獨立之官方書目，其借重於金門詔熟諳史志目錄之專才，故亦受分編者個人
意識影響，今由門詔相關目錄之作，及《集成‧經籍典》對經史典制之沿革、
典籍序跋之輯錄、歷朝書目之析分中，蓋可體現其辨章史志源流、考鏡典籍
發展之學術關懷取向，即此可見該典係一縮合編者史學、目錄學意識而成之
類書性質書目。

三、總體形制流略方面

　　《集成》於目錄學之結構編制係本文所側重探討之層面。首由〈凡例〉所明列四十七則纂輯規範，大抵可管窺全書六大彙編、三十二典之編排倫序思維，及十項緯目所呈現之形式作用、主次原則，又可察其間多面材料之關聯變通，主要包含《集成》典部與典部間之系統參照關係、《集成》某典部與其他圖書體裁間之體例整飭關係。其次，《集成》於「三經二緯」之體式雛型下，視典部需求而彈性設置、增減各經緯目，其經緯交織之錯綜格局，係類書網絡式結構之深化發展，使文獻容納涵量益為擴增，史料翦裁歸屬亦愈加清晰。而在整序原則方面，就《集成》各部下之組織內容言，其大抵形塑為「事、論、文、圖表、傳合一」之文獻匯統體制，又可於《集成》收載材料評價之或主、或次、或貶，體現編者於既有文獻之整序重構下，所賦予《集成》另一層主次輕重之分判意義、「純正」與否之教化內涵。

　　再則就《集成》暨《集成‧經籍典》考察其體式源流。由《集成》事文間出、事論分立之緯目設置，及圖、表與列傳之收羅運用中，可明察該書之輯錄文獻材料，係於「事」（彙考、紀事）、「論」（總論、雜錄）、「文」（藝文、選句）、「圖表」、「傳」五者間尋求統合，而此係鎔鑄前朝事文類書、圖像類書，以及紀傳體、綱目體、典制體史籍之體式優長，創制為質量贍備、經緯細密之嶄新網絡結構。另就《集成‧經籍典》而言，該典於「彙考」特意安排匯集序跋文之體式，並擴大採錄各部「圖書主題」之沿革、書目、議論、詩文、傳記等相關文獻，實與「輯錄體解題目錄」具異曲同工之輯錄特性，或亦取法自南宋時期編制性質較獨特之數部類書或目錄著作；此外，《集成‧經籍典》採一級轄屬結構之立類原則，或受宋明以後傾向以主題法編製之過渡性「主題目錄」影響，從中獲致分類編目觀念之啟發。

四、書目體例編制方面

　　本文實際深入文獻內部，要以研析《集成‧經籍典》類書兼書目之體制內涵為主。《集成‧經籍典》係清初學術文化、典籍目錄之最佳縮合代表，該典依循類書《集成》之經緯交織特性，使每條引文依其脈絡倫序適得其所。本文即配合其緯目架構而考察著錄體式，《集成‧經籍典》「彙考」係以編年之體、錄典籍序跋之體、錄歷朝書目之體三部份為基本著錄內容，更可體現其為類書《集成》內「書目」部居之要意；此外，該典除依常例設有「彙考」、

「總論」等十項緯目外，另設有「易學別傳」一項以區別於正傳，係其體式較其他典部特出之處。

至於《集成・經籍典》之引文義例，約可歸納為——匯合官方尊經政策、述明典籍編修原委、考察學術流變脈絡、輯錄序跋敘釋文字、逐收相關書目著述、揭示評議辨駁之論、廣納人物事蹟傳記、薈萃佳文錦言之句、泛採瑣聞雜篇異事等，其範圍作用、蘊含內容實較一般圖書目錄更為廣泛詳悉。

再者，就《集成・經籍典》之按注情形進行分析、統計，以藉此補充並歸納〈凡例〉所未及之編例細則，其所涵蓋內容大致有——事目原委、諸事關聯、排序之則、擇錄之理、析分之例、據考文獻、往籍得失、附釋細項、略闡學說、纂輯意識等，無論資料收錄之揀擇、編排、參照運用諸原則，咸於按注文字中輔助說明，確能提供類書在類目形式、思維架構外之另一考察視角，實為展現編者纂輯意識、考辨工夫之主要材料。

五、書目分類架構方面

本文最末就《集成・經籍典》自身類目組成、經籍部類考索、圖書目錄較論等議題進行綜覈分析。首先，《集成・經籍典》於形式上可視為一級轄屬結構之獨立書目，其傾向以「主題法」標目，類目多可由群組意涵統括；然若將該典視為受四分法影響之書目，則約可察其係以〈經學部〉、〈史學部〉、〈諸子部〉、〈集部〉、〈類書部〉、〈雜著部〉作群組間之區分，此下大抵統有諸經、四書、廿一史、周秦諸子等另一層級，如是則階層主次分明，統籌範圍自現。

其次，以《集成・經籍典》為軸心，將研究觸角延伸至前代及清初同期較具代表性之類書，進行類書之經籍、藝文部類沿革考索。其中有似傳統圖書目錄區分經、史、子、集之範疇者，如宋《玉海・藝文部》、清《集成・經籍典》即是；然多數類書如隋《北堂書鈔・藝文部》、唐《藝文類聚・雜文部》、宋《太平御覽》〈文部〉併〈學部〉、明《唐類函・文學部》、清《淵鑑類函・文學部》等部類，尚包含一切學術、文事相關事物內容。而清初《集成・理學彙編》其下四典所涵蓋部類範疇，即是根植於歷朝類書中之學術、文事相關部類，並於宋朝後類書之經目、緯目組織上獲得多元擴展與革新，體系內涵亦逐步全面而深化。

再則將《集成・經籍典》與圖書目錄之分類、輯錄法鑑別，由此突顯該

典結構體式之特殊性。在立類組織方面，《集成・經籍典》以「圖書主題」標目，較能突出當代所重視之部份要籍，且類目設置較具彈性，若突破四分法之思維限制，則各部實可兀自獨立，而不隸屬於任何系統之下。而在輯錄體式方面，若與「輯錄體解題目錄」相較，《集成・經籍典》於各部下以緯目形式組織材料，其係以「分析著錄」爲基礎而深入類分文獻內容，使之匯聚於同一圖書主題下，又該典引文出處標註詳明，按語數量豐富，然相對而言較偏向簡論附說性質，蓋顯示其類書「檢索重於考證」之實際編輯作用。

第三節　未來研究展望

　　清初康熙、雍正時期成書之《集成》，向被譽爲類書體制集大成之作，前賢學者率多將《集成》與乾隆朝《四庫全書》叢書體制之宏富規模併舉，二大書同列爲清朝學術發展之前後兩座豐碑，斯爲清朝圖書史、學術史、文化史相關研究中之探討要角，然而相較於《四庫全書》（或曰「四庫學」）研究之蓬勃富厚，《集成》則遭以輕描淡寫之冷遇，自十八世紀初，越三百年後直至近二十一世紀初，方有大陸學者裴芹第一部研究專書問世，該書戮力塡補此一學術區塊之空闕，猶爲後學開啓邁向寶山之入口，仍有待各領域後進以更爲多元宏觀之視野進行發掘探勘，以深化《集成》學術文化內涵價值。本研究著眼於此，主要欲持目錄學角度從事《集成・經籍典》之典部析論，而考量論述架構層次之系統性，故於爲文之初，尙融入《集成》領域之研究回顧，並就其版本、編纂、形制進行通部審視，大抵係由整體切入個別，研究觸角較以往已有初步延展。爰據以下數端，而爲《集成》後續研究提出部份芻見（此係參考周積明對「四庫學」研究之劃分）：〔註6〕

〔註6〕　周積明，〈「四庫學」通論〉，《故宮學術季刊》，17卷3期（民國89年春季），頁20。周積明先生提出「四庫學」之整體性架構，其按照研究類型劃分，將「四庫學」研究分爲有機聯繫的三大部份；而本研究參酌此一架構，主要欲從中考量、觸發以各角度探討《集成》之可能性，俾使《集成》學術研究視野較往昔更爲開闊周遍。茲將其說法迻錄於下：
　　・「四庫學」的文獻研究乃是在較爲寬泛的意義上使用「文獻」這一概念，其內容包括文獻及其版本的刊誤、補正、考核與糾謬，也包括服務於文獻閱讀和研究的工具書編纂。
　　・「四庫學」的史學研究著重研究《四庫全書》與《四庫全書總目》編纂的背景、過程、活動以及相關人物。
　　・「四庫學」的文化研究則主要研究《四庫全書》與《四庫全書總目》的知識

一、文獻研究方面

就《集成》之文獻研究而言，本文已達成之目標主要包含：首針對版本工具資源、前人研究文獻予以蒐羅綜述，文中並闡發《集成》暨《集成‧經籍典》奧博而精、縝密而宜之體式結構特徵，除在微觀面上以《集成‧經籍典》為研究主軸，管窺其自身所具「類書性質之目錄」體制，尚就類書之經籍、藝文部類進行考索，並將之與一般圖書目錄分類、輯錄體式互為比勘，據以分判、爬梳《集成‧經籍典》之體制特質，茲為本研究主要關懷面向。

展望未來研究，建議可朝以下數方面持續進行：

（一）編製《集成》研究資料輯刊、提要

雖目前有關《集成》深究之著述文獻並不豐備，率多為淺述性質之短文，然應從中揀選、分辨出少數見解獨到、取材精詳之篇章，並於後續逐步勘查、彙集有助《集成》原委研究之罕見資料，包含清朝重要檔案史料、文集筆記中相關記載等，將各資料原文總彙為一編，或可編製為《集成》研究資料提要，以供後進研究者參酌取資，堪為逐步提升《集成》之學術研究價值作一奠基。

（二）單一典部研究或典部關聯探勘

由於《集成》典部編排具因類制宜特性，其一般係以十項緯目為設置原則，然依主題性質、收錄材料之不同而間有變例，故針對各單一典部之體制內容言，均可作為再行研究之題材。其次，在《集成》具系統參照關係之各典部間，可探其分合繫聯，如〈職方典〉與〈山川典〉、〈人事典〉與〈學行典〉、〈選舉典〉與〈銓衡典〉等，可就其間資料輯錄之側重面與互異性再予審視。又或可針對《集成》某典部與其他圖書體裁間之體例整飭關係再加考察，如〈職方典〉與方志、〈藝術典‧醫部〉與醫書、〈樂律典〉與律呂書之間，包含此數類典籍於清初之發展，及《集成》於此諸書如何進行體例劃整，後續當可詳考之。

（三）按注研究及引書研究

《集成》之按注文字，可作為探討編者纂輯意識、材料組織分併之主要切入點，本文已就〈經籍典〉之按注內容、編輯作用進行研析，後續或可針對裴芹所云《集成》中按注數量較多之〈歷法典〉、〈職方典〉、〈皇極典〉著

本質、價值趨向、文化觀念及其恆久性的價值。

手，〔註7〕以補充〈凡例〉所未及之變通處理相關細則。此外，在引書研究方面，由於《集成》之卷帙、部類過於繁多，唯後續應可就研究範圍作出限制，或針對某彙編、某典、某部，或針對數典、數部，視研究者欲探討之主題領域，而進行微觀上之引書統計、探查，以明各主題領域之引書分佈概況，進而詮釋其所透顯之意涵。

二、史學研究方面

就《集成》之史學研究而言，本文已達成之目標主要包含：根據有限史料檔案與前賢考述研究，結合相關文獻以推測《集成》大規模從事編纂、刻書活動之始末歷程，並就過程中首要貢獻人物——陳夢雷與《集成‧經籍典》分纂者——金門詔進行生平行事、編纂理念之考探，爲清初康雍時期纂修《集成》之文化盛舉勾勒實際情狀。

展望未來研究，建議可朝以下數方面持續進行：

（一）編製《集成》要事年表

今可仿蘇振申〈永樂大典年表〉繫年之法，〔註8〕將《集成》纂輯歷程、流傳原委、工具編製、專文撰作之相關時程，採用以年繫事、繫文之原則，而裒集彙錄爲一表，以使首尾條貫、爬梳清晰，便於檢用。

（二）自傳記、方志相關史料進行纂修人員考辨

由於《集成》開館組織、預事人員之傳世官方檔案欠缺，今或可由散見於清朝傳記、方志等史料之記載中，羅致相關人物之纂輯事蹟，又可乘現代古籍電子化之便，利用如臺灣方面故宮「清代檔案人名權威資料庫」、大陸方面愛如生「中國基本古籍庫」等數位資源加以檢索，從中擷取相關事蹟史料，就其纂修人員之姓名、爵里、官職等詳加考釋。

三、文化研究方面

就《集成》之文化研究而言，係本文尚未深入觸及之研究面向，若未來

〔註7〕 裴芹，〈《古今圖書集成》的按注研究〉，在《古今圖書集成研究》（北京市：北京圖書館，民國90年），頁85。

〔註8〕 蘇振申，〈永樂大典年表（修訂稿）〉，《國立中央圖書館館刊》，新8卷1期（民國64年3月），頁29～44轉頁97。

能配合本文研究範圍，將時代學尚、思潮納入類書體制之系統研究中，預期可達成以下目標：實際將《集成》暨《集成‧經籍典》置入清初康熙朝之時代脈絡中進行考察，指出影響其編制形成之部份學術文化肇因，亦即繫於該時期學術思潮、文化政策、圖書事業等橫向背景之研究，以洞悉其體制格局形成之緣由，使其類書集大成之價值具體突出於清朝學術發展史上。

　　除上述目標，又針對未來研究建議，可朝以下數方面持續進行：

（一）追溯《集成》與南宋諸書之學術承紹關聯

　　經本研究實際考察可得知，《集成》暨《集成‧經籍典》之編纂體例、學術趨向，多與南宋以來之史學（如朱熹《資治通鑑綱目》）、類書（如王應麟《玉海‧藝文部》）、目錄（如高似孫《史略》、《子略》）、典制（如鄭樵《通志‧藝文略》、馬端臨《文獻通考‧經籍考》）等具有承紹關係；而此諸書之作，殆受宋代理學影響，易言之，理學對於宋代史學或文獻學之發展，誠具促進作用，其間關聯至為密切。〔註9〕故就《集成》編制多承繼自南宋諸書而言，再觀清初官方之崇尚程朱理學，蓋可察其學術淵源，而其間脈絡或可於後續研究再行詳考之。

（二）將《集成》與清乾隆《四庫全書》學術趨向互為比勘

　　藉由考察清朝前期學術演進之內在邏輯，將康雍時期《集成》與乾隆時期《四庫全書》之兩大里程碑意義彰顯開來，可知《集成》與《四庫全書》之所以併舉突出於清朝學術文化史之上，二者除以宏編巨帙及個別學術應用價值引人青睞外，其先後不一之文化趨向亦當值得後續之關注探究，以洞悉其間因不同學術思潮映射所成就之圖書編纂實績。

　　綜言之，就本文構思之內在理路而言，首先在宏觀面上掌握《集成》整體框架之大要，厥後以微觀聚焦角度將研究定位於《集成‧經籍典》；於內容撰作上，爰提出《集成‧經籍典》做為研究主體，行文中尚將《集成》整體形制架構執以涵蓋角度融入《集成‧經籍典》之類例探討中，據此提煉其經緯錯縱之體式脈絡，燭照出該典於類書《集成》中所獨具之書目涵負價值。在此一乏人施展開墾之研究領域中，本文為求論述架構之系統化，儘管係以《集成》暨《集成‧經籍典》之體制類例為研究重點，然於開端尚涉入《集

〔註9〕　龐天佑，〈理學與宋代史學發展的特點〉，《湛江師範學院學報（哲學社會科學版）》，18卷2期（民國86年6月），頁28～31。

成》研究資源綜述、整體成書形式之涵溶探討，實已局部觸及「文獻」與「史學」二大研究面向。在如此研究思維視角下，似少有前人研究可供依循，本文即企盼由前述三大方向獲致開展線索，秉此做爲研究思理之基準點，藉他山之石，展望未來對於《集成》後續研究之可行作法，聊就筆者能及之處爲其提供部份建議，是爲本文潛心探究之向度。

主要參考書目

編 例

一、本目錄首列「典籍文獻」，次爲「近人論著」。典籍文獻部份，依資料類型略分爲類書、目錄、典制體史籍、史料及個人著作等項，各項之中主要依據著作時代之先後爲序，或將內容性質相近者緊鄰排列。近人論著部份，首依資料類型分爲專書、參考工具書、學位論文及期刊論文，次於專書與期刊論文兩項，依研究之內容主題略分爲若干類；各類中以出版之時間先後爲序，同時間出版則以作者之姓名筆劃爲序。

二、爲避免重複著錄，茲將《集成》相關研究書目收入附錄「《古今圖書集成》研究論著目錄（1911～2006）」。

壹、典籍文獻

一、類書方面

1. 〔隋〕虞世南撰；〔清〕孔廣陶校註，《北堂書鈔》，臺北市：新興，民國 60 年。
2. 〔唐〕歐陽詢等奉敕撰，《藝文類聚》，臺北市：新興，民國 58 年。
3. 〔唐〕徐堅等奉敕撰，《初學記》，臺北市：鼎文，民國 65 年。
4. 〔宋〕李昉等奉敕撰，《太平御覽》，北京市：中華書局，民國 87 年。
5. 〔宋〕祝穆撰（前後續別四集）；〔元〕富大用撰（外集新集）；〔元〕祝淵撰（遺集），《新編古今事文類聚》，東京市：中文，民國 71 年。

6. 〔宋〕章如愚撰，《群書考索》，臺北市：新興，民國 58 年。

7. 〔宋〕謝維新撰，《古今合璧事類備要》，臺北市：新興，民國 58 年。

8. 〔宋〕王應麟撰，《玉海》，臺北市：華文，民國 53 年。

9. 〔清〕張廷玉等奉敕撰，《子史精華》，臺北市：新興，民國 56 年。

10. 〔清〕張英等奉敕撰，《淵鑑類函》，臺北市：新興，民國 60 年。

11. 〔清〕陳夢雷原編；蔣廷錫等重校，《古今圖書集成》，臺北市：鼎文，民國 66 年。

12. 中華書局編輯部輯訂，《中國歷代經籍典‧五百卷》，臺北市：中華書局，民國 59 年。

13. 江蘇廣陵古籍刻印社編，《中國歷代經籍典》，江蘇：江蘇廣陵古籍刻印社，民國 82 年。

14. 楊家駱主編，《古今圖書集成續編初稿：經籍典》，臺北市：鼎文，民國 61 年。

15. 中華大典工作委員會、中華大典編纂委員會編纂，《中華大典：文學典》，南京市：江蘇古籍，民國 88 年。

二、目錄方面

1. 〔漢〕班固撰；〔唐〕長孫無忌等撰，《新校漢書藝文志；新校隋書經籍志》，《中國目錄學名著第三集》，第 1 冊，臺北市：世界書局，民國 52 年。

2. 〔後晉〕劉昫撰；〔宋〕歐陽修撰，《唐書經籍藝文合志》，《中國目錄學名著第三集》，第 2 冊，臺北市：世界書局，民國 52 年。

3. 〔宋〕晁公武撰；孫猛校證，《郡齋讀書志校證》，上海市：上海古籍，民國 79 年。

4. 〔宋〕陳振孫，《直齋書錄解題》，《叢書集成初編》，第 44～48 冊，北京市：中華書局，民國 74 年。

5. 〔元〕脫脫等修，《宋史藝文志廣編》，《中國目錄學名著第三集》，第 3～4 冊，臺北市：世界書局，民國 52 年。

6. 〔明〕楊士奇等編，《文淵閣書目》，臺北市：世界書局，民國 56 年。

7. 〔明〕焦竑輯，《國史經籍志》，《叢書集成初編》，第 25～31 冊，北京市：中華書局，民國 74 年。

8. 〔清〕黃虞稷撰；瞿鳳起、潘景鄭整理，《千頃堂書目》，上海市：上海古籍，民國 90 年。

9. 〔清〕朱彝尊原著，《點校補正經義考》，臺北市：中研院文哲所籌備處，民國 86 年。

10. 〔清〕金門詔,《補三史藝文志》,《叢書集成初編》,第 13 冊,北京市: 中華書局,民國 74 年。

11. 〔清〕張廷玉等刪定,《明史藝文志廣編》,《中國目錄學名著第三集》, 第 7～10 冊,臺北市:世界書局,民國 52 年。

12. 〔清〕紀昀、陸錫熊、孫士毅等原著;四庫全書研究所整理,《欽定四庫 全書總目(整理本)》,北京市:中華書局,民國 86 年。

13. 〔清〕邵懿辰撰;邵章續錄,《增訂四庫簡明目錄標注》,新 1 版,上海 市:上海古籍,民國 68 年。

14. 朱師轍撰,《清史〔稿〕藝文志》,《書目五編》,第 83 冊,臺北市:廣文 書局,民國 61 年。

15. 中國科學院圖書館整理,《續修四庫全書總目提要(稿本)》,濟南市:齊 魯書社,民國 85 年。

三、典制體史籍方面

1. 〔宋〕鄭樵撰:王樹民校,《通志二十略》,北京市:中華書局,民國 84 年。

2. 〔元〕馬端臨,《文獻通考》,北京市:中華書局,民國 75 年。

3. 〔元〕馬端臨,《文獻通考・經籍考》,臺北市:新文豐,民國 75 年。

4. 〔明〕王圻,《續文獻通考》,台北縣:文海,民國 68 年。

5. 〔清〕崑岡等修;吳樹梅等纂,《欽定大清會典》,《續修四庫全書・史部・ 政書類》,第 794 冊,上海市:上海古籍,民國 91 年。

6. 〔清〕崑岡等修;劉啓瑞等纂,《欽定大清會典事例》,《續修四庫全書・ 史部・政書類》,第 798～814 冊,上海市:上海古籍,民國 91 年。

7. 楊家駱主編,《十通分類總纂:藝文類》,第 19～21 冊,臺北市:鼎文, 民國 64 年。

四、史料方面

1. 〔清〕鄂爾泰、張廷玉等編纂,《國朝宮史》,北京市:北京古籍,民國 83 年。

2. 〔清〕蔣良騏等原纂;王先謙、潘頤福、朱壽朋纂修,《十二朝東華錄: 雍正朝》,臺北市:文海,民國 52 年。

3. 〔清〕蕭奭撰;朱南銑點校,《永憲錄》,北京市:中華書局,民國 48 年。

4. 〔清〕禮親王汲修主人輯,《嘯亭雜錄・續錄》,臺北市:廣文,民國 75 年。

5. 〔清〕錢林輯;王藻編,《文獻徵存錄》,《清代傳記叢刊》,第 10 冊,臺

北市：明文，民國 74 年。

6. 〔清〕錢儀吉纂錄，《碑傳集》，《清代傳記叢刊》，第 108 冊，臺北市：明文，民國 74 年。

7. 徐世昌纂，《清儒學案小傳》，《清代傳記叢刊》，第 5 冊，臺北市：明文，民國 74 年。

8. 鄧之誠撰，《清詩紀事初編》，《清代傳記叢刊》，第 20 冊，臺北市：明文，民國 74 年。

9. 錢仲聯主編，《清詩紀事：康熙朝卷》，南京市：江蘇古籍，民國 76 年。

10. 龍顧山人纂；卞孝萱、姚松點校，《十朝詩乘》，福州市：福建人民，民國 89 年。

11. 中華書局影印，《清實錄》，北京市：中華書局，民國 75 年。

12. 趙爾巽等撰，《清史稿》，北京市：中華書局，民國 87 年。

13. 章乃煒，《清宮述聞》，北京市：北京古籍，民國 77 年。

14. 中國第一歷史檔案館編，《雍正朝漢文硃批奏摺彙編》，第 33 冊，上海市：江蘇古籍，民國 80 年。

五、個人著作

1. 〔清〕聖祖玄燁，《康熙帝御製文集》，臺北市：臺灣學生，民國 55 年。

2. 〔清〕陳夢雷，《松鶴山房詩集》，《續修四庫全書‧集部‧別集類》，第 1415 冊，上海市：上海古籍，民國 91 年。

3. 〔清〕陳夢雷，《松鶴山房文集》，《續修四庫全書‧集部‧別集類》，第 1416 冊，上海市：上海古籍，民國 91 年。

4. 〔清〕陳夢雷，《周易淺述》，北京市：九州，民國 93 年。

5. 〔清〕法式善，《陶廬雜錄》，北京市：中華書局，民國 48 年。

6. 〔清〕劉聲木，《萇楚齋隨筆續筆三筆四筆五筆》，北京市：中華書局，民國 87 年。

貳、近人論著

一、專　書

（一）類書研究

1. 郭伯恭，《宋四大書考》，臺北市：臺灣商務，民國 56 年。

2. 方師鐸，《傳統文學與類書之關係》，臺中市：東海大學，民國 60 年。

3. 張滌華,《類書流別》,修訂本,北京市:商務印書館,民國74年。

4. 顧力仁,《永樂大典及其輯佚書研究》,臺北市:文史哲,民國74年。

5. 劉葉秋,《類書簡說》,臺北市:國文天地,民國79年。

6. 陳仕華,《王伯厚及其玉海藝文部研究》,臺北市:臺灣商務,民國82年。

7. 戚志芬,《中國的類書政書與叢書》,臺北市:臺灣商務,民國83年。

8. 彭邦炯,《百川匯海:古代類書與叢書》,臺北市:萬卷樓,民國90年。

9. 胡道靜,《中國古代的類書》,新1版,北京市:中華書局,民國94年。

10. 趙含坤編著,《中國類書》,石家莊:河北人民,民國94年。

（二）目錄學研究

1. 王重民,《中國目錄學史論叢》,北京市:中華書局,民國73年。

2. 昌彼得、潘美月合著,《中國目錄學》,臺北市:文史哲,民國75年。

3. 喬衍琯,《宋代書目考》,臺北市:文史哲,民國76年。

4. 李萬健,《中國著名目錄學家傳略》,北京市:書目文獻,民國82年。

5. 周彥文,《中國目錄學理論》,臺北市:臺灣學生,民國84年。

6. 胡楚生,《中國目錄學》,臺北市:文史哲,民國84年。

7. 高路明,《古籍目錄與中國古代學術研究》,南京市:江蘇古籍,民國86年。

8. 余慶蓉、王晉卿合著,《中國目錄學思想史》,長沙市:湖南教育,民國87年。

9. 程千帆、徐有富合著,《校讎廣義:目錄編》,第二版,濟南市:齊魯書社,民國87年。

10. 傅榮賢,《中國古代圖書分類學研究》,臺北市:臺灣學生,民國88年。

11. 李致忠釋評,《三目類序釋評》,北京市:北京圖書館,民國91年。

12. 馮浩菲,《中國古籍整理體式研究》,北京市:高等教育,民國92年。

13. 余嘉錫,《目錄學發微（含《古書通例》)》,北京市:中國人民大學,民國93年。

14. 張舜徽,《廣校讎略;漢書藝文志通釋》,武漢市:華中師範大學,民國93年。

15. 姚名達,《中國目錄學史》,上海市:上海古籍,民國94年。

（三）圖書文獻學研究

1. 來新夏等著,《中國古代圖書事業史》,上海市:人民,民國79年。

2. 吉少甫主編,《中國出版簡史》,上海市:學林,民國80年。

3. 焦樹安,《中國古代藏書史話》,臺北市:臺灣商務,民國83年。

4. 謝灼華等著，《中國圖書和圖書館史》，臺北市：天肯，民國 84 年。

5. 張秀民、韓琦合著，《中國活字印刷史》，北京市：中國古籍，民國 87 年。

6. 曹之，《中國古籍編撰史》，武漢市：武漢大學，民國 88 年。

7. 鄭鶴聲、鄭鶴春合著，《中國文獻學概要》，上海市：上海古籍，民國 90 年。

8. 北京大學中國古文獻研究中心、淡江大學中國文學系、復旦大學中國古代文學研究中心編，《海峽兩岸古典文獻學學術研討會論文集》，上海市：上海古籍，民國 91 年。

9. 李致忠、周少川、與張木早合著，《中國典籍史》，上海市：上海人民，民國 93 年。

10. 姚福申，《中國編輯史》，修訂本，上海市：復旦大學，民國 93 年。

11. 胡道靜，《中國古代典籍十講》，上海市：復旦大學，民國 93 年。

12. 張舜徽，《中國文獻學》，武漢市：華中師範大學，民國 93 年。

13. 齊秀梅、楊玉良等著，《清宮藏書》，北京市：紫禁城，民國 94 年。

（四）歷史及學術研究

1. 陳秉才、高德合著，《中國古代的編年體史書》，北京市：人民，民國 76 年。

2. 林慶彰，《清初的群經辨偽學》，臺北市：文津，民國 79 年。

3. 楊余練等編著，《清代東北史》，瀋陽市：遼寧教育，民國 80 年。

4. 陳祖武，《清初學術思辨錄》，北京市：中國社會科學，民國 81 年。

5. 王錦貴，《中國紀傳體文獻研究》，北京市：北京大學，民國 85 年。

6. 吳雁南主編，《清代經學史通論》，昆明市：雲南大學，民國 90 年。

7. 梁啓超，《中國近三百年學術史》，太原市：山西古籍，民國 90 年。

8. 葉高樹，《清朝前期的文化政策》，臺北縣板橋市：稻鄉，民國 91 年。

9. 傅玉璋、傅正合著，《明清史學史》，合肥市：安徽大學，民國 92 年。

10. 汪學群，《清初易學》，北京市：商務印書館，民國 93 年。

11. 陳其泰、李廷勇著；張立文主編，《中國學術通史：清代卷》，北京：人民，民國 93 年。

二、參考工具書

1. 梁子涵編，《中國歷代書目總錄》，臺北市：中華文化出版事業委員會，民國 44 年。

2. 梁啓超，《圖書大辭典簿錄之部》，臺一版，臺北市：臺灣中華，民國 47

年。

3. 陶湘，《故宮殿本書庫現存目》，臺北市：臺聯國風，民國 59 年。

4. 鄧嗣禹編，《中國類書目錄初稿》，臺北市：大立，民國 71 年。

5. 莊芳榮編，《中國類書總目初稿：書名著者索引篇》，臺北市：臺灣學生，民國 72 年。

6. 黃葦主編，《中國地方志詞典》，合肥市：黃山書社，民國 75 年。

7. 杜學知，《圖書集成簡目》，臺北市：臺灣商務，民國 76 年。

8. 中國方志大辭典編輯委員會編，《中國方志大辭典》，杭州市：浙江人民，民國 77 年。

9. 袁行雲，《清人詩集敘錄》，北京市：文化藝術，民國 83 年。

10. 故宮博物院圖書館、遼寧省圖書館編著，《清代內府刻書目錄解題》，北京市：紫禁城，民國 84 年。

11. 國立編譯館主編，《圖書館學與資訊科學大辭典》，臺北市：漢美，民國 84 年。

12. 金恩輝、胡述兆主編，《中國地方志總目提要》，臺北市：漢美，民國 85 年。

13. 來新夏主編，《清代目錄提要》，濟南市：齊魯書社，民國 86 年。

14. 臺灣商務館編審委員會編，《增修辭源》，臺增修版，臺北市：臺灣商務，民國 86 年。

15. 王餘光、徐雁主編，《中國讀書大辭典》，第二版，南京市：南京大學，民國 88 年。

16. 柯愈春，《清人詩文集總目提要》，北京市：北京古籍，民國 90 年。

17. 趙國璋、潘樹廣主編，《文獻學大辭典》，揚州市：廣陵書社，民國 94 年。

三、學位論文

1. 宋建成，「清代圖書館事業發展史」，碩士論文，文化大學史學研究所，民國 61 年 6 月。

2. 孔建國，「文獻通考經籍考研究」，碩士論文，政治大學中國文學研究所，民國 64 年 6 月。

3. 楊果霖，「朱彝尊《經義考》研究」，博士論文，中國文化大學中國文學研究所，民國 89 年。

4. 夏南強，「類書通論——論類書的性質起源發展演變和影響」，博士論文，華中師範大學歷史文獻學專業，民國 90 年 4 月。

5. 劉寧慧，「叢書淵源與體制形成之研究」，博士論文，國立臺灣師範大學

國文研究所，民國 90 年 6 月。

6. 陳信利，「《藝文類聚》研究」，碩士論文，輔仁大學圖書資訊學系碩士班，民國 91 年 6 月。

7. 劉剛，「隋唐時期類書的編纂及分類思想研究」，碩士論文，東北師範大學中國古典文獻學專業，民國 93 年 5 月。

8. 孫永忠，「類書淵源與體例形成之研究」，博士論文，輔仁大學中國文學研究所，民國 94 年 6 月。

9. 王利偉，「宋代類書研究」，碩士論文，四川大學歷史文獻學專業，民國 94 年 10 月。

10. 曹紅軍，「康雍乾三朝中央機構刻印書研究」，博士論文，南京師範大學中國古典文獻學專業，民國 95 年。

四、期刊論文

（一）類書研究

1. 類書分類與編纂方法

1. 黃剛，〈從類書看古代分類法及主題法〉，《四川圖書館學報》，2 期（民國 71 年），頁 44～48。

2. 張展舒、錢建，〈以《初學記》爲例剖析分類目錄與主題目錄結合的類書目錄〉，《圖書館學研究》，5 期（民國 74 年 10 月），頁 62～63。

3. 張國朝，〈《藝文類聚》的編輯技術成就及其價值〉，《圖書與情報》，4 期（民國 74 年），頁 59～61。

4. 羽離子，〈類書的分類和目錄〉，《圖書館研究與工作》，4 期（民國 75 年 11 月），頁 25～28。

5. 陳寶珍，〈談談類書的分類體系〉，《津圖學刊》，1 期（民國 76 年），頁 31～36。

6. 路林，〈唐代科舉文化、類書與目錄學〉，《圖書館學研究》，5 期（民國 76 年 10 月），頁 45～48。

7. 馬明波，〈從類書的類例透視中國傳統文化的內涵〉，《廣東圖書館學刊》，1 期（民國 78 年 3 月），頁 23～28。

8. 李守素、梁松，〈試論類書的分類體系與分類技術〉，《大學圖書館學報》，5 期（民國 78 年 10 月），頁 22～28。

9. 羽離子，〈類書分析分類法的立類原則及其體系的兩重性〉，《圖書館雜誌》，10 卷 5 期（民國 80 年 10 月），頁 52～53。

10. 王析，〈類書立類思想與類書衰亡原因初探〉，《圖書情報知識》，3 期（民

國 81 年 9 月），頁 15～19。

11. 汪雁，〈唐宋類書編纂體系述略〉，《貴圖學刊》，4 期（民國 81 年 9 月），頁 47～49；40。

12. 陳大廣，〈關於「中華大典」框架與索引的探討〉，《中國圖書館學報》，4 期（民國 81 年 10 月），頁 56～62。

13. 王立，〈類書與中國傳統文學中的主題類分〉，《上海師範大學學報（哲學社會科學版）》，1 期（民國 88 年），頁 22～29。

14. 夏南強，〈類書分類體系的發展演變〉，《華中師範大學學報（人文社會科學版）》，40 卷 2 期（民國 90 年 3 月），頁 130～138。

15. 李海祁，〈唐代類書中的目錄學方法〉，《圖書館工作與研究》，4 期（民國 90 年 7 月），頁 50～51。

2. 類書文化與思想內涵

1. 張其中，〈官修類書功能嬗變論〉，《四川圖書館學報》，4 期（民國 79 年 7 月），頁 65～69；63。

2. 郜明，〈儒家學術文化與類書編撰〉，《大學圖書館學報》，4 期（民國 79 年 8 月），頁 24～32。

3. 賀巷超，〈淺談類書產生和存在的條件〉，《圖書館理論與實踐》，4 期（民國 82 年），頁 52～54。

4. 朱育培，〈當代類書編纂體制上的突破：兼評"輯而不作"論〉，《大學圖書館學報》，3 期（民國 85 年 5 月），頁 75～76。

5. 陳一弘，〈類書的體式、編輯作用、侷限與普遍性〉，《國立編譯館館刊》，29 卷 1 期（民國 89 年 6 月），頁 285～301。

6. 于翠玲，〈論官修類書的編輯傳統及其終結〉，《北京師範大學學報（人文社會科學版）》，6 期（民國 91 年），頁 118～125。

7. 張凌霄，〈類書及其分類思想溯源〉，《瀋陽教育學院學報》，4 期（民國 91 年），頁 95～98。

8. 王利偉，〈儒家文化對類書編纂之影響〉，《圖書與情報》，4 期（民國 93 年 8 月），頁 32～34。

3. 類書發展與興衰歷程

1. 鄭恒雄，〈我國的類書〉，《輔仁學誌》，11 期（民國 71 年 6 月），頁 465～488。

2. 練小川，〈類書的起源和衰亡〉，《圖書情報知識》，2 期（民國 74 年 6 月），頁 16～19。

3. 王晉德，〈中國古代類書的興盛：明清類書〉，《貴圖學刊》，4 期（民國 80 年 12 月），頁 60～63。

4. 武躍進、王壯，〈明清類書的興盛與衰亡〉，《圖書館學研究》，2 期（民國 85 年），頁 76〜82。

5. 俞天，〈中國古代類書史略〉，《固原師專學報（社會科學）》，1 期（民國 86 年），頁 86〜89。

6. 段金泖，〈從類書的沿革看我國編輯史的發展〉，《河南大學學報（社會科學版）》，3 期（民國 86 年），頁 122〜124。

7. 張琴、魏曉虹，〈古代類書的編纂歷程〉，《山西大學師範學院學報》，2 期（民國 89 年），頁 63〜64。

8. 高長青、楊麗梅，〈古代類書衰落探源〉，《圖書與情報》，3 期（民國 90 年 9 月），頁 36〜39。

9. 梁平，〈中國古代類書編撰簡史要略〉，《圖書與情報》，3 期（民國 93 年 6 月），頁 23〜27。

10. 張云瑾，〈中國類書的發展歷程〉，《齊齊哈爾大學學報（哲學社會科學版）》，1 期（民國 93 年），頁 14〜16。

11. 陳仕華，〈類書的流變與世變〉，在《昌彼得教授八秩晉五壽慶論文集》，淡江大學中文系、漢語文化暨文獻資源研究所主編，臺北市：臺灣學生，民國 94 年，頁 181〜197。

4. 個別類書研究

1. 喬衍琯，〈玉海藝文部述略〉，《國立中央圖書館館刊》，新 16 卷 2 期（民國 72 年 12 月），頁 24〜37。

2. 王重民，〈王應麟的《玉海‧藝文》〉，在《冷廬文藪》，上海：上海古籍，民國 81 年，頁 710〜715。

3. 崔文印，〈高氏諸 "略" 與章氏《山堂考索》〉，《史學史研究》，1 期（民國 83 年），頁 64〜70；19。

4. 郭紹林，〈歐陽詢與《藝文類聚》〉，《洛陽師範學院學報》，1 期（民國 85 年），頁 87〜93。

5. 吳栢青，〈論虞世南「北堂書鈔」〉，《中國書目季刊》，31 卷 1 期（民國 86 年 6 月），頁 51〜59。

6. 黃兆強，〈「冊府元龜‧國史部」研究〉，《東吳歷史學報》，7 期（民國 90 年 3 月），頁 19〜51。

7. 趙宣，〈簡論《玉海‧藝文》中主題目錄的新方向〉，《圖書情報工作》，51 卷 8 期（民國 96 年 8 月），頁 90〜91；100。

5. 傳統與當代類書相關研究

1. 劉青，〈當代類書發展試論〉，《圖書館論壇》，4 期（民國 86 年），頁 78〜80；19。

2. 王育紅、鄭建明，〈中國古類書研究的思考〉，《江蘇圖書館學報》，1 期（民國 91 年 2 月），頁 29～31。

3. 周蜀蓉，〈論古類書的現代功能〉，《四川圖書館學報》，3 期（民國 91 年 5 月），頁 78～80。

4. 徐威，〈論新時期類書資源的開發利用〉，《北京聯合大學學報（自然科學版）》，16 卷 4 期（民國 91 年），頁 46～48。

5. 唐光榮，〈傳統類書研究與現代類書研究的表現形態〉，《宿州師專學報》，3 期（民國 92 年），頁 41～44。

6. 其　他

1. 夏南強，〈類書的類型與歸類〉，《大學圖書館學報》，4 期（民國 91 年 7 月），頁 70～74。

2. 孫津華，〈「四庫全書總目·類書」探析〉，《圖書館工作與研究》，2 期（民國 94 年 3 月），頁 48~51。

3. 劉剛，〈八十年類書研究之檢討〉，《大學圖書館學報》，2 期（民國 95 年），頁 35～45。

（二）目錄學研究

1. 昌彼得，〈清代的目錄學〉，《圖書館學刊（輔大）》，2 期（民國 62 年 6 月），頁 8～14。

2. 劉子明，〈高似孫在我國目錄學史上的貢獻〉，《圖書館理論與實踐》，4 期（民國 78 年），頁 37～39。

3. 戚培根，〈獨樹一幟的著錄體例—匯考式解題目錄：評高似孫《史略》中的圖書著錄〉，《圖書館論壇》，3 期（民國 80 年），頁 55～59。

4. 周彥文，〈論傳統目錄學中標題法觀念的出現〉，《中國書目季刊》，28 卷 1 期（民國 83 年 6 月），頁 21～30。

5. 曹書杰，〈清代補史藝文志述評〉，《史學史研究》，2 期（民國 85 年），頁 60～68。

6. 劉固盛，〈高似孫《子略》初探〉，《古籍整理研究學刊》，4 期（民國 85 年），頁 6～10。

7. 周彥文，〈四庫全書總目目錄類論述〉，《書目季刊》，33 卷 1 期（民國 88 年 6 月），頁 15～28。

8. 鍾瑛，〈論明清官修書目的時代特徵〉，《中國圖書館學報》，3 期（民國 90 年），頁 25～29。

9. 王餘光，〈清以來史志書目補輯研究〉，《圖書館學研究》，3 期（民國 91 年），頁 2～5：27。

10. 周彥文，〈書目的運用與文獻生態〉，《書目季刊》，35 卷 4 期（民國 91

年 3 月），頁 1～12。

11. 邵永忠，〈清儒補元史藝文志目錄學成就探析〉，《圖書館雜誌》，10 期（民國 92 年），頁 71～73。

12. 楊寄林、董文武，〈《文獻通考・經籍考》"諸評具載"的獨特方式〉，《史學月刊》，4 期（民國 95 年），頁 72～81。

（三）圖書文獻學研究

1. 賀修銘，〈康熙與清初的圖書館事業〉，《廣東圖書館學刊》，1 期（民國 73 年 3 月），頁 43～46。

2. 盧秀菊，〈清代盛世武英殿刊刻本圖書之研究〉，《圖書館學刊（臺大）》，6 期（民國 78 年 11 月），頁 115～134。

3. 楊玉良，〈武英殿修書處及內府修書各館〉，在《清代宮史探微》，北京：紫禁城，民國 80 年，頁 213～237。

4. 吳哲夫，〈四庫全書所表現的傳統文化特色考探〉，《故宮學術季刊》，12 卷 2 期（民國 83 年冬季），頁 1～20。

5. 周積明，〈「四庫學」通論〉，《故宮學術季刊》，17 卷 3 期（民國 89 年春季），頁 1～21。

6. 劉葵波，〈論清代武英殿的刻書活動〉，《圖書館雜誌》，9 期（民國 89 年），頁 52～54。

7. 周德美，〈文獻系統化加工與文化演進〉，《孔孟學報》，80 期（民國 91 年 9 月），頁 299～311。

8. 翁連溪，〈談清代內府的銅活字印書〉，《故宮博物院院刊》，3 期（民國 92 年），頁 79～85。

9. 陳雪云，〈明清官府書業述論〉，《中州大學學報》，21 卷 4 期（民國 93 年 10 月），頁 6～8。

（四）歷史及學術研究

1. 內藤虎次郎著；蘇振申譯，〈宋代史學的發展〉，在《宋史研究集》，第六輯，臺北市：國立編譯館，民國 60 年，頁 157～208。

2. 裴汝誠，〈司馬光長編法與李燾《長編》〉，《東北師大學報（哲學社會科學版）》，5 期（民國 73 年），頁 56～62。

3. 何孝榮，〈論康熙提倡程、朱理學〉，《史學集刊》，2 期（民國 85 年），頁 67～73。

4. 何冠彪，〈清初君主與《資治通鑑》及《資治通鑑綱目》〉，《中國文化研究所學報》，7 期（民國 87 年），頁 103～132。

5. 汪高鑫，〈朱熹和史學〉，《史學史研究》，3 期（民國 87 年），頁 43～50。

6. 費劼，〈試論康熙的文化政策〉，《江漢論壇》，2 期（民國 87 年），頁 45～47。

7. 黃愛平，〈清代康雍乾三帝的統治思想與文化選擇〉，《中國社會科學院研究生院學報》，4 期（民國 90 年），頁 58～66。

8. 張麗珠，〈紀昀反宋學的思想意義──以《四庫提要》與《閱微草堂筆記》為觀察線索〉，《漢學研究》，20 卷 1 期（民國 91 年 6 月），頁 253～274。

9. 王記錄、李豔，〈漢學、宋學和清代史學〉，《山西師大學報（社會科學版）》，32 卷 1 期（民國 94 年 1 月），頁 81～85。

附　錄

附錄一　《古今圖書集成》研究論著目錄（1911～2006）

編　例

一、本目錄所收為 1911～2006 民國以來近人之論著，涵蓋臺灣及大陸地區主要以中文撰寫之《集成》相關研究篇題。所收資料類型包含圖書、學位論文、期刊論文、文集論文及報刊資料，此中多數篇章因偏向通論、淺述或考證性質，研究主題過於雷同，故僅取得其中數篇較為關鍵且與本研究需求切合之文獻，凡經本研究確實取得全文者，茲於各書目前標註〔＊〕號，以示學術之責。

二、本研究於大陸學者裴芹所著之《古今圖書集成研究》得力匪淺，該書亦編有一份〈《古今圖書集成》研究論著目錄〉，今依據該份書目資料再行增補，利用線上目錄或專業網站、資料庫等電子式工具，蒐羅各項相關研究書目，因部份資料庫及裴芹所編目錄未能著錄論文之頁數，故凡標明〔頁數不詳〕者，甚或著錄有誤者，尚請讀者以親見之原文為據。

三、本目錄於單篇論文部份，除收錄期刊及報章論文，尚將圖書或文集當中與《集成》研究相關之篇章裁出，若遇有同一作者於一兩年內所發表之論文，其題名幾為類似者（本目錄中 *斜體字部份*），則該書目僅計為一條。經由分類統計，本目錄收錄數量為：圖書 2 條、學位論文 1 條、單篇論文 167 條。

四、在單篇論文部份，統計結果爲：綜論 25 條、編纂考述 43 條、版本概況 27 條、分類體例 8 條、索引與利用 15 條、《集成》數位化 14 條、各部類研究 21 條、各角度切入研究 9 條、相關類書與叢書對照研究 5 條，總計 167 條。

五、本目錄所收資料依照出版之時代先後爲順序，以一窺學術研究之大體脈絡，次則依作者之姓名筆劃爲序。茲篇目錄之編製，主要爲供本研究文獻分析及書目統計之用，此間著錄倘有舛漏誤植，尚祈有識者教正是幸。

圖　書

*001 齊秀梅、韓錫鐸合著，《亘古盛舉：《古今圖書集成》與《四庫全書》》，瀋陽市：遼海，民國 86 年。

*002 裴芹，《古今圖書集成研究》，北京市：北京圖書館，民國 90 年。

學位論文

*003 滕黎君，「論《古今圖書集成》及其索引的應用價值」，碩士論文，廣西大學漢語言文字學專業，民國 92 年 5 月。

單篇論文（含文集論文或報刊資料）

一、綜　論

004 高邁，〈淺說類書及古今圖書集成〉，《讀書通訊》，16 期（民國 29 年 12 月），〔頁數不詳〕。

005 劉汝霖，〈《古今圖書集成》〉，《圖書館工作》，6 期（民國 46 年），〔頁數不詳〕。

006 萬籟，〈摭言「古今圖書集成」〉，《中央日報》，民國 53 年 10 月 9 日，第 10 版。

007 鄭壽麟，〈從永樂大典與圖書集成說起〉，《中央日報》，民國 54 年 3 月 18 日，第 6 版。

*008 黃秀政，〈類書的大成——古今圖書集成〉，《書評書目》，57 期（民國 67 年 1 月），頁 83～86。

009　周采良，〈《古今圖書集成》淺說〉，《百科知識》，11 期（民國 70 年），
　　　〔頁數不詳〕。

010　藏凡，〈我國古代的一部大類書──簡介《古今圖書集成》〉，《夜讀》，1
　　　期（民國 70 年），〔頁數不詳〕。

011　馬克昌，〈略論《古今圖書集成》〉，在《古籍論叢》，社會科學戰線編輯
　　　部主編，福州市：福建人民，民國 71 年，〔頁數不詳〕。

012　袁逸，〈我國大百科全書《古今圖書集成》〉，《圖書館學刊》，1 期（民國
　　　72 年），〔頁數不詳〕。

013　袁逸，〈珍貴的《古今圖書集成》〉，《辭書研究》，6 期（民國 72 年），〔頁
　　　數不詳〕。

014　王瑞延，〈從《古今圖書集成》看我國類書的性質〉，《貴圖學刊》，1 期
　　　（民國 73 年），〔頁數不詳〕。

015　王義耀，〈我國現存最大的古籍資料匯編〉，《資料工作通訊》，1 期（民
　　　國 74 年），〔頁數不詳〕。

*016　陳香，〈萬卷類書「古今圖書集成」〉，《中華文化復興月刊》，18 卷 10 期
　　　（民國 74 年 10 月），頁 67～71。

*017　鞠英杰，〈《古今圖書集成》的獨到之處〉，《貴圖學刊》，3 期（民國 75
　　　年），頁 58。

*018　唐錫倫，〈古今圖書集成概說〉，《四川圖書館學報》，6 期（民國 76 年 12
　　　月），頁 82～88。

019　張河清，〈從《古今圖書集成》看中國類書特點〉，《河南師大學報》，1
　　　期（民國 79 年），〔頁數不詳〕。

020　王利器，〈巴蜀書社出版《古今圖書集成》的意義和貢獻〉，在《王利器
　　　論學雜著》，臺北市：貫雅文化，民國 81 年，頁 77～78。

*021　曹瑛，〈《古今圖書集成》文獻學價值評析〉，《中醫藥學刊》，19 卷 2 期
　　　（民國 90 年），頁 141～142。

*022　裴芹，〈《古今圖書集成》與古代類書發展〉，在《古今圖書集成研究》，
　　　北京市：北京圖書館，民國 90 年，頁 1～16。

*023　裴芹，〈《古今圖書集成》與清代編書之風〉，在《古今圖書集成研究》，
　　　北京市：北京圖書館，民國 90 年，頁 17～26。

*024　魏書菊，〈清代第一大類書─述評《古今圖書集成》〉，《中國圖書評論》，

5 期（民國 92 年），頁 38～40。

025 楊勤芳，〈中國古代的類書—兼及《永樂大典》、《古今圖書集成》述介〉，《歷史教學問題》，6 期（民國 93 年），頁 104～105；103。

*026 趙麗莎，〈《古今圖書集成》評介〉，《景女學報》，4 期（民國 93 年 1 月），頁 33～49。

*027 趙榮蔚，〈「古今圖書集成」對我國傳統學術文化的整合〉，《圖書館理論與實踐》，5 期（民國 93 年 10 月），頁 51～53。

028 張新民，〈《古今圖書集成》之特徵及其編者〉，《農業圖書情報學刊》，18 卷 11 期（民國 95 年 11 月），頁 125～128。

二、編纂考述

（一）編纂原委

*029 萬國鼎，〈古今圖書集成考略〉，《圖書館學季刊》，2 卷 2 期（民國 17 年），頁 235～245。

030 張鈞，〈《古今圖書集成》再考〉，《新中華》，4 卷 4 期（民國 25 年），〔頁數不詳〕。

031 萊子，〈「古今圖書集成」的編修及其內容之簡史〉，《公論報》，民國 42 年 10 月 28 日，第 4 版。

032 太玄，〈陳夢雷與圖書集成〉，《中央日報》，民國 48 年 4 月 7 日，第 7 版。

*033 蔣復璁，〈古今圖書集成的前因後果〉，在《珍帚集》，臺北市：自由太平洋，民國 54 年，頁 109～123。

*034 陸又言編著，〈「圖書集成」的纂修〉，在《中國七大典籍纂修考》，臺北市：啟業，民國 57 年，頁 61～70。

035 魯莨，〈陳夢雷與古今圖書集成〉，《古今談》，41 期（民國 57 年 7 月），頁 7～8。

036 莊練，〈陳夢雷與古今圖書集成〉，《大華晚報》，民國 59 年 12 月 21～27 日，第 9 版。

037 蘇同炳，〈陳夢雷與古今圖書集成〉，《人物叢談》，（民國 63 年 9 月），頁 218～231。

038 王繼舜，〈《古今圖書集成》滄桑史〉，《香港自由報》，民國 66 年 5 月 24

日，〔版面不詳〕。

039 莊葳，〈陳夢雷和《古今圖書集成》〉，《書林》，1 期（民國 69 年），〔頁數不詳〕。

040 唐天堯，〈陳夢雷與《古今圖書集成》〉，《福建師範大學學報》，2 期（民國 70 年），〔頁數不詳〕。

041 方任，〈《古今圖書集成》的編者陳夢雷〉，《辭書研究》，6 期（民國 72 年），〔頁數不詳〕。

042 戚志芳，〈《古今圖書集成》及其編者〉，《文獻》，17 輯（民國 72 年），〔頁數不詳〕。

*043 楊玉良，〈《古今圖書集成》考證拾零〉，《故宮博物院院刊》，1 期（民國 74 年），頁 32～35。

*044 趙鐵銘，〈古今圖書集成與陳夢雷〉，《故宮文物月刊》，3 卷 8 期（民國 74 年 11 月），頁 120～127。

*045 袁逸，〈陳夢雷和《古今圖書集成》〉，《文史知識》，12 期（民國 74 年 12 月），頁 58～61。

046 王吟、高文超，〈陳夢雷與《古今圖書集成》〉，《出版發行研究》，1 期（民國 76 年），〔頁數不詳〕。

047 徐金法，〈《古今圖書集成》編者考〉，《文獻情報學刊》，3 期（民國 78 年），〔頁數不詳〕。

048 裴芹，〈《古今圖書集成》康熙開局說質辨〉，《文獻情報學刊》，4 期（民國 79 年），〔頁數不詳〕。

049 李瑞良，〈一生陷入政治漩渦的編輯家：陳夢雷和《古今圖書集成》〉，《出版廣場》，1 期（民國 84 年），〔頁數不詳〕。

*050 崔文印，〈說《古今圖書集成》及其編者〉，《史學史研究》，2 期（民國 87 年 6 月），頁 60～67。

*051 王鍾翰，〈陳夢雷與《古今圖書集成》及助編者〉，《燕京學報》，新 8 期（民國 89 年 5 月），頁 187～201。

*052 白玉霞、裴芹，〈《古今圖書集成》成書略考〉，《內蒙古民族師院學報》，26 卷 4 期（民國 89 年 11 月），頁 81～83。

*裴芹，〈《古今圖書集成》編纂考〉，在《古今圖書集成研究》，北京市：北京圖書館，民國 90 年，頁 27～42。

*053 龐月光，〈康熙皇帝與《古今圖書集成》〉，《外交學院學報（外交評論）》，1 期（民國 92 年 3 月），頁 88～91。

*054 聶家昱，〈「古今圖書集成」及其編撰者陳夢雷〉，《圖書與情報》，3 期（民國 92 年 6 月），頁 80～81。

*055 胡道靜，〈《古今圖書集成》的情況、特點及其作用〉，在《中國古代典籍十講》，上海市：復旦大學，民國 93 年，頁 189～206。

*056 羅威、賀雙非，〈《古今圖書集成》的編纂、刻印及影響〉，《高等函授學報（自然科學版）》，19 卷 3 期（民國 94 年），頁 11～12；58。

*057 黃權才，〈《古今圖書集成》六論〉，《圖書館界》，1 期（民國 95 年），頁 29～33。

058 趙曉星，〈陳夢雷與《古今圖書集成》〉，《劇影月報》，6 期（民國 95 年），〔頁數不詳〕。

（二）編者（暨助編者）生平

059 謝國楨，〈陳夢雷、李光地事跡辨〉，《新中華》，2 卷 12 期（民國 23 年 6 月），〔頁數不詳〕。

060 謝國楨，〈三藩之變與陳夢雷兩次流徙〉，在《清初流人開發東北史》，上海市：開明書店，民國 37 年，〔頁數不詳〕。

061 樸人，〈坎坷一生的陳夢雷〉，《中央日報》，民國 53 年 10 月 20～21 日，第 6 版。

062 王大任，〈陳夢雷首開東北治學之風氣〉，《東北文獻》，2 卷 2 期（民國 60 年 11 月），頁 24～26。

063 張玉興，〈關於陳夢雷第二次流放問題〉，《清史研究通訊》，2 期（民國 73 年），〔頁數不詳〕。

064 王鍾翰，〈陳夢雷與李光地絕交書〉，《中華文史論叢》，3 輯（民國 73 年），〔頁數不詳〕。

*065 王重民，〈金門詔別傳〉，在《冷廬文藪》，上海市：上海古籍，民國 81 年，頁 216～218。

*066 徐小蠻，〈陳夢雷與《閑止書堂集鈔》〉，在《清籍瑣議》，北京市：海洋，民國 82 年，頁 42～45。

*067 張玉興，〈陳夢雷〉，在《清代人物傳稿》，清史編委會編，上編第七卷，北京市：中華書局，民國 84 年，頁 353～362。

068　林恩燕，〈千古奇冤陳夢雷〉，《醫古文知識》，3 期（民國 88 年），頁 30
　　　～31。

*069　謝國楨，〈陳則震事輯〉，在《明清筆記談叢》，上海市：上海書店，民國
　　　93 年，頁 197～214。

*070　解洪興，〈一代學者陳夢雷的沉浮人生〉，《邊疆經濟與文化》，8 期（民
　　　國 95 年），頁 97～99。

*071　徐樹民，〈楊琯與《古今圖書集成》〉，在嘉興市圖書館，< http:// www. jxcnt.
　　　com/ lishiwh/jhcq/2/wz/23.htm >（民國 95 年 11 月 14 日）。

三、版本概況

（一）出版史料

*072　袁同禮，〈關於圖書集成之文獻〉，《圖書館學季刊》，6 卷 3 期（民國 21
　　　年），頁 403～406。

*073　蕭孟能，〈文星版「古今圖書集成」序〉，在文星版《古今圖書集成》，第
　　　一冊，臺北市：文星，民國 53 年，頁 1～56。

*074　楊家駱，〈鼎文版古今圖書集成序例〉，在鼎文版《古今圖書集成》，第一
　　　冊，臺北市：鼎文，民國 66 年，序例 1～38。

*075　彭歌，〈「古今圖書集成」重印〉，《聯合報》，民國 66 年 5 月 29 日，第
　　　12 版。

076　劉安琴，〈銅活字與《古今圖書集成》〉，《陝西圖書館》，（民國 79 年 3
　　　月），〔頁數不詳〕。

*077　趙之富，〈光緒描潤本《古今圖書集成》及其《考證》〉，《歷史文獻研究》，
　　　2 期（民國 80 年 8 月），頁 339～349。

078　裴芹，〈《古今圖書集成》同文版小字本未曾出世〉，《津圖學刊》，4 期（民
　　　國 80 年），〔頁數不詳〕。

079　裴芹，〈《古今圖書集成》同文版小考〉，《內蒙古民族師院學報》，4 期（民
　　　國 81 年），〔頁數不詳〕。

080　宋建昃，〈描潤本《古今圖書集成》述介〉，《文獻》，3 期（民國 86 年），
　　　〔頁數不詳〕。

*081　陸費逵，〈影印古今圖書集成緣起〉，在《中國出版史料（現代部分）》，
　　　宋原放主編，第一卷下冊，濟南市：山東教育，民國 90 年，頁 509～511。

*082 裴芹，〈點石齋與同文書局競印《古今圖書集成》廣告拾零〉，在《古今圖書集成研究》，北京市：北京圖書館，民國 90 年，頁 191～199。

*083 孫犖人，〈《古今圖書集成》影印經過〉，在《陸費逵與中華書局》，俞筱堯、劉彥捷編，北京市：中華書局，民國 91 年，頁 59～63。

084 子冶，〈清廷石印《古今圖書集成》舊檔〉，《出版史料》，1 期（民國 92 年），頁 61～63。

*085 曹紅軍，〈《古今圖書集成》版本研究〉，《故宮博物院院刊》，3 期（民國 96 年），頁 53～66。

（二）版本流傳

086 尚者談，〈陝藏善本《古今圖書集成》流傳始末〉，《陝西圖書館》，2～3 期（民國 75 年），〔頁數不詳〕。

087 鞠槙崇，〈館藏《古今圖書集成》〉，《鐵路高校圖書館學研究》，總 4 輯（民國 77 年），〔頁數不詳〕。

088 葉桔，〈《古今圖書集成》版本介紹〉，《圖書館論壇》，2 期（民國 80 年），〔頁數不詳〕。

089 馬汝惠，〈《古今圖書集成》的五種印本〉，《青島職業技術學院學報》，1 期（民國 82 年），〔頁數不詳〕。

*090 張翔，〈《古今圖書集成》在美國的收藏〉，《圖書館雜誌》，4 期（民國 86 年 8 月），頁 55～56。

*091 〔日〕大庭修著；王勇、戚印平、王寶平譯，〈《古今圖書集成》的輸入〉，在《江戶時代中國典籍流播日本之研究》，杭州市：杭州大學，民國 87 年，頁 292～308。

*092 劉劼，〈「古今圖書集成」的四次印本〉，《津圖學刊》，2 期（民國 88 年 5 月），頁 71～74。

093 裴芹，〈今存雍正版《古今圖書集成》知多少〉，《書品》，4 期（民國 89 年），〔頁數不詳〕。

*094 裴芹，〈《古今圖書集成》的版本及流傳〉，在《古今圖書集成研究》，北京市：北京圖書館，民國 90 年，頁 141～155。

095 劉德發，〈館藏《古今圖書集成》三種〉，《圖書情報通訊》，2 期（民國 92 年），頁 60。

096 楊居讓，〈銅活字與館藏珍品《古今圖書集成》〉，《當代圖書館》，2 期（民

國 93 年），頁 25～28。

楊居讓，〈館藏珍品銅活字版《古今圖書集成》〉，《福建圖書館理論與實踐》，1 期（民國 94 年），頁 69～70。

楊居讓，〈陝西省圖書館《古今圖書集成》收藏始末〉，《圖書與情報》，4 期（民國 94 年 8 月），頁 118～120。

*楊居讓，〈館藏銅活字本《古今圖書集成》〉，《圖書館工作與研究》，5 期（民國 94 年 9 月），頁 57～58。

*097 趙長海，〈《古今圖書集成》版本考〉，《古籍整理研究學刊》，3 期（民國 93 年），頁 43～47。

*098 趙熠，〈《古今圖書集成》的幾種版本〉，《收藏》，3 期（民國 95 年），頁 78～79。

四、分類體例

*099 任寶楨、徐瑛，〈《古今圖書集成》編排體例簡析〉，《高校圖書館工作》，2 期（民國 72 年），頁 75～78。

*100 徐瑛、任寶楨，〈《古今圖書集成》的分類體系〉，《四川圖書館學報》，3 期（民國 74 年 8 月），頁 47～51。

*101 劉培雷，〈《古今圖書集成‧醫部全錄》排檢特徵初探〉，《圖書館工作》，1 期（民國 78 年），頁 46～49。

*102 柳較乾、陳秀英，〈《古今圖書集成》分類及編排體例述評〉，《十堰職業技術學院學報》，2 期（民國 81 年），頁 49～53。

*103 王純，〈《古今圖書集成》的分類編排〉，《圖書館員》，1 期（民國 82 年），頁 7～8。

*104 裴芹，〈談《古今圖書集成》的 "參見"〉，《內蒙古民族師院學報（哲社版）》，2 期（民國 83 年），頁 59～61。

105 裴芹，〈《古今圖書集成》按注研究〉，《文史》，53 輯（民國 89 年），〔頁數不詳〕。

*裴芹，〈《古今圖書集成》的按注研究〉，在《古今圖書集成研究》，北京市：北京圖書館，民國 90 年，頁 64～86。

*106 裴芹，〈規模宏大　分類細密　縱橫交錯　次序井然——談《古今圖書集成》的結構體例〉，在《古今圖書集成研究》，北京市：北京圖書館，民

國 90 年，頁 43～63。

五、索引與利用

107 林仲湘等，〈《古今圖書集成》及其索引的編寫〉，《廣西大學學報（哲社）》，1 期（民國 74 年），〔頁數不詳〕。

108 林仲湘等，〈我們編纂了《古今圖書集成》索引〉，《大學圖書館通訊》，4 期（民國 74 年），〔頁數不詳〕。

*109 杜學知，〈「圖書集成」如何得到充分的利用〉，《中華文化復興月刊》，19 卷 2 期（民國 75 年 2 月），頁 70～72。

110 王義耀，〈《古今圖書集成索引》評價〉，《情報資料工作》，1 期（民國 76 年），〔頁數不詳〕。

*111 林仲湘，〈訓詁與古籍索引——兼談《古今圖書集成》索引的編寫〉，《廣西大學學報（哲社）》，2 期（民國 77 年），頁 71～75。

*112 錢亞新，〈論《古今圖書集成》及其新編索引〉，《圖書館界》，2 期（民國 78 年 6 月），頁 41～45。

*113 劉澤生，〈臺灣鼎文版「古今圖書集成」的檢索功能〉，《福建圖書館學刊》，4 期（民國 78 年 12 月），頁封三；41。

114 丁宏宣，〈略談「古今圖書集成」的產生及其應用〉，《圖書館學刊》，1 期（民國 80 年 1 月），頁 44～45。

*115 *張毅志，〈談古代類書《古今圖書集成》的使用〉，《圖書館學研究》，3 期（民國 80 年 6 月），頁 63～64；68。*
    張毅志，〈類書《古今圖書集成》的使用〉，《圖書與情報》，3 期（民國 80 年），〔頁數不詳〕。

116 姜淑芸，〈《古今圖書集成》及其"索引"〉，《成都大學學報（社會科學版）》，3 期（民國 81 年），〔頁數不詳〕。

*117 段秀芝，〈《古今圖書集成》使用解析〉，《圖書館建設》，5 期（民國 82 年 9 月），頁 55～56。

118 林仲湘，〈編製《古今圖書集成》索引的實踐和理論〉，《廣西大學學報》，2 期（民國 83 年），〔頁數不詳〕。

119 彭志雄，〈論《古今圖書集成索引》的編制及其訓詁運用〉，《桂林市教育學院學報》，3 期（民國 87 年），〔頁數不詳〕。

120 趙桂珠，〈試論《古今圖書集成索引》人物傳記索引中同姓名人物的甄別問題〉，《廣西大學學報（哲學社會科學版）》，3 期（民國 87 年），〔頁數不詳〕。

*121 林仲湘，〈試論大型索引項目的管理工作——談《古今圖書集成索引》的管理工作〉，《中國索引》，4 期（民國 94 年），頁 13～16。

六、《集成》數位化

122 魏承恩，〈史學現代化的一件事實——談《古今圖書集成》信息化〉，《社會科學報》，（民國 76 年 8 月），〔頁數不詳〕。

123 唐建設，〈古今合璧《古今圖書集成》電子版〉，《中國電子出版》，4 期（民國 88 年），〔頁數不詳〕。

124 太和，〈武英殿《古今圖書集成》電子版出版問世〉，《出版參考》，2 期（民國 89 年），〔頁數不詳〕。

125 古成，〈廣西大學編出電子版《古今圖書集成索引》〉，《廣西大學學報（哲學社會科學版）》，1 期（民國 89 年），〔頁數不詳〕。

126 桂勤，〈集古書之大成　展科技之新姿—漫話《古今圖書集成》及其電子版〉，《閱讀與寫作》，7 期（民國 89 年），〔頁數不詳〕。

127 梁文，〈古籍整理與現代科技的成功結合：電子版《古今圖書集成》及其索引〉，《出版廣角》，5 期（民國 89 年），頁 71。

128 陳郁夫，〈古今圖書集成的結構分析與資料庫規劃〉，在《中央研究院第三屆國際漢學會議・漢籍數位典藏組[論文集]》，中央研究院編，臺北市：編者，民國 89 年，〔頁數不詳〕。

*129 張琪玉，〈古籍索引的一個範例——介紹「古今圖書集成」電子版的索引數據庫〉，《圖書館雜誌》，5 期（民國 89 年 5 月），頁 48～49。

*130 張學軍，〈《古今圖書集成》原文電子版及其對圖書館古籍工作的影響〉，《聊城師範學院學報（哲學社會科學版）》，4 期（民國 89 年），頁 88～89。

131 穎峰，〈電子版《古今圖書集成》問世〉，《閱讀與寫作》，7 期（民國 89 年），〔頁數不詳〕。

*132 孫金花、張秀玲，〈古典文獻檢索的一件利器——評光盤版《古今圖書集成索引》〉，《圖書館建設》，3 期（民國 92 年 5 月），頁 107～110。

*133 鄭恒雄，〈欽定古今圖書集成資料庫新獻〉，在[得泓資訊]古今圖書集成全 文 電 子 版 ・ 詳 細 導 覽 ， 民 國 92 年 11 月 ，<http://140.136.208.7/book/index.htm>（民國 95 年 2 月 23 日）。

*134 林仲湘，〈關於《古今圖書集成》答問錄—介紹電子版《古今圖書集成》及其索引〉，《廣西文史》，1 期（民國 93 年），頁 16～25。

135 陳郁夫，〈「故宮東吳」數位古今圖書集成技術報告〉，在《漢學研究國際學術研討會論文集・2004》，李哲賢主編、漢學資料整理研究所編輯，雲林縣斗六市：雲林科技大學，民國 94 年，〔頁數不詳〕。

七、各部類研究

136 胡經甫，〈《圖書集成》昆蟲名考〉，《文學年報》，6 期（民國 29 年 11 月），〔頁數不詳〕。

137 邱紀鳳，〈《古今圖書集成》與陳夢雷—兼談《醫部全錄》在祖國醫學上的貢獻〉，《雲南中醫學院學報》，4 期（民國 72 年），〔頁數不詳〕。

138 吉聯抗，〈從《古今圖書集成・樂律典》說起〉，《音樂研究》，1 期（民國 75 年），〔頁數不詳〕。

139 張松生，〈《古今圖書集成・醫部全錄》簡介〉，《中醫藥學刊》，4 期（民國 76 年），〔頁數不詳〕。

140 葉程義，〈古今圖書集成博物彙編藝術典漁部引書考〉，《中華學苑》，38 期（民國 78 年 4 月），頁 191～253。

141 范能船，〈知者樂水 仁者樂山——解《古今圖書集成・山川典》〉，《古典文學知識》，4 期（民國 81 年 7 月），頁 112～115。

142 趙立勛，〈《古今圖書集成》醫藥衛生內容揭引〉，《中醫文獻雜誌》，1 期（民國 84 年），頁 1～4。

143 陳海鳴、萬同軒，〈中國古代的人員篩選方法——以「古今圖書集成」「觀人部」為例〉，《管理與系統》，6 卷 2 期（民國 88 年 4 月），頁 191～205。

144 徐華龍，〈一草一木皆關情—《草木典》推介〉，《民俗研究》，1 期（民國 89 年），頁 165～166。

145 曾秀燕，〈《醫部全錄》健忘證治探討〉，《中醫文獻雜誌》，2 期（民國 89 年），頁 20～22。

146 黃正雨，〈古人讀書漫談—兼談《古今圖書集成・讀書部》〉，《圖書館論

叢》，2 期（民國 90 年），頁 61～64。

147 劉怡伶，〈女性在傳統類書中的典範想像——「古今圖書集成・閨媛典」試析〉，《中極學刊》，3 期（民國 92 年 12 月），頁 17～35。

148 王會均，〈清代「瓊州府部彙考」研究〉，《廣東文獻季刊》，32 卷 2 期（民國 93 年 4 月），頁 32～40。

149 周孟貞，〈從《古今圖書集成・學行典・恬退部》看恬退思想的內涵與影響〉，在《第二十六屆中區中文所研究生論文發表會論文集》，國立彰化師範大學國文系研究所所學會編，彰化市：編者，民國 93 年，頁 13～25。

*150 陳惠美，〈《古今圖書集成・經籍典》中的文獻資料及其運用〉，《中國文哲研究通訊》，16 卷 4 期（民國 95 年 12 月），頁 5～58。

*151 劉千惠，〈《古今圖書集成・經籍典・禮記部》的文獻價值〉，《中國文哲研究通訊》，16 卷 4 期（民國 95 年 12 月），頁 59～79。

*152 劉康威，〈《古今圖書集成・經籍典・儀禮部》的文獻價值〉，《中國文哲研究通訊》，16 卷 4 期（民國 95 年 12 月），頁 81～101。

*153 葉純芳，〈《古今圖書集成・經籍典・周禮部》的文獻價值〉，《中國文哲研究通訊》，16 卷 4 期（民國 95 年 12 月），頁 103～120。

*154 黃智信，〈《古今圖書集成・經籍典・三禮部》的文獻價值〉，《中國文哲研究通訊》，16 卷 4 期（民國 95 年 12 月），頁 121～135。

*155 黃智明，〈《古今圖書集成・經籍典・爾雅部》的文獻價值〉，《中國文哲研究通訊》，16 卷 4 期（民國 95 年 12 月），頁 137～162。

*156 馮曉庭，〈《古今圖書集成・經籍典・經學部》初探〉，《中國文哲研究通訊》，16 卷 4 期（民國 95 年 12 月），頁 163～181。

八、各角度切入研究

157 瀾平，〈圖書集成與中國社會史搜討〉，《新中華》，2 卷 11 期（民國 23 年 6 月），〔頁數不詳〕。

158 龍良棟，〈古今圖書集成所收嘯餘譜本中原音韻校勘記〉，在《漢學論文集》，臺北市：驚聲文物，民國 59 年，頁 323～400。

159 龍良棟，〈古今圖書集成所收劉子新論校勘記〉，《淡江學報（文學部門）》，13 期（民國 64 年 1 月），頁 69～110。

*160 袁逸，〈《古今圖書集成》中的人物傳〉，《圖書館研究與工作》，1 期（民國 72 年 4 月），頁 55～56。

161 楊軍，〈《古今圖書集成》所見唐文校讀記〉，《蘇州科技學院學報（社會科學版）》，1 期（民國 80 年），〔頁數不詳〕。

162 裴芹、李智海，〈《古今圖書集成》與地方志〉，《內蒙古民族師院學報》，1 期（民國 88 年），〔頁數不詳〕。
裴芹，〈《古今圖書集成》與方志〉，在《古今圖書集成研究》，北京市：北京圖書館，民國 90 年，頁 87～96。

163 楊貴嬋、王可，〈古今圖書集成中藝術文獻的分佈〉，《設計藝術》，3 期（民國 92 年），頁 68～69。

164 郭猛，〈從《古今圖書集成》看中菲兩國的歷史文化交融與衝突〉，《廣西文史》，4 期（民國 93 年），頁 38～42。

165 余漢桂，〈《古今圖書集成》在漁業行業史志研究中的史料價值〉，《廣西文史》，3 期（民國 94 年），頁 96～100。

九、相關類書與叢書對照研究

*166 鄭麥，〈《永樂大典》與《古今圖書集成》〉，《歷史教學問題》，1 期（民國 71 年），頁 65～66。

167 高雲，〈《古今圖書集成》與《四庫全書》簡介〉，《山西檔案》，2 期（民國 79 年），〔頁數不詳〕。

*168 裴芹，〈《古今圖書集成》與《四庫全書》〉，《內蒙古民族師院學報（哲學社會科學‧漢文版）》，1 期（民國 79 年），頁 11～15；20。

*169 唐素珍，〈中國兩大類書《永樂大典》及《古今圖書集成》的四個論題〉，《輔大中研所學刊》，4 期（民國 84 年 3 月），頁 61～79。

*170 葉乃靜，〈明清類書、叢書與法國十八世紀百科全書之比較研究〉，《圖書資訊學刊》，14 期（民國 89 年 3 月），頁 129～148。

附錄二　《古今圖書集成》分部單行書目

編　例

一、本目錄需與第二章第一節之表 2-3 相互對照，係以《集成》之典部先後為序，同一典部則以出版時間為序。

二、本目錄使用國家圖書館 NBInet、中央研究院圖書館線上公用目錄進行查詢，並根據各館於線上著錄之文字判別《集成》各部類內容，若於線上未著明編印者，則以下一律著錄為「〔清〕陳夢雷原編」，又因未見原書，尚請有研究需求之讀者能以親見之版本為據。

三、本目錄所收錄書目多為單獨印行出版，少數為某主題叢書之一部份，若有收錄未全或漏列之處，尚祈相關領域研究人士補足校正之。

一、曆象彙編

001 古今圖書集成局編輯，《珍本乾象典》，臺北市：集文，民國 66 年。（〈乾象典〉）

002 〔清〕陳夢雷原編，《曆法大典》，上海市：上海文藝，民國 82 年。（〈曆法典〉）

二、方輿彙編

003 成文出版社輯，《臺灣府職方彙編》，《中國方志叢書・臺灣地區・臺灣省》，第 42 號，臺北市：成文，民國 73 年。（〈職方典・臺灣府部〉）

004 〔清〕陳夢雷原編，《古今圖書集成・方輿彙編・邊裔典》，《中國少數民族古籍集成》，第 14〜15 冊，成都市：四川民族，民國 91 年。（〈邊裔典〉）

三、明倫彙編

005 〔清〕陳夢雷原編，《人生大典》，上海市：上海文藝，民國 81 年。（〈人事典〉）

006 〔清〕陳夢雷原編，《歷代閨媛逸事》，上海市：上海文藝，民國 82 年。（〈閨媛典〉）

四、博物彙編

007　會文堂新記書局編，《圖書集成醫部全錄》，上海市：編者，民國 26 年。

008　〔清〕陳夢雷原編，《醫部全書》，台北縣板橋市：藝文，民國 47 年。

009　〔清〕陳夢雷原編，《古今圖書集成醫部全錄》，北京市：人民衛生，民國 48～52 年。

010　新文豐出版公司編，《新校本圖書集成醫部全錄》，臺北市：編者，民國 68 年。

011　楊家駱編，《古今圖書集成醫部并續編初稿》，臺北市：鼎文，民國 68 年。

012　〔清〕陳夢雷原編，《古今圖書集成醫部全錄（點校本）》，北京市：人民衛生，民國 77～80 年。

013　盧祥之等編，《古今圖書集成醫書精華》，太原市：山西科學技術，民國 82 年。

014　〔清〕陳夢雷原編，《古今圖書集成醫部全錄精華本》，北京市：科學，民國 87 年。

015　趙立勛編纂，《古今圖書集成醫部續錄》，北京市：中國醫藥科技，民國 90 年。

（以上 9 條〈藝術典·醫部〉）

016　古今圖書集成局編輯，《太乙神數》，臺北市：集文，民國 65 年。（本系列另有二冊，題名爲《奇門盾甲》、《大六壬》，三冊合爲藝術典術數部彙考）

017　古今圖書集成局編輯，《珍本堪輿部彙考》，臺北市：集文，民國 66 年。

018　〔清〕陳夢雷原編，《古今圖書集成命卜相全集》，臺北市：希代，民國 72 年。

019　〔清〕陳夢雷原編，《中國方術全書》，上海市：上海文藝，民國 82 年。

020　顧頡主編，《中國神秘文化典籍類編》，重慶市：重慶，民國 83 年。（本系列題名分別爲《卜筮集成》、《星命集成》、《相術集成》、《堪輿集成》、《選擇集成》、《術數集成》，係據藝術典卜筮部至術數部等六部印成）

（以上 5 條〈藝術典·術數部〉等部）

021　〔清〕陳夢雷原編，《古今圖書集成選錄·佛教資料彙編》，《大藏經補編》，第 15～16 冊，臺北市：華宇，民國 74 年。（係據神異典二氏部、

釋教部、佛菩薩部、佛像部、佛經部、僧寺部、塔部、僧部、尼部、居
士部、放生部印成）

022　王秋桂、李豐楙主編，《古今圖書集成・神異典・神仙部》，《中國民間信
　　　仰資料彙編第一輯》，第 25～28 冊，臺北市：臺灣學生，民國 78 年。

023　〔清〕陳夢雷原編，《古今圖書集成神異典粹要》，《中國宗教歷史文獻集
　　　成・藏外佛經》，第 25～27 冊，合肥市：黃山書社，民國 94 年。

（以上 3 條〈神異典・二氏部〉等部）

024　〔清〕陳夢雷原編，《禽蟲典》，上海市：上海文藝，民國 87 年。（〈禽蟲
　　　典〉）

025　〔清〕陳夢雷原編，《草木典》，上海市：上海文藝，民國 88 年。（〈草木
　　　典〉）

五、理學彙編

026　中華書局編輯部輯訂，《中國歷代經籍典》，臺北市：臺灣中華書局，民
　　　國 59 年。（〈經籍典〉）

027　江蘇廣陵古籍刻印社編，《中國歷代經籍典》，江蘇：江蘇廣陵古籍刻印
　　　社，民國 82 年。（〈經籍典〉）

028　江蘇廣陵古籍刻印社編，《中國歷代文學典》，江蘇：江蘇廣陵古籍刻印
　　　社，民國 81 年。（〈文學典〉）

六、經濟彙編

029　中華書局編輯部輯訂，《中國歷代食貨典》，臺北市：臺灣中華書局，民
　　　國 59 年。（〈食貨典〉）

030　江蘇廣陵古籍刻印社編，《中國歷代食貨典》，江蘇：江蘇廣陵古籍刻印
　　　社，民國 78 年。（〈食貨典〉）

031　廣陵書社編，《中國歷代禮儀典》，揚州市：廣陵書社，民國 92 年。（〈禮
　　　儀典〉）

032　楊家駱主編，《古今圖書集成・經濟彙編・樂律典》，《中國音樂史料》，
　　　第 5～6 冊，臺北市：鼎文書局，民國 64 年。（〈樂律典〉）

033　陳源來校，《考工典》，彰化市：大源文化服務社，民國 50 年。（〈考工典〉）

034　廣陵書社編，《中國歷代考工典》，南京市：江蘇古籍，民國 92 年。（〈考

工典〉〉

七、〔圖〕

035 〔清〕陳夢雷原編,《附編:地圖》,《文星版古今圖書集成》,第 101 冊,臺北市:文星,民國 53 年。

036 書目文獻出版社編,《古今圖書集成圖》,北京市:書目文獻,民國 85 年。

037 劉托、孟白主編,《欽定古今圖書集成圖》,《清殿版畫匯刊》,第 3 冊,北京市:學苑,民國 87 年。

038 曲延鈞主編,《欽定古今圖書集成〔版畫選〕》,《中國清代宮廷版畫》,第 1～5 冊,合肥市:安徽美術,民國 91 年。

039 〔清〕陳夢雷原編,《古今圖書集成圖集》,濟南市:齊魯書社,民國 95 年。

附錄三　《集成・經籍典》按注引證釋例表

按注情況	引　證　舉　隅	編　例
一、考辨事目原委，始末展卷可知		
斷大事之始	「按上古之書，眞贋莫辨，雖前史載之，亦多疑其爲後人假託之言，……姑存其概，以著經籍之始。至《路史》稱天皇氏有靈書八會，……其說尤荒誕不足據，入於外編，今但以伏羲氏有書契之後爲斷。」（〈經籍總部・彙考一〉，卷 1，頁 1A）	經籍之始，依足據之文獻爲斷，未足據者姑存其概、或入於外編。
斷大事之始	「按刪書斷自唐虞，今編年不始于唐虞，而始於孔子者，蓋未刪以前篇帙尚多，無從詳考，故編年止自孔子始……。」（〈書經部・彙考一〉，卷 111，頁 598A）	編年自可考者爲始，未可考者姑略之。
事目年代考證	「按本傳恭王於景帝三年即徙王魯，好治宮室，則壞宅必景帝時事；至元朔元年其子安王已嗣位，年表可稽，〈藝文志〉以爲武帝末始壞孔子宅，武帝在位五十四年，計元朔元年武帝始在位十三年，安得謂武帝末乎？自以本傳景帝時爲正……。」（〈經籍總部・彙考一〉，卷 1，頁 3B）	大事詳考之，一事年代於正史記載互歧，則併列諸說，並引證相關史料爲其辨明，以作爲事目年代判定依據。
事目年代考證	「按甘露時嚴彭祖已爲公羊博士，故附此條于元康之後、甘露之前。」（〈春秋部・彙考一〉，卷 167，頁 838B）	根據已考定者，判斷未定事目發生之先後。
事目年代考證	「按徐勉以天監六年拜僕射，此條應爲天監時事。」（〈周禮部・彙考一〉，卷 237，頁 1152B）	所錄史料未載年代者，則據錄文中可考之事進行推測，編入某年。
事目年代考證	「本紀稱五年，此稱四年者，莽奏於四年，至五年正月始舉行耳。」（〈經學部・彙考一〉，卷 311，頁 1499A）	一事所記年代稍有差異處，就相關記載而合理連貫該事始末。
事目年代考證	「按《史記》稱老子著道德五千言，不言年月，敘于孔子問禮之後，宜爲敬王時人矣，……是史遷終不能名其爲何時人；而焦竑引關尹子仕昭王爲大夫，……又實指授經爲昭王時事。是皆未可以臆斷也，故但冠之以周，闕其年月云。」（〈老子部・彙考一〉，卷 431，頁 2171A）	一事未可臆斷，則冠其約略時代，但闕年月以示存疑。
事目年代考證	「按太宗紀年：太平興國八、雍熙四、端拱二、淳化五，今云淳化七年，一誤也；且云淳化年修、雍熙年上，是以雍熙在淳化之後，二誤也……。」（〈集部・彙考一〉，卷 471，頁 2369B）	部份史料雖詳載一事年代，唯據歷朝年表可考知其誤，指正之。

所據年代取捨	「按〈章帝本紀〉稱孝宣帝立京氏易，此稱元帝立京氏易，並存以俟考。」（〈易經部・彙考一〉，卷59，頁315B）	並存俟考之例。
	「本紀作咸寧五年，〈荀勖傳〉作咸寧初，〈束晳傳〉作太康二年，同一《晉書》而互異如此，今姑從本紀。」（〈經籍總部・彙考二〉，卷2，頁9A）	從正史本紀之例。
	「按本紀作咸寧五年，事未詳載《左傳》諸書，故從束傳。」（〈春秋部・彙考一〉，卷167，頁840A）	從正史列傳之例。
	「按傳稱二年者，是年勖爲侍講學士，明年始受詔校定耳，但傳于明年字略而未書；今從《玉海》，以其有月日可稽也。」（〈春秋部・彙考一〉，卷167，頁841B）	從其他史料之例。
編年之變例	「此以本紀居前，故不復按月編次。」（〈經籍總部・彙考四〉，卷4，頁22A）	常例以本紀居前，故同年之數事不按月編次。
	「按此二條宜附五代史既成之後，因次序皆以遼居宋前，不便更張。」（〈五代史部・彙考一〉，卷390，頁1928B）	原宜入某處，今因例而調整。
	「按《舊唐書》此條未載年月，故附見於《會要》之後，其卷數多寡互異，並存以俟考。」（〈集部・彙考一〉，卷471，頁2369A）	同一事目下，各條錄文係以正史居前，今變其例。
	「按〈經籍典〉每部各有編年，惟〈雜著部〉不用編年。」（〈雜著部・彙考一〉，卷499，頁2544B）	〈經籍典〉各部中惟〈雜著部〉無編年。
二、綜覈條目載記，諸事關聯可得		
同事目下數條內容綜理	「按本紀及〈儒學傳〉俱作二十一人，而《舊唐書》多賈遜且云總二十四座，《新唐書・禮樂志》亦多賈遜而云二十二人，其互異如此，並存以俟參考。」（〈經學部・彙考二〉，卷312，頁1503A）	同一事而各條所載內容互有異同，約略進行提要綜理。
	「按《尚書直解》時行刪訂爲多，以居正首輔，故獨繫之居正耳，今《會編》亦家絃戶誦，與之並垂矣。」（〈書經部・彙考一〉，卷111，頁604B）	於一事目下，並列與該事目間接相關之事，繫之於後。
	「此另一事，故附載于後。」（〈經籍總部・彙考六〉，卷6，頁33A）	附載同年之另一事。
前後事目聯繫	「按老子廟碑自文、武時已居其職，至幽王時仍爲之。」（〈史學部・彙考一〉，卷405，頁2016B）	一事歷數代，遂立多則事目以明之。
	「按刊刻係五年事，詳見後。」（〈史學部・彙考一〉，卷405，頁2018B）	非同年之事，然前後事目相關，指引至後。
	「按大、小戴禮立于建武中，〈儒林傳〉稱孝宣世立者，誤也。然既有其說，亦不妨並載于前，以備考古者之參酌云。」（〈禮記部・彙考一〉，卷211，頁1040A）	於前後事目並列異說，定其一爲誤。

	「按此條即二十年事，前作舉送，此作考試，疑即一事，但此云二十九年，未知孰是，今并存以俟考。」（〈莊子部・彙考一〉，卷 435，頁 2192A）	前後事目所載疑即同一事，並存俟考。

三、釐定排序之則，事物先後可繫

紀事之編次	「此條係惠帝時事，故附《前漢書》之後。」（〈易經部・紀事一〉，卷 91，頁 501A）	非以著書時代、而以各條所記時代爲序。
	「按此條係紀子思事，故列《史記》之前。」（〈書經部・紀事一〉，卷 129，頁 679A）	紀事以正史列於前、稗史子集附之，唯所記時代居前者，雖非正史仍採附於前。
	「《舊唐書》例居《唐書》後，因係章懷太子，故居前。」（〈書經部・紀事二〉，卷 130，頁 684A）	舊唐書例居新唐書後，今變其例。
	「按以上皆孔子事，故列傳居世家之前。」（〈三禮部・紀事〉，卷 263，頁 1275A）	原以史記世家居於列傳之前，今變其例。
	「以下俱列傳，四書以程朱爲主，故〈道學傳〉居前，列傳反次之。」（〈四書部・紀事〉，卷 300，頁 1449A）	〈四書部〉以程朱爲主，故以宋史道學傳居前。
列首之因	「按古河圖洛書舊傳此圖，諸家未詳其授受源流，今列第一，亦遡流窮源意也……。」（〈河圖洛書部・彙考三〉，卷 51，頁 274A）	將某學術之源，列於第一，以示窮源之意。
	「此雖觀樂，而一部詩義盡在其中，工於說詩者也，故取冠藝文之首。」（〈詩經部・藝文一〉，卷 157，頁 797A）	工於說詩，故冠藝文之首。
	「《家語》稱孔子定禮事，故冠紀事之首。」（〈三禮部・紀事〉，卷 263，頁 1275A）	以制度始定者爲紀事之首。
	「按史不始於虞夏，而史之有書傳於今者，則自虞夏始，故取以冠史學紀事之首。」（〈史學部・紀事〉，卷 418，頁 2091B）	以今傳最早之史料爲首。
附載之因	「按王通《隋書》不載，今就附見《唐書》者錄之，故附載於此。」（〈經學部・傳經名儒列傳十四〉，卷 340，頁 1668B）	本朝史未載者，自它書錄之。
	「前皆正史，此下皆敘例、參校諸考，故附於後。」（〈漢書部・彙考四〉，卷 375，頁 1835B）	某史之校注材料附後。
	「按以上三條所紀皆晉時僞國事，故亦附於《晉書》，非正史也。」（〈晉書部・紀事〉，卷 382，頁 1877B）	各條所記非正史，附於正史之後。
	「按楊用修著述甚富，而《續通考》所載殊略，今取弇州〈說部・藝苑卮言〉第六冊內所稱附載於此，俾學者得窺全豹，故亦不復條分縷析云。」（〈諸子部・彙考十九〉，卷 465，頁 2338B）	補充一書所載未盡之處，附載其後。

四、述明擇錄之理，存汰情由可循		
入典、入部之由	「按義之一段雖係書法，然已成卷集，故亦載之經籍。」（〈經籍總部‧紀事六〉，卷44，頁232B）	入〈經籍典〉之由。
	「按此條雖專言《大學》，而經義皆具，為有明一代文華殿講經之始，故錄之總部。」（〈經籍總部‧彙考六〉，卷6，頁32B）	關乎經籍大義之事，故入〈經籍總部〉。
	「按此條雖名爾雅，亦只與小說相類，故未入〈爾雅部〉。」（〈小學部‧彙考五〉，卷309，頁1490B）	未入某部之由。
	「按《隋志》附論語類，今採入〈經學部〉。」（〈經學部‧彙考五〉，卷315，頁1516B）	《隋志》中有關經總之書係附論語類下，故將之採入〈經學部〉。
入某緯目之因	「……唯小序則相沿已久，今採入彙考，使有所稽核；子貢詩傳、申培詩說皆因小序，連類及之；至云韓詩雖存，無傳之者，而今則韓詩亦不復存，僅存外傳，安知數千百年後並外傳亦不復存矣，故亦連類及之，以備韓詩之闕。」（〈詩經部‧彙考五〉，卷137，頁717B）	部份文獻雖真偽未確，然相沿已久，故入於彙考，使之有所稽核，用以備闕。
	「按章潢《圖書編》多採諸家之說，而不著其姓名，故皆附於雜錄。」（〈詩經部‧雜錄三〉，卷165，頁829B）	某書著錄未甚嚴謹，故附於雜錄。
	「按程端學《春秋本義》已載總論，此又本義之緒餘耳，故列之雜錄。」（〈春秋部‧雜錄三〉，卷207，頁1023A）	某文之緒餘，列之雜錄。
文字刪存	「按《玉海》引《帝王世紀》及《集仙錄》，皆言西王母慕舜德，獻益地圖，其說近誕；至云廣九州為十二州，則益地圖之說，殆非無據。茲削其誕者，存其足據者，以為考古者之一證云。」（〈經籍總部‧彙考一〉，卷1，頁2A）	近誕之說削之，足據者存之，以作為考古者之一證。
	「按《漢制攷》援據周禮注疏暨史傳，文甚悉，今但取其訓釋《周禮》正文者，故第略採注文，其注所未及，則兼錄疏。」（〈周禮部‧雜錄一〉，卷251，頁1213B）	採某書注文，注所未及則兼錄疏文。
	「按《圖書編》議論不盡自己出，抑又未醇，故但置之雜錄，并只採其大要，無用詳載云。」（〈中庸部‧雜錄二〉，卷286，頁1384A）	某書議論未醇，僅採其大要，無用詳載。
	「凡史、漢並載者，刪其重複，補其未備。」（〈經學部‧傳經名儒列傳二〉，卷328，頁1595A）	凡《史記》、《漢書》並載者，刪其重複處。
	「篇首有闕文，今節其要者。」（〈集部‧彙考五〉，卷474，頁2389A）	篇首有闕文，僅節其要。

未錄之因	「按宋世如歐陽修、司馬光，一代名儒也，其於經籍撰述亦甚富，而本傳不暇詳及，故無可採，……其他名儒宋代尚多，皆以本傳未載傳經事，故不復錄，非遺忘也。」（〈經學部·傳經名儒列傳十九〉，卷345，頁1686A）	宋代諸多名儒，於正史本傳因未載其傳經事，故無可採錄。
	「按傳內郭曩氏及治篋箍桶者，不詳其出處，或并失其姓氏，故不復列目於前。」（〈經學部·傳經名儒列傳二十五〉，卷351，頁1723A）	某傳中所載某人，因未詳出處或姓氏，故未列目。
	「按鄭樵《通志》已載者，茲不重錄。」（〈地志部·彙考五〉，卷422，頁2121B）	前代書目已錄者，茲不重錄。
五、制定析分之例，錄文詳略可參		
典部立意參見	「道學諸儒全傳，俱載〈學行典〉，此特紀其著書大略。」（〈經籍總部·紀事七〉，卷45，頁243A）	《宋史·道學傳》係記學行名賢事蹟，故全傳入〈學行典〉，而於〈經籍典〉僅紀著書大略。
	「儒林全傳，俱載〈經學部〉，此亦紀其大略。」（〈經籍總部·紀事七〉，卷45，頁243B）	《宋史·儒林傳》全傳詳載〈經學部〉。
	「按六書始於伏羲，凡字學源流俱詳〈字學典〉，此則統論小學，及小學書卷目始載焉。」（〈小學部·彙考一〉，卷307，頁1478A）	字學源流詳載〈字學典〉，而〈小學部〉係載統論小學之事、小學書卷目。
	「按〈小學部〉紀事惟載朱子小學，餘俱見〈字學典〉，悉不採錄。」（〈小學部·紀事〉，卷310，頁1497A）	朱子小學始以義理為主，入〈小學部〉，至於以字學為主者則錄之〈字學典〉。
指詳參見	「按歐公〈詩譜序〉全篇已另詳載，此特存其略。」（〈詩經部·彙考十四〉，卷146，頁757B）	某文已另詳載它處，而此處存其略。
	「按墨子今已另分有〈墨子部〉，俱已詳載，茲特存其略，以為墨家之始。」（〈諸子部·彙考十一〉，卷457，頁2301A）	某書目所載某類，另詳載於〈經籍典〉某部。
	「按永樂大典一條已詳載〈經籍總部〉。」（〈類書部·彙考一〉，卷497，頁2531A）	某事目所載之事，已詳載〈經籍典〉某部。
存目參見	「……今歐陽全傳已載〈唐書部〉，司馬全傳已載〈通鑑部〉，故但列其名於前，以備名儒之目……。」（〈經學部·傳經名儒列傳十九〉，卷345，頁1686A）	本傳已載它部，於〈經學部·傳經名儒列傳〉中僅存其目。
	「按焦竑志四書原附經學內，今歸〈四書部〉。」（〈經學部·彙考五〉，卷315，頁1520B）	焦竑《國史經籍志》關於四書之各條原附經解一類，今僅於按注內提及四書之名目，其各條則歸〈四書部〉。

	「按穎達序已另載，茲不重錄。」(〈禮記部‧彙考七〉，卷217，頁1066A)	朱彝尊《經義考》所輯錄之某文已另載，茲存其目，不重錄。
對裁參見	「按程氏易傳以前俱詳載〈經學部〉，茲不重錄。」(〈易經部‧彙考十六〉，卷74，頁398B)	《經義考》易經類於宋程頤易傳後，始詳錄於〈易經部〉本部，其前各條則入〈經學部〉。
	「按光〈讀元〉前篇已見彙考《文獻通考》內，茲不重載。」(〈揚子部‧藝文一〉，卷445，頁2245A)	某篇之前文已見於它處，僅於此處錄其後文。
別載	「……編年止自孔子始，其百篇撰次原委自有〈古序〉，另立彙考，不附編年之內。」(〈書經部‧彙考一〉，卷111，頁598A)	〈書經部〉編年自孔子始，述其百篇撰次原委之〈尚書古序〉則別載於彙考，不附編年內。
六、標註據考文獻，材料徵引可稽		
引錄來源	「按《玉海》諸書多引此條，今考《山海經》不載，豈見別本注耶？姑存之。」(〈易經部‧彙考一〉，卷59，頁314A)	此處所錄山海經一條係引自《玉海》等書，然與今本《山海經》有異。
	「以下俱五代時人，悉依尹洙《五代春秋》。」(〈經學部‧傳經名儒列傳十八〉，卷344，頁1684A)	五代之名儒列傳係引自《五代春秋》。
	「按《明史》未成，無正史可載，今止就別史已著錄者，採之以備稽考。」(〈明史部‧彙考二〉，卷397，頁1967B)	清初時《明史》未修成，故無正史藝文志可採，僅就別史錄之。
	「按此篇見《畿輔通志》，其序京師詳明，故節取之。」(〈地志部‧彙考七〉，卷424，頁2129B)	〈順天府志序〉敘京師詳明，此係自《畿輔通志》錄之。
	「按原本自『孫王二公傷寒論』以下俱闕頁，今照焦竑《經籍志》補之。」(〈諸子部‧彙考六〉，卷452，頁2282A)	其所錄之鄭樵《通志》原本有闕頁，故自焦竑《國史經籍志》補之。
所據版本	「書徽州婺源縣《中庸集解》板本後。」(〈中庸部‧彙考二〉，卷283，頁1368B)	朱熹《中庸集解》有數版本，此錄自其一。
	「按以下皆《明外史》新本。」(〈經學部‧傳經名儒列傳三十二〉，卷358，頁1755A)	關於明代名儒列傳，部份係錄自《明史稿》之一版本。
	「張榜《韓非子纂》云中多與《淮南》〈道應〉、〈人間訓〉同者，多從刪，今依刪本。」(〈老子部‧總論〉，卷433，頁2181A)	某文係依刪本錄之。

引它書互證	「按《春明夢餘錄》正統元年開經筵，以李時勉兼經筵官，此作三年始兼，或初開時，時勉尚未兼也。」（〈經籍總部‧彙考六〉，卷6，頁34A）	事目下之引文係錄自《明外史》，按注中又引《春明夢餘錄》互證其所異之由。
	「按此即《明外史》所載葉希賢傳中事，並存之，使後人知所考正也。」（〈易經部‧紀事三〉，卷93，頁511A）	該條係錄自《吾學編》，疑與《明外史》某傳所錄為一事，併存俟考。
	「按《舊唐書》方慶年十六，就希古受《史記》、《漢書》，希古遷太子舍人，隨之卒業。」（〈史記部‧紀事〉，卷374，頁1829A）	該條係錄自《新唐書》，而按注引《舊唐書》中同一事，以互為補充。
前代書目載錄	「按連山易《通志》稱至唐始出，而《隋書》已有之，但《隋書》稱梁元帝撰，附入五行類，不入易經，而《唐書》又兩載之……。」（〈易經部‧彙考一〉，卷59，頁314B）	說明某書於各史志著錄之異。
	「按此條《通考》已載，《續考》尤詳。」（〈易經部‧彙考十五〉，卷73，頁393B）	將某書於《通考》與《續通考》之著錄相較。
	「按《隋書》無北齊書，《宋史》止載李百藥書，《通志》無王劭書，餘皆同。」（〈北齊書部‧彙考二〉，卷386，頁1896B）	辨別各史志所著錄某朝史書之異。

七、指陳往籍得失，書篇良窳可論

批判前說之失	「按《隋志》敘毛詩甚詳，竟未及平帝時立毛詩事，豈未暇考漢儒林傳贊耶？今並列於此，以備參考。」（〈詩經部‧彙考一〉，卷133，頁700B）	某朝關乎經籍之要事竟未及記，遂指出其失。
	「按此傳載之儒學，而絕不及儒學一事，古人疏忽處，此類甚多。」（〈經學部‧傳經名儒列傳十七〉，卷343，頁1679A）	批判前史載錄之疏忽處甚多。
	「原本作皇明雜家，按此條宜附雜家後，大抵《續考》多錯亂，此類甚眾。」（〈諸子部‧彙考十九〉，卷465，頁2338A）	批判某書目著錄編排之錯亂甚眾。
	「按《漢書‧藝文志》所載六經，如易則附以古五子、淮南道訓、古雜等篇，……當時班固皆因劉歆〈六藝略〉而刪其要，出於創始，故別擇未精，及觀〈經籍志〉其區分為較嚴密矣，學者自能辨之。」（〈經籍總部‧彙考九〉，卷9，頁47A）	論前代目錄之分類，以為《漢志》尚別擇未精，而《隋志》出於後世，自較為嚴密。
補前書不足	「按《正義》所引易三名之說，考宋儒多止言交變，而鮮及不易，茲略附其說。」（〈易經部‧總論一〉，卷75，頁411B）	就前書未足之處，略附它說。

	「按劉昫作《舊唐書》，而本傳不及一語，讀其書不知其人可乎？故亦載全傳。」（〈唐書部‧紀事〉，卷389，頁1921A）	劉昫本傳未載修唐書事，此係前史之不足，故載其全傳以知其人。
	「按《逸周書》非經也，讀此可知《汲冢書》不得附於《書經》之內。」（〈書經部‧藝文二〉，卷128，頁677B）	指示正確之見。
改前書之例	「按以下俱『喪服』，原本前後錯綜，今悉附後。」（〈儀禮部‧彙考三〉，卷231，頁1126B）	某書目之著錄前後錯綜，今將某類之中，其題名相關之各條集中。
	「按孟卿傳《漢書》本列在後，今移置孟喜之前。」（〈經學部‧傳經名儒列傳四〉，卷330，頁1606A）	將史傳之原本次序略作變更。
	「按此下三十二條，原本錯入職官內，今爲訂正。」（〈史學部‧彙考二〉，卷406，頁2023B）	某書目之部份條目錯入某類，今爲之訂正。
依前書之例	「……今本《易經》九圖皆係朱子附入，茲仍其例，附此二圖于《易傳》之後，以備考云。」（〈河圖洛書部‧彙考三〉，卷51，頁274A）	依朱子附易圖之例，亦附圖於此。
	「按四書概不載入，惟春秋論斷始於《孟子》最爲詳要，故胡安國《春秋傳》列之於前，今做其例。」（〈春秋部‧總論一〉，卷183，頁906A）	仿胡安國《春秋傳》之例，列《孟子》於前。
	「按《春秋提要》止云減三十，此考爲尤詳。」（〈春秋部‧彙考十五〉，卷181，頁898A）	此稱前書之善。
八、附釋瑣細條項，隨文查驗可據		
附釋	「五代，謂梁、陳、齊、周、隋也。」（〈隋書部‧彙考二〉，卷386，頁1900A）	釋時。
	「按張說、徐堅、張悱事，已見開元十年，其時屬麗正殿，今改集賢院。」（〈經籍總部‧彙考三〉，卷3，頁16A）	釋沿革。
	「按《玉海》天禧二年九月二十三日丙子賜太子書，太子謝表。」（〈經籍總部‧藝文一〉，卷37，頁193A）	釋一文之本事。
	「前係少帝芳，此係少帝髦。」（〈易經部‧彙考一〉，卷59，頁316A）	釋同名異人。
	「按劉熙亦有《釋名》，珍所撰今未見。」（〈集部‧紀事一〉，卷494，頁2509B）	釋同名異書。
	「按易、古文尚書、毛詩、周禮、儀禮、禮記、三傳、孝經、論語、老子、莊子、爾雅等音義，合爲三十卷三帙。」（〈經籍總部‧彙考三〉，卷3，頁14A）	釋某書卷帙。
	「按德明《釋文》……三禮次第，周爲本、儀爲末，先後可見……。」（〈三禮部‧彙考二〉，卷254，頁1227B）	釋某書次第。

	「《通志》此五略中所謂臣按云云低一字寫者，皆《通典》細注耳。」（〈史學部・彙考七〉，卷 411，頁 2052B）	釋某書體例。
	「即〈乞修三禮箚子〉。」（〈儀禮部・彙考二〉，卷 230，頁 1120B）	釋某篇。
訂誤	「按原本中宗作少康，此必訛誤，故改正之；至云柔可以強而不可以久，理似未確，然不敢擅易也。」（〈春秋部・總論八〉，卷 190，頁 942A）	針對原本之訛誤處做一更正或存疑。
	「按此篇所引先儒姓名多有與史傳異者，如庾蔚之作庾蔚，……熊安生作熊安之類，未知傳寫訛誤，亦別有所據？姑誌於此以俟考。」（〈禮記部・彙考二〉，卷 212，頁 1044B）	所引諸姓名與史傳有異，誌此俟考。
	「按《後漢書》及《孔叢子》俱作子車，此作居，疑誤。」（〈孟子部・彙考三〉，卷 288，頁 1388A）	與它書互校，疑誤。
	「按《唐文粹》誤將本文前多敘一頁，錯簡，今改正。」（〈集部・彙考五〉，卷 474，頁 2386A）	它書錯簡，改正之。
九、略闚學說大要，經籍流傳可察		
述一說源流	「按十為河圖、九為洛書，自漢孔安國、劉向暨宋陳摶、邵堯夫皆無異說，至劉牧始兩易其名，時如王湜、朱震、鄭樵諸家多因之，後蔡元定之論出，朱子取之，乃悉從舊……。」（〈河圖洛書部・彙考三〉，卷 51，頁 274B）	述河圖洛書之說於各代學者間之流傳及其差異。
	「按《漢書・藝文志》云：漢興，魯申公為詩訓故，而齊轅固、燕韓生皆為之傳，三家皆列于學官，又有毛公之學，自謂子夏所傳，而河間獻王好之，未得立。《隋書・經籍志》云：齊詩魏代已亡，魯詩亡于西晉，韓詩雖存，無傳之者，唯毛詩鄭箋至今獨立。觀二書所載，故知詩有四家之說，自毛詩立而三家俱廢……。」（〈詩經部・彙考五〉，卷 137，頁 717B）	述四家詩之源流。
	「按宋乾淳中，東萊呂祖謙講道金華，從游者千人，……學者取林氏之書，暨呂氏講論，與瀾所增修合而觀之，匪獨見今古文正攝義蘊之全，而麗澤書院師友之淵源，亦略可識也夫。」（〈書經部・彙考四〉，卷 114，頁 612A）	記宋呂祖謙之師法淵源。
記一書之概	「按傅寅字同叔，義烏人，徙居東陽之杏溪，著《禹貢集解》二卷，其書先以山川總會之圖，次九河三江之圖，次及諸家說斷，……其言治水之理，深中肯綮，惜是編流傳者寡……。」（〈書經部・彙考四〉，卷 114，頁 610B）	記一書大要。
	「按梅浦王氏天與所著《尚書纂傳》四十六卷，先引漢、唐二孔氏說，次收諸家傳注，而以朱子及西山真氏為歸……。」（〈書經部・彙考五〉，卷 115，頁 619B）	敘一書旨歸。

十、透顯纂輯意識，學術趨向可判		
示尊經崇朱之意	「按進講〈舜典〉，此三年二月事，進講《春秋》，此三年十月事，御書〈洪範〉，此九年十二月事，今皆附載于此，以見宣宗崇尚經學之意。」（〈經籍總部‧彙考六〉，卷6，頁33B）	詳載講論經義之事，以示崇尚經學之意。
	「……文定嘗語柏云：諸經既經朱子訂定，且當謹守，不必又多起疑論，有欲為後學言者，謹之又謹可也。古人之善誨人如此，因並附記於柏自序之後，庶學者知所折衷云。」（〈詩經部‧彙考十一〉，卷143，頁745B）	朱子所訂諸經，當謹守之；錄此言以使學者知所折衷。
	「按朱子〈箚子〉雖未及上，而千古三禮之學得有所折衷，故附載於此。」（〈三禮部‧彙考一〉，卷253，頁1226B）	特附朱熹之文，表彰其於三禮考訂之貢獻。
	「按小學書自蒼頡後，多以字學為主，至朱子小學，始以義理為主，其時雖未奏之於朝，實為百世不刊之典，故據其自敘年月，附於編年之內。」（〈小學部‧彙考一〉，卷307，頁1478B）	以朱子小學為百世不刊之典，立於編年大事中。
疑前書之偽	「按今所傳《三墳》書，真偽未有確據，以《周禮》、《左傳》所云，姑識於此，以示傳疑之意。」（〈經籍總部‧彙考一〉，卷1，頁1B）	某書真偽未確，姑誌以傳疑。
	「按二書明係偽作，然亦不問作者何人，皆非易學正傳，故俱載之別傳，存其概。」（〈易經部‧易學別傳十二〉，卷106，頁579A）	因係偽作，姑載之別傳以存其概。
示存闕之意	「……至云韓詩雖存，無傳之者，而今則韓詩亦不復存，僅存外傳，安知數千百年後並外傳亦不復存矣，故亦連類及之，以備韓詩之闕。」（〈詩經部‧彙考五〉，卷137，頁717B）	感於典籍失傳日益，故存此以備其闕。
	「……唐以詩取士，而三百篇者，詩之源也，宜一代論說之多，乃見于〈藝文志〉者，自《毛詩正義》及陸德明《釋文》而外，惟成氏二書及許叔牙《纂義》而已，今成氏《斷章》二卷並許氏《纂義》十卷俱無復存，惟是編尚在，學者可考而知也。」（〈詩經部‧彙考九〉，卷141，頁739A）	部份重要典籍今已不復存，唯存某編，今錄是編以備後世學者考知。